DCG 2

DROIT DES SOCIÉTÉS

ET DES GROUPEMENTS D'AFFAIRES

CORRIGÉS

2e édition

Jean-François Bocquillon
Agrégé d'économie et gestion
Professeur en classes préparatoires à l'expertise comptable

Pascale David
Agrégée d'économie et gestion
Professeur en classes préparatoires à l'expertise comptable

Élise Grosjean-Leccia
Agrégée d'économie et gestion
Professeur en classes préparatoires à l'expertise comptable

en partenariat avec

DUNOD
leader de l'expertise comptable

EDITIONS
FRANCIS LEFEBVRE

11 rue Paul Bert, 92240 Malakoff
www.dunod.com
ISBN 978-2-10-080560-0

SOMMAIRE

PARTIE 1 L'entreprise en société

Chapitre 1 La notion de société 5
Chapitre 2 La société-contrat 10
Chapitre 3 La création de la société 19
Chapitre 4 Le fonctionnement de la société : les dirigeants 27
Chapitre 5 Le fonctionnement de la société : les associés et le contrôle 35
Chapitre 6 La disparition de la société 45
Chapitre 7 Les sociétés sans personnalité juridique propre 49

PARTIE 2 Les principaux types de sociétés

Chapitre 8 La société à responsabilité limitée (SARL) 59
Chapitre 9 La société anonyme (SA) : son administration 69
Chapitre 10 La société anonyme (SA) : ses actionnaires 77
Chapitre 11 La société par actions simplifiée (SAS) 85
Chapitre 12 La société en nom collectif (SNC) 98

PARTIE 3 L'économie sociale et solidaire et le monde des affaires

Chapitre 13 L'économie sociale et solidaire et les associations 109
Chapitre 14 L'économie sociale et solidaire et la société coopérative 114

PARTIE 4 Les autres types de groupements

Chapitre 15 La société en commandite par actions (SCA) 122
Chapitre 16 Les sociétés agricoles 127
Chapitre 17 Les sociétés d'exercice libéral (SEL) 132
Chapitre 18 Les sociétés civiles 137
Chapitre 19 Le groupement d'intérêt économique (GIE) 142

PARTIE 5 La prévention et le traitement des difficultés

Chapitre 20 L'entreprise en difficulté : les procédures de prévention 152
Chapitre 21 L'entreprise en difficulté : les procédures de traitement 158

PARTIE 6 Le droit pénal des affaires

Chapitre 22 La responsabilité pénale : théorie générale de l'infraction et procédure pénale 166
Chapitre 23 Les infractions de droit commun applicables aux affaires 175
Chapitre 24 Les infractions spécifiques au droit des affaires 182

CHAPITRE 1 La notion de société

Évaluer les savoirs

❶ Quiz

1. Faux. De nombreuses évolutions émaillent sa construction.

2. Faux. Il existe aussi des sources européennes.

3. Faux. Il existe beaucoup de structures permettant d'adapter le droit aux besoins des entrepreneurs.

4. Faux. L'entreprise individuelle dépend d'une seule personne physique.

5. Vrai. Société unipersonnelle.

6. Faux. Certaines structures qui ont une activité économique ne redistribuent pas leurs bénéfices à leurs membres (ex. : associations).

7. Vrai. La création d'une entreprise individuelle est plus aisée que celle d'une société.

8. Faux. Certaines structures impliquent une responsabilité illimitée des associés par rapport aux dettes sociales (ex. : SNC).

9. Faux. L'EIRL permet de créer un patrimoine d'affectation et de protéger le patrimoine personnel de l'entrepreneur.

10. Vrai. De nombreux éléments sont à prendre en compte, y compris le statut marital.

❷ Quelle forme juridique choisir ?

Dans chacun des cas suivants, conseillez l'entrepreneur sur la forme juridique la plus adaptée à son projet.

Règles juridiques

- L'entreprise individuelle permet l'exercice d'une activité dans le cadre d'une structure dont le fonctionnement est allégé, mais sans protection du patrimoine individuel de l'entrepreneur, et sans permettre d'entreprendre à plusieurs.
- La société permet de se regrouper pour l'exercice d'une activité économique. La personne morale ayant son propre patrimoine, si la responsabilité des associés est limitée au montant des apports, leurs patrimoines personnels sont protégés. Si l'activité est civile, alors le choix peut se porter sur une société civile.
- L'association peut permettre également de se regrouper pour exercer une activité mais les bénéfices éventuels ne peuvent pas être redistribués.

Application

Situation	Critères du choix	Solution
Camille	Création d'une structure permettant une activité commerciale et lucrative. Forme individuelle. Pas de nécessité de protection du patrimoine. Nécessité d'une structure souple	Entreprise individuelle
Amandine	Nécessité de réunion de capitaux et de personnes. Activité commerciale et lucrative.	SA
Hugo	Exercice en commun d'une activité civile.	SCP
Gaspard et Martin	Structure en commun non lucrative.	Association

L'absence de nécessité de protection du patrimoine doit remettre en cause le choix d'une EIRL, même s'il peut paraître judicieux de prévoir les évolutions de la situation personnelle de l'entrepreneur, qui peut souhaiter, pour l'avenir, protéger son patrimoine futur : le choix de l'EIRL serait alors à conseiller.

Maîtriser les compétences

❸ Cas : une nouvelle forme de société

Compétences attendues

- **Identifier** les sources du droit des sociétés
- **Repérer** les grandes évolutions historiques et économiques ayant donné naissance aux différentes formes sociétaires

Décryptage des compétences

- Le candidat doit être capable de repérer les émetteurs des différentes sources.
- Le candidat doit être capable de comprendre dans quel contexte historique est née telle ou telle forme de société, à quel besoin elle répond.

1. Identifiez les deux sources du droit proposées (la méthodologie du cas pratique n'est pas exigée).

La première source est la loi n° 2015-990 du 6 août 2015 pour la croissance, l'activité et l'égalité des chances économiques. Il s'agit d'une source nationale adoptée par le Parlement.

Le second texte est l'ordonnance n° 2016-394 du 31 mars 2016 relative aux sociétés constituées pour l'exercice en commun de plusieurs professions libérales soumises à un statut législatif ou réglementaire ou dont le titre est protégé. Il s'agit d'une source nationale émanant du pouvoir réglementaire.

2. Indiquez à quel besoin économique la création de sociétés ayant pour objet l'exercice en commun de la profession d'avocat et de la profession d'expert-comptable peut répondre.

L'ordonnance prévue par la loi dite « Macron » pour faciliter la création de sociétés ayant pour objet l'exercice en commun de plusieurs professions libérales réglementées vient notamment compléter les dispositions de loi relative à l'exercice sous forme de sociétés des professions libérales (SPL) et permet l'exercice en commun, entre autres, des professions d'avocat et d'expert-comptable. Ainsi, ces professionnels pourront organiser l'exercice de leur activité sous des formes sociales incluant davantage de pluridisciplinarité au bénéfice de leurs clients. Ils peuvent ainsi proposer à ces derniers une gamme complète de prestations à des prix rendus plus attractifs par la mutualisation des charges. Le législateur a également entendu ouvrir à ces professionnels du droit et du chiffre de nouvelles perspectives commerciales afin de faire face à la concurrence internationale. Elle concrétise la vision de la filière comme un « marché » du droit : par l'interprofessionnalité de structure, les différentes professions juridiques pourraient ainsi offrir à leurs clients leurs compétences variées, en un même lieu et une même offre.

❹ Cas : Diagnostic immobilier

Compétence attendue

Chercher la forme la plus adaptée à la situation patrimoniale de l'entrepreneur (sociétaire, EIRL, entreprise individuelle)

Décryptage des compétences

- Le candidat doit être capable de définir la société, l'EIRL et l'entreprise individuelle afin d'identifier les avantages et les inconvénients de chacune de ces formes juridiques.
- Le candidat doit, dans un contexte donné, être capable d'argumenter pour proposer la forme la plus adaptée aux besoins de l'entrepreneur.

1. Présentez à Johanna les avantages et les inconvénients de l'entreprise individuelle, et conseillez-lui le statut le plus adapté à sa situation.

Règles juridiques. L'entreprise individuelle est une entreprise qui est la propriété exclusive d'une personne physique. L'entrepreneur exerce son activité sans avoir créé de personne juridique distincte. Ses avantages sont que l'entrepreneur en nom propre est seul propriétaire et dirigeant de son entreprise, qui n'est pas reconnue par le droit (absence de personnalité morale). Il n'a pas de comptes à rendre à d'éventuels associés.

La simplicité de création (remise d'un formulaire unique, le formulaire P0) et de fonctionnement (ex : pas d'assemblée à organiser) permet de réduire les coûts.

De plus, en dessous de certains seuils de chiffre d'affaires, l'entreprise peut bénéficier d'allégement des obligations comptables et d'un statut fiscal simplifié.

Son inconvénient principal est que L'entrepreneur engage son patrimoine personnel dans son activité, même si certaines mesures de protection existent (ex : insaisissabilité de la résidence principale pour l'entrepreneur inscrit au RCS).

Pour pallier cet inconvénient, l'entrepreneur peut opter pour l'EIRL, qui est un régime destiné aux entrepreneurs individuels qui souhaitent protéger leur patrimoine personnel en créant un patrimoine d'affectation (professionnel) utilisé pour l'exercice d'une activité économique, sans créer de société. Le fonctionnement est similaire à celui de l'entreprise individuelle, tout en offrant une protection complète du patrimoine personnel de l'entrepreneur. Cependant, des formalités seront nécessaires (rédaction et publication d'une déclaration d'affectation).

Application. Johanna souhaite entreprendre seule dans le cadre d'une activité commerciale et lucrative. L'entreprise individuelle paraît adaptée. Son patrimoine comprend principalement sa résidence principale. Celle-ci étant insaisissable de droit par ses créanciers professionnels, du fait de l'inscription au RCS, la rédaction d'une déclaration d'affectation ne semble pas opportune.

2. Déterminez en quoi la structure sociétaire est adaptée à l'évolution du projet de Johanna.

Règles juridiques. La société est un contrat entre deux ou plusieurs personnes qui conviennent d'affecter à une entreprise commune des biens ou leur industrie en vue de partager le bénéfice ou de profiter de l'économie qui pourra en résulter. Elle peut être instituée, dans les cas prévus par la loi, par l'acte de volonté d'une seule personne. Les associés s'engagent à contribuer aux pertes (article 1832 du Code civil).

Application. Le montant des investissements nécessaires impose de trouver une personne qui s'associerait avec Johanne en faisant des apports à une entreprise commune en vue de partager un bénéfice. La structure sociétaire paraît donc adaptée aux évolutions de la situation.

3. Précisez, en vous adaptant au cas, les avantages et les inconvénients de la structure sociétaire.

Règles juridiques. La forme sociétaire présente des avantages et des inconvénients.

Ses avantages sont qu'elles permettent de mutualiser des biens et des compétences puisqu'elle comprend plusieurs associés, dont la responsabilité peut être limitée aux apports. Elle convient donc à un entrepreneur qui souhaite protéger son patrimoine. Elle engendre la création d'une personne morale indépendante de ses membres, dotée d'un patrimoine propre qui lui confère une certaine crédibilité auprès des partenaires et peut lui permettre de trouver des moyens de financement importants (ex : recours aux marchés financiers). Selon la structure, l'entrepreneur peut choisir le statut social et fiscal le plus adapté à sa situation. Il peut se rémunérer en dividendes, en sa qualité de dirigeant, ou avec un salaire s'il est autorisé à cumuler ses fonctions avec un contrat de travail. Ses inconvénients sont des formalités de constitution (ex. : rédaction des statuts) et de fonctionnement (ex. : organisation d'assemblées générales) qui peuvent créer des lourdeurs de fonctionnement, engendrer des coûts supplémentaires et nécessiter d'être conseillé par un professionnel. Des contraintes financières peuvent être imposées (ex. : capital minimum en SA).

Préparer l'épreuve

5 Commentaire de documents : le projet de loi Pacte

Compétences attendues

- **Identifier** les sources du droit des sociétés
- **Repérer** l'influence du droit communautaire en droit des sociétés à travers quelques exemples concrets

Décryptage des compétences

- Le candidat doit être capable de repérer les émetteurs des différentes sources.
- Le candidat doit être capable de comprendre en quoi le droit des sociétés français est influencé par le droit de l'Union européenne.

1. Identifiez les sources du droit mentionnées (la méthodologie du cas pratique n'est pas exigée).

Les sources du droit mentionnées dans les documents sont la loi (encore au stade de projet puisque le texte n'a pas encore été adopté par les deux chambres du Parlement) et la directive européenne, adoptée en codécision par le Parlement européen et le Conseil des ministres de l'UE.

2. Déterminez les enjeux de l'abaissement des seuils du contrôle légal.

Avantages. Aujourd'hui, les seuils sont mal adaptés (trop bas et dépendant de la structure juridique) et la certification des comptes est coûteuse pour **les** entreprises.

Inconvénients. Parmi les principaux freins, citons :
- La perte des mandats des CAC en exercice, d'où la proposition de mettre en place une mission sur l'avenir de la profession de CAC afin d'identifier de nouveaux axes de développement.
- La sortie des petites entreprises du champ du contrôle légal, gage notamment de fiabilité des informations financières.

3. Pourquoi peut-on affirmer que le droit européen influence le droit des sociétés ? La fixation des nouveaux seuils par le projet de loi Pacte était-elle rendue obligatoire par la directive ?

Le projet de loi Pacte relève et harmonise les seuils de certification légale des comptes au niveau européen. On constate que les seuils retenus par le projet de loi correspondent aux seuils mentionnés dans la directive 2013/34/UE du Parlement européen et du Conseil du 26 juin 2013 relative aux états financiers annuels. Toutefois, il est important de souligner que les États membres restent libres de fixer des seuils supérieurs aux seuils prévus par la directive, dans le respect d'un maximum (6 000 000 € en ce qui concerne le total du bilan et 12 000 000 € pour ce qui est du chiffre d'affaires net). La fixation des nouveaux seuils n'était donc pas obligatoire.

CHAPITRE 2 La société-contrat

Évaluer les savoirs

1 Quiz

1. Vrai. C'est une condition nécessaire.

2. Vrai. L'adjectif social se réfère à la société.

3. Faux. La SARL n'exige pas la capacité commerciale. Le mineur devra être représenté.

4. Vrai. La SNC exige la capacité commerciale. Un mineur de 15 ans ne peut avoir la capacité commerciale.

5. Faux. Si le mineur est émancipé et sur autorisation du juge, il est envisageable qu'il dispose de la capacité commerciale.

6. Faux. L'apport en industrie ne concourt pas à la formation du capital qui sera donc de 4 000 €.

7. Faux. Un chèque est un moyen de paiement, c'est donc un apport en numéraire.

8. Faux. Une société devient propriétaire de l'apport le jour où elle dispose de la personnalité juridique, au moment de l'immatriculation.

9. Faux. Il reçoit des parts sociales ou des actions.

10. Vrai. Si la société fait des pertes importantes, celles-ci viennent grever le montant des capitaux propres, qui peut donc devenir négatif.

11. Vrai. La contribution aux pertes intervient à la dissolution.

12. Vrai. Ce sont deux formes différentes de titres sociaux.

2 Contrat de société

Dans chacune des situations ci-après, identifiez, en justifiant votre réponse, les conditions du contrat qui font défaut (la méthodologie du cas pratique n'est pas exigée).

	Condition de validité affectée	Justification
Société A	Capacité des associés	• Dans une SNC, la capacité commerciale est requise. • Pascal ne peut devenir commerçant puisqu'il a été condamné pour escroquerie. • David est mineur. S'il n'est pas émancipé et autorisé, il ne pourra devenir commerçant.
Société B	Apport	En SARL, même si la loi ne fixe aucun capital minimum, il faut des apports qui concourent à la formation du capital, ce qui n'est pas le cas des apports en industrie. Il faudrait ajouter un apport en numéraire ou un apport en nature.
Société C	Participation aux résultats	Maxime perçoit une rémunération quel que soit le résultat de la société. Il ne contribue donc pas aux pertes.

Maîtriser les compétences

❸ Cas : Spirul'IN

Compétences attendues

- **Identifier** les différents éléments constitutifs du contrat de société et les caractériser
- **Analyser** le régime juridique des apports
- **Distinguer** capital social et capitaux propres

Décryptage des compétences

Les candidats doivent être capables, en vue de cerner la spécificité du contrat de société, de :

- repérer les éléments constitutifs d'un contrat de société (associés, apports, bénéfices ou économie et *affectio societatis*) ;
- vérifier leur existence afin de conclure à la validité ou non du contrat de société ;
- présenter le régime juridique des apports en nature, des apports en numéraire et des apports en industrie afin de déterminer les droits et obligations de l'apporteur et l'intérêt de tel ou tel apport pour la société ;
- distinguer les apports qui font l'objet de formalités particulières ;
- analyser le régime juridique de l'apport en pleine propriété, en usufruit ou en nue-propriété.

1. Vérifiez la capacité des associés.

Quelle est la capacité des associés ?

Règles juridiques. Les associés doivent être capables. Les mineurs n'ont pas la capacité juridique d'exercice et doivent être représentés pour tous les actes de la vie juridique sauf s'ils sont émancipés. Cela signifie que le mineur ne peut devenir associé dans une société que par l'intermédiaire de son représentant légal. La SAS n'exige pas la capacité commerciale.

Application. Tony, Hakim et Louise sont majeurs capables. Sarah est mineure. Elle ne pourra donc devenir associée que par l'intermédiaire de son représentant légal, son frère Tony, qui est son tuteur.

2. Déterminez la nature des apports indiqués.

En quoi consistent les apports en SAS ?

Règles juridiques. Les apports en numéraire sont les apports de sommes d'argent. Les apports en nature sont les biens, autres que l'argent, pouvant être évalués financièrement. Les apports en industrie sont les apports de savoir-faire.

Application. Tony réalise un apport en nature (instruments de laboratoire) et un apport en numéraire (2 000 €). Hakim réalise un apport en nature (local d'une valeur de 10 000 €), Sarah un apport en numéraire (1 000 €). Louise réalise un apport en industrie.

3. Précisez si l'apport de Louise est réalisable.

Règles juridiques. En SAS, les apports en industrie sont autorisés s'ils sont prévus par les statuts.

Application. L'apport en industrie de Louise est réalisable sous réserve qu'une clause le prévoie dans les statuts de la future SAS.

4. Déterminez le montant du capital social.

La détermination du capital social.

Règles juridiques. Le capital social est la somme des apports en numéraire et des apports en nature. La valeur des apports en industrie figure dans les statuts mais ils ne concourent pas à la formation du capital social (c'est-à-dire que leur montant n'est pas pris en compte dans le calcul du capital).

Application. Le montant du capital sera de 2 000 + 2 000 + 10 000 + 1 000 : 15 000 €.

5. Précisez comment le bénéfice sera réparti.

La répartition des bénéfices et la rémunération des apports en industrie

Règles juridiques. Les bénéfices sont répartis entre les associés selon les dispositions statutaires, dans la limite des clauses léonines (par lesquelles un associé s'attribue la totalité du bénéfice ou s'exonère de la totalité des pertes). Si ces derniers ne prévoient rien, la répartition s'effectuera en proportion de la participation des associés au capital social.

Les statuts déterminent le nombre de parts sociales rémunérant l'apport en industrie. Ces parts sociales ouvrent droit au bénéfice et à la contribution aux pertes selon les dispositions statutaires. Dans le silence des statuts, l'apporteur en industrie perçoit les bénéfices et contribue aux pertes comme le plus petit apporteur.

Le bénéfice est distribué aux associés sous la forme de dividendes.

Application. Les associés sont libres de prévoir la répartition des bénéfices. S'ils ne prévoient rien de particulier :

- Tony aura droit à 4 000/20 000 = 20% des bénéfices
- Hakim 10 000/20 000 : 50 % des bénéfices
- Sarah 1 000/20 000 : 5 % des bénéfices
- Louise aura quant à elle 5 000/20 000 : 25 % des bénéfices

6. Précisez pourquoi l'intervention d'un commissaire aux apports est obligatoire.

L'intervention d'un commissaire aux apports en SAS.

Règles juridiques. En principe, en SAS, les apports en nature doivent être évalués par un commissaire aux apports. Toutefois, les futurs associés peuvent décider à l'unanimité que le recours à un commissaire aux apports ne sera pas obligatoire :

- si aucun apport en nature n'a une valeur supérieure à 30 000 € ;
- et si la valeur totale de l'ensemble des apports en nature est inférieure ou égale à la moitié du capital.

Application. En l'espèce, aucun des deux apports en nature ne dépasse la somme de 30 000 € (2 000 € et 10 000 €). Cependant, la somme totale des apports en nature, d'une valeur de 12 000 €, dépasse la moitié du capital social. L'intervention du commissaire aux apports est donc obligatoire.

7. Déterminez si la volonté des trois amis suffit à créer une société.

La création d'une personne morale

Règles juridiques. Pour créer une société, il faut un contrat, mais la société n'acquiert la personnalité morale qu'à l'immatriculation.

Application. La volonté des trois amis ne suffit pas à créer une personne morale, il faudra accomplir les formalités d'immatriculation.

4 Cas : Deshorts

Compétences attendues

- **Distinguer** capital social et capitaux propres
- **Analyser** l'influence du régime matrimonial de l'associé sur le contrat de société

Décryptage des compétences

- Le candidat doit être capable, en vue de cerner la spécificité du contrat de société, de :
  - présenter le régime juridique des apports en nature, des apports en numéraire et des apports en industrie afin de déterminer les droits et obligations de l'apporteur et l'intérêt de tel ou tel apport pour la société ;
  - distinguer les apports qui font l'objet de formalités particulières ;
  - analyser le régime juridique de l'apport en pleine propriété, en usufruit ou en nue-propriété.
- Le candidat doit être capable d'énumérer les formalités qu'un apporteur marié doit respecter lors de l'apport d'un bien propre et d'un bien commun, ainsi que les sanctions en cas de non-respect de ces formalités Il doit également pouvoir prévoir les conséquences de la dissolution du mariage sur la propriété des parts sociales et des actions.

1. Présentez de façon simplifiée le bilan à la constitution de la SNC (la méthodologie du cas pratique n'est pas exigée).

ACTIF		PASSIF	
Immobilisations Immobilisations corporelles	10 000	Capitaux propres Capital	18 000
Actif circulant Marchandises	8 000	Dettes	
Total	**18 000**	**Total**	**18 000**

2. Déterminez si les réserves peuvent être distribuées.

Quelles sont les règles de disponibilité des réserves ?

Règles juridiques. Dans les SARL et les sociétés par actions, les associés sont tenus de doter une partie du bénéfice en réserve légale.

Dans toutes les sociétés, les statuts peuvent prévoir d'autres réserves, qu'on appelle « réserves statutaires ». Les associés peuvent en outre décider ponctuellement de doter des réserves libres.

Les montants placés en réserve légale ne peuvent pas être distribués aux associés, contrairement aux sommes qui figurent dans les autres réserves. Par contre, la réserve légale peut être incorporée au capital social.

Application. La SNC n'est pas soumise à l'obligation de constituer une réserve légale. La réserve mentionnée est donc une réserve statutaire ou libre, qui est distribuable.

3. Montrez qu'Hélène ne pourrait pas demander la nullité de l'apport, mais qu'elle pourrait revendiquer la qualité d'associé.

Cette question pose un double problème. Pensez à bien vérifier que vous traitez les deux aspects de la question.

À quelle condition a-t-on la qualité d'associé en SNC ?

Règles juridiques. Les époux peuvent librement s'associer entre eux ou avec des tiers mais doivent respecter, sous peine de nullité de l'apport, une **procédure** d'information du conjoint pour apporter un bien commun dans une société qui émet des **parts sociales**, dont la SNC. Le conjoint peut intenter l'action en nullité pendant deux ans à partir du jour où il a eu connaissance de l'acte et au plus tard dans les deux années qui suivent la dissolution de la communauté.

En principe, quelle que soit la forme de la société, la qualité d'associé appartient à celui des deux époux qui a fait l'apport.

Toutefois, le conjoint de l'apporteur peut revendiquer la qualité d'associé pour la moitié des parts sociales souscrites lorsque la souscription a été faite au moyen de biens communs, jusqu'à la dissolution de la communauté.

Application. Hélène n'a pas été informée de la souscription de l'apport au moyen de biens communs. Elle aurait donc pu en demander la nullité, mais son action est désormais prescrite (plus de deux ans se sont écoulés depuis l'acte d'apport). Néanmoins, elle peut encore revendiquer la qualité d'associé, puisqu'elle est encore mariée à Henri.

5 Cas : Food&Co

Compétences attendues

- **Identifier** les différents éléments constitutifs du contrat de société et les **caractériser**
- **Distinguer** bénéfices et dividendes

Décryptage des compétences

Les candidats doivent être capables, en vue de cerner la spécificité du contrat de société, de :
- repérer les éléments constitutifs d'un contrat de société (associés, apports, bénéfices ou économie et affectio societatis) ;
- vérifier leur existence afin de conclure à la validité ou non du contrat de société ;
- présenter le régime juridique des apports en nature, des apports en numéraire et des apports en industrie afin de déterminer les droits et obligations de l'apporteur et l'intérêt de tel ou tel apport pour la société ;
- distinguer les apports qui font l'objet de formalités particulières ;
- analyser le régime juridique de l'apport en pleine propriété, en usufruit ou en nue-propriété.

1. Déterminez les suites à donner à l'approbation des comptes en rassurant Olivier, qui craint de devoir renflouer la société après l'assemblée générale annuelle.

Quelles sont les règles de contribution aux pertes ?

Règles juridiques. Les pertes représentent la quote-part qui incombe à chaque associé dans le montant des pertes sociales au moment de la dissolution. Les associés n'ont pas le pouvoir de décider une contribution immédiate aux pertes sociales, sauf accord unanime. , Les pertes sont portées au passif du bilan en report à nouveau négatif et il n'y aura pas de bénéfice distribuable (sauf report à nouveau bénéficiaire antérieur ou prélèvement sur des réserves).

Les comptes doivent être publiés.

Application. Olivier ne craint rien. Sans son accord, il n'aura rien à payer au moment de l'approbation des comptes. Les pertes seront portées en report à nouveau déficitaire et Olivier ne percevra pas de dividendes. Les comptes devront être publiés.

2. Indiquez pourquoi l'idée d'Olivier ne pourrait pas conduire à l'annulation de la société.

Comment la nullité des SARL intervient-elle ?

Règles juridiques. En SARL, les seules causes de nullité sont l'illicéité de l'objet social et l'incapacité, sous réserve qu'elle atteigne tous les associés fondateurs.

Application. En l'espèce, le vice du consentement ou l'absence d'affectio societatis ne sont pas des causes de nullité. Olivier ne peut donc pas invoquer ces motifs.

3. Déterminez pourquoi la réponse à la question précédente n'aurait pas été la même si la société avait été une SNC.

Comment la nullité des SNC intervient-elle ?

Règles juridiques. En SNC, sont des causes de nullité le défaut ou le vice du consentement (dol, erreur, violence) ; l'incapacité d'un ou plusieurs associés ; l'impossibilité, l'illicéité ou le défaut d'objet social ; l'absence d'au moins deux associés ; l'absence ou la fictivité d'un apport ; le défaut d'affectio societatis.

Application. Si la société avait été une SNC, le dol invoqué par Olivier aurait pu être une cause de nullité. Quant à l'*affectio societatis*, il faut que son absence intervienne au moment de la constitution pour qu'il soit une cause de nullité.

4. Indiquez si Olivier est dans les temps pour engager une action en nullité.

Comment l'action en nullité se prescrit-elle ?

Règles juridiques. L'action en nullité est prescrite à l'expiration d'un délai de trois ans à compter du jour où la nullité est encourue.

Application. Le délai de trois ans n'est pas expiré, l'action en nullité n'est donc pas prescrite.

6 Analyse guidée d'arrêt : société La Roseraie

Compétence attendue

Analyser l'impact du débat de la nature juridique de la société sur la notion d'intérêt social

Décryptage des compétences

Le candidat doit être capable d'identifier les implications des différentes approches de la notion d'intérêt social.

1. Précisez la nature de chaque bloc de texte : décision de la Cour de cassation, argumentation de la Cour de cassation, faits, décision de la cour d'appel, arguments du demandeur et visa (la méthodologie du cas pratique n'est pas exigée).

Tableau d'analyse

Cour de Cassation, Chambre commerciale, audience publique du 20 mars 2007

Texte de la décision	Analyse guidée
Attendu, selon l'arrêt attaqué, statuant en matière de référé, que les capitaux propres de la société La Roseraie clinique hôpital (la société La Roseraie) étant devenus inférieurs à la moitié du capital social, une assemblée générale a été convoquée pour le 13 juin 2005 afin de voter une augmentation de capital, devant être suivie d'une réduction de capital par absorption des dettes, proposée par la société Gruppo villa Maria, détentrice de 49 % du capital ; que l'augmentation de capital n'a pas pu être adoptée à la majorité requise, par suite du refus de la société Hexagone hospitalisation Ile-de-France (la société Hexagone), détentrice de 46 % du capital, aux motifs que la question préalable de la dissolution ou de la poursuite d'activité n'avait pas été examinée et qu'elle n'avait pas eu réponse à ses questions sur le plan stratégique de développement ; que la société La Roseraie et la société Gruppo villa Maria ont assigné en référé la société Hexagone pour voir dire que son attitude constituait un abus de minorité et obtenir la désignation d'un mandataire *ad hoc* chargé de la représenter et pour voter à une assemblée générale à venir sur l'augmentation de capital ;	Faits : les capitaux propres d'une société sont devenus inférieurs à la moitié du capital. Les associés sont donc consultés pour remédier à la situation. La société Hexagone, minoritaire, s'oppose à l'augmentation de capital proposée. La société et l'associé minoritaire invoquent un abus de majorité et demandent la désignation d'un mandataire *ad hoc*.
Sur le moyen unique, pris en sa première branche :	Moyen : argument du demandeur
Et sur le moyen, pris en sa troisième branche : Vu l'article 1382 du Code civil ;	Second argument du demandeur et Visa
Attendu que pour confirmer l'ordonnance de référé ayant accueilli cette demande, l'arrêt retient que la société Hexagone qui avait écarté la possibilité de voter la dissolution, ne proposait aucune solution alternative sérieuse ou précise à l'augmentation de capital qui était la seule mesure conforme à l'intérêt de la société La Roseraie, indispensable à sa survie et qui ne lésait pas ses propres intérêts dans la société ;	Décision de la Cour d'appel : Hexagone a commis un abus de minorité en refusant de voter l'augmentation de capital nécessaire à la sauvegarde de l'intérêt social.
Attendu qu'en se déterminant par de tels motifs, impropres à établir en quoi l'opposition de la société Hexagone au vote de l'augmentation de capital était fondée sur l'unique dessein de favoriser ses propres intérêts au détriment de l'ensemble des autres associés, la cour d'appel n'a pas donné de base légale à sa décision ;	Argumentation de la Cour de cassation : caractériser un abus de minorité nécessite de démontrer une opposition contraire à l'intérêt social mais aussi dans le seul but de favoriser les intérêts du minoritaire, ce qui n'est pas le cas en l'espèce.
PAR CES MOTIFS, et sans qu'il y ait lieu de statuer sur l'autre grief : CASSE ET ANNULE, dans toutes ses dispositions, l'arrêt rendu le 6 juillet 2005, entre les parties, par la cour d'appel de Paris ;	Décision de la Cour de Cassation : elle casse la décision, annule l'arrêt de la cour d'appel

2. Présentez le motif qui conduit la Cour de cassation à casser la décision de la cour d'appel.

La Cour de cassation casse et annule la décision de la Cour d'appel car elle considère que l'abus de minorité n'est pas démontré.

3. Identifiez le critère que la Cour retient pour écarter la reconnaissance d'un abus.

Règles juridiques. Pour être caractérisé, l'abus de minorité nécessite plusieurs conditions : une opposition des minoritaires à l'adoption d'une décision, dans leur intérêt personnel, empêchant la réalisation d'une opération essentielle pour la survie de la société.

Application. En l'espèce, la Cour estime que la recherche de l'intérêt personnel des minoritaires n'est pas démontrée par la cour d'appel.

Préparer l'épreuve

7 Situation pratique : SARL Confi-Fruits

Compétences attendues

- **Identifier** les différents éléments constitutifs du contrat de société et les **caractériser**
- **Distinguer** capital social et capitaux propres

Décryptage des compétences

Les candidats doivent être capables, en vue de cerner la spécificité du contrat de société, de :

- repérer les éléments constitutifs d'un contrat de société (associés, apports, bénéfices ou économie et *affectio societatis*) ;
- vérifier leur existence afin de conclure à la validité ou non du contrat de société ;
- présenter le régime juridique des apports en nature, des apports en numéraire et des apports en industrie afin de déterminer les droits et obligations de l'apporteur et l'intérêt de tel ou tel apport pour la société.

1. Calculez le montant du capital social de la SARL Confi-Fruits

Règles juridiques. Le capital social est la somme des apports en nature et des apports en numéraires. Il se divise en parts sociales ayant la même valeur nominale.

Application. En l'espèce, il y a 1 000 parts. La valeur nominale est de 50 €. Le capital est donc de 50 000 €.

2. Déterminez si la constitution de la SARL Confi-Fruits nécessite l'intervention d'un commissaire aux apports.

Règles juridiques. En SARL, l'intervention d'un commissaire aux apports est obligatoire.

Par exception, elle devient facultative si trois conditions remplies : aucun apport en nature n'est supérieur à 30 000 € et la somme des apports en nature soumis à évaluation n'excède pas la moitié du capital social ; et la décision de ne pas recourir à un commissaire aux apports, est prise à l'unanimité des futurs associés.

Enfin, la décision de ne pas recourir au commissaire aux apports est décidée à l'unanimité des associés.

Application. Au cas d'espèce, Yves Lemaire a fait un apport en nature. La valeur de son apport est de 10 000 €.Le montant du capital est de 50 000 €. Son apport ne dépasse ni la valeur de 30 000 € ni la moitié du capital social (25 000 €). En conséquence, sous réserve de l'accord unanime des associés, la nomination du commissaire aux apports est facultative.

8 Commentaire de document : société en participation

Compétence attendue

Identifier les différents éléments constitutifs du contrat de société et les **caractériser**

Décryptage des compétences

- Les candidats doivent être capables, en vue de cerner la spécificité du contrat de société, de :
  - repérer les éléments constitutifs d'un contrat de société (associés, apports, bénéfices ou économie et *affectio societatis*) ;
  - vérifier leur existence afin de conclure à la validité ou non du contrat de société.

1. Identifiez les parties, les faits, la procédure (la méthodologie du cas pratique n'est pas exigée).

- Demandeur en cassation : X Défendeur : Y.
- X et Y, Un pharmacien et un vétérinaire, ont eu des intérêts communs dans le fonctionnement d'une société en participation ayant à l'origine, pour objet, la revente de médicaments à usage vétérinaire pour les besoins de leurs professions respectives de pharmacien et de vétérinaire, le premier acceptant de délivrer à sa clientèle des médicaments vétérinaires sans prescriptions préalables que le second régularisait ultérieurement lors de ses visites d'élevage. Après la dissolution de la société, X a demandé paiement et restitution de certaines sommes.
- Premier degré : tribunal de commerce. Demandeur X, défendeur Y.

2. Déterminez le problème juridique posé à la Cour de cassation.

Des pratiques illicites constitutives de manquements graves aux dispositions d'ordre public peuvent-elles justifier la nullité d'une société ?

3. Précisez quelle devrait être la décision de la Cour.

La Cour de cassation devrait confirmer l'ordonnance du juge.

CHAPITRE 3 La création de la société

Évaluer les savoirs

1 Quiz

1. Faux. Un écrit est obligatoire.
2. Faux. La loi impose certaines mentions.
3. Faux. C'est la réalisation de l'apport.
4. Vrai. Notamment pour permettre son opposabilité aux tiers.
5. Vrai. JAL, demande d'immatriculation, immatriculation et BODACC.
6. Faux. La société ne peut commencer son activité qu'après l'immatriculation.
7. Vrai. Sous réserve que l'acte ait été accompli au nom et pour le compte de la société en formation.
8. Faux. En principe, seuls ceux qui ont agi sont responsables.
9. Faux. Elle est de 99 ans
10. Vrai. Capacité spéciale et nécessité d'une représentation.

2 SAS Ose ta chance

Expliquez pourquoi ce souhait n'est pas réalisable.

Règles juridiques. En principe, la durée de la société est déterminée par les statuts. La durée court à compter du jour de l'immatriculation au RCS. En aucun cas, elle ne peut excéder 99 ans.

Application. En l'espèce, Virginie Mathias souhaite créer une SAS et souhaite que la durée de la société soit fixée à 200 ans. La loi fixe un maximum de 99 ans pour la durée de la société. Son projet n'est donc pas réalisable.

Maîtriser les compétences

3 Cas : Fitness Plus

Compétences attendues

- **Différencier** constitution de la société et acquisition de la personnalité juridique
- **Schématiser** le processus administratif aboutissant à l'acquisition de la personnalité morale
- **Repérer** les attributs de la personne morale et en analyser le régime juridique

En vous appuyant sur l'annexe, remplissez le formulaire M0.

M0 SAS cerfa 13959*07

DECLARATION DE CREATION D'UNE SOCIETE OU AUTRE PERSONNE MORALE

SAS, SA, SNC, SELAFA, SELAS, Commandite et société commerciale étrangère

ATTENTION pour la constitution d'une SARL, SELARL, société civile, société ayant une activité principale agricole, GIE/GEIE, prendre un imprimé M0 spécifique ou G0

Imprimer | Réinitialiser

POUR FACILITER VOTRE DECLARATION, REPORTEZ-VOUS A LA NOTICE

RESERVE AU CFE MGUIDBEFKT
Déclaration n° ______
Reçue le ______
Transmise le ______

1
☒ **CONSTITUTION D'UNE SOCIETE COMMERCIALE** ☐ LA SOCIETE EST CONSTITUEE SANS EXERCER L'ACTIVITE
☐ **SOCIETE COMMERCIALE ETRANGERE :** ☐ OUVERTURE DU PREMIER ETABLISSEMENT EN FRANCE ☐ ACTIVITE AMBULANTE d'une société de l'Espace Economique Européen (EEE)
☐ **CONSTITUTION D'UNE AUTRE PERSONNE MORALE DONT L'IMMATRICULATION EST PREVUE PAR UN TEXTE**

DECLARATION RELATIVE A LA PERSONNE

2
DENOMINATION FITNESS PLUS
Sigle ______
Forme juridique Société anonyme
☐ **SAS** constituée d'un associé unique, l'associé unique en est le président ☐ oui
Durée de la personne morale 30
Capital, *montant, unité monétaire* : 37000 euros Si capital variable, *minimum* : ______
☐ **Adhésion de la société aux principes de l'économie sociale et solidaire (ESS)**
☐ **Société à mission**
Date de clôture de l'exercice social 3112 Le cas échéant, du 1er exercice : ______

3
PRINCIPALE(S) ACTIVITE(S) DE L'OBJET SOCIAL :
exploitation d'une salle de remise en forme
boutique de vente de compléments alimentaires
fourniture de prestations de coaching

4
☐ **La société résulte d'une fusion / scission :** indiquer les personnes morales qui ont participé à l'opération sur l'intercalaire M0'

5
☐ **AUTRE(S) ETABLISSEMENT(S) SITUE(S) DANS UN ETAT MEMBRE DE L'UNION EUROPEENNE OU DE L'ESPACE ECONOMIQUE EUROPEEN :** Indiquer ces établissements sur l'intercalaire M0'

6
ADRESSE DU SIEGE (*Rés., bât., app., étage, n°, voie, lieu-dit*) 12 rue des Rosiers
Code postal 33170 Commune Gradignan
Le cas échéant, ancienne commune ______
Préciser si le siège est fixé :
☐ **Au domicile du représentant légal dans le cadre de la domiciliation provisoire**
☐ **Dans une entreprise de domiciliation :** N° unique d'identification ______
Nom du domiciliataire ______

7
SOCIETES COMMERCIALES ETRANGERES
Registre public du siège à l'étranger :
Lieu et pays ______
N° d'immatriculation ______
Adresse de l'établissement en France : *Rés., bât., app., étage, n°, voie, lieu-dit* ______
Code postal ______ Commune ______
Marché principal où s'exerce l'activité ambulante (société de l'EEE) :
Code postal ______ Commune ______

DECLARATION RELATIVE A L'ETABLISSEMENT ET A L'ACTIVITE

8
ADRESSE DE L'ETABLISSEMENT où s'exerce l'activité, si différente du siège et relevant du même greffe *sinon remplir imprimé M2*
(Rés., bât., app., étage, n°, voie, lieu-dit) ______
Code postal ______ Commune ______
Le cas échéant, ancienne commune ______

9
NOM COMMERCIAL Fitness plus
ENSEIGNE ______

10
DATE DE DEBUT D'ACTIVITE 010220 ☒ Permanente ☐ Saisonnière / ☐ Ambulant
Activité(s) exercée(s) dans l'établissement : exploitation d'une salle de remise en forme
boutique de vente de compléments alimentaires
fourniture de prestations de coaching
Dans le cas où plusieurs activités sont mentionnées, indiquer l'activité principale
exploitation d'une salle de remise en forme
Pour l'activité principale, préciser en ne cochant qu'une seule case s'il s'agit de :
☐ Commerce de détail en magasin (surface : ______ m²) ☐ Commerce de détail sur marché
☐ Commerce de détail sur Internet ☐ Fabrication, production ☐ Bâtiment, travaux publics
☐ Commerce de gros ☒ Autre *précisez* prestation de services

11
ORIGINE DU FONDS OU ORIGINE DE L'ACTIVITE
ORIGINE DE L'ACTIVITE LIBERALE ☐ Création, passer au cadre 12 ☐ Reprise
Précédent exploitant : N° unique d'identification ______
Nom de naissance / Dénomination ______
Nom d'usage ______ Prénoms ______
ORIGINE DU FONDS DE COMMERCE OU ARTISANAL ☒ Création *passer au cadre 12* ☐ Achat ☐ Apport
Achat, Apport (sauf pour fonds artisanal et achat dans le cadre d'un plan de cession)
Support d'annonces Légales : date de parution ______
Nom du support : ______
Précédent exploitant : N° unique d'identification ______
Nom de naissance / Dénomination ______
Nom d'usage ______ Prénoms ______
☐ **Location–gérance** ☐ **Gérance–mandat** ☐ **Autre** ______
Dates du contrat : début ______ fin ______
Renouvellement par tacite reconduction ☐ oui ☐ non
Loueur du fonds ou Mandant du fonds
Nom de naissance / Dénomination ______
Nom d'usage ______ Prénoms ______
Domicile / Siège ______
Code postal ______ Commune ______
Pour la gérance–mandat N° unique d'identification du mandant ______
Greffe d'immatriculation ______

12
EFFECTIF SALARIE : ☒ non ☐ oui, nombre ______ dont : ______ apprentis
La société embauche un premier salarié ☐ oui ☐ non

DECLARATION RELATIVE AU REPRESENTANT LEGAL ET AUTRES PERSONNES ASSURANT LE CONTROLE, Y COMPRIS LES ASSOCIES INDEFINIMENT ET SOLIDAIREMENT RESPONSABLES ET PERSONNES AYANT LE POUVOIR D'ENGAGER LA SOCIETE Suite sur intercalaire(s) M0'

Pour les personnes morales soumises à l'obligation de désigner un représentant, compléter la rubrique spécifique de l'imprimé M0'
Pour les personnes relevant du régime des travailleurs non salariés, compléter par le volet social TNS (SNC, société en commandite...)

13 **QUALITE** Directeur général et président du conseil d'administration
Nom de naissance / Dénomination Leclercq
Nom d'usage ______ Prénom Michaël
Né(e) le ______ à ______ Nationalité F
Domicile / Siège ______
Code postal ______ Commune ______
POUR UNE PERSONNE MORALE forme juridique ______
Lieu et N° d'immatriculation ______

14 **QUALITE** Membre du conseil d'aministration
Nom de naissance / Dénomination ??
Nom d'usage Leclercq Prénom Louise
Né(e) le ______ à ______ Nationalité ______
Domicile / Siège ______
Code postal ______ Commune ______
POUR UNE PERSONNE MORALE forme juridique ______
Lieu et N° d'immatriculation ______

15 **QUALITE** Membre du conseil d'aministration
Nom de naissance / Dénomination Dumont
Nom d'usage ______ Prénom Charles
Né(e) le ______ à ______ Nationalité ______
Domicile / Siège ______
Code postal ______ Commune ______
POUR UNE PERSONNE MORALE forme juridique ______
Lieu et N° d'immatriculation ______

16 **QUALITE** ______
Nom de naissance / Dénomination ______
Nom d'usage ______ Prénom ______
Né(e) le ______ à ______ Nationalité ______
Domicile / Siège ______
Code postal ______ Commune ______
POUR UNE PERSONNE MORALE forme juridique ______
Lieu et N° d'immatriculation ______

17 **QUALITE** ______
Nom de naissance / Dénomination ______
Nom d'usage ______ Prénom ______
Né(e) le ______ à ______ Nationalité ______
Domicile / Siège ______
Code postal ______ Commune ______
POUR UNE PERSONNE MORALE forme juridique ______
Lieu et N° d'immatriculation ______

18 **QUALITE** ______
Nom de naissance / Dénomination ______
Nom d'usage ______ Prénom ______
Né(e) le ______ à ______ Nationalité ______
Domicile / Siège ______
Code postal ______ Commune ______
POUR UNE PERSONNE MORALE forme juridique ______
Lieu et N° d'immatriculation ______

OPTION(S) FISCALE(S)

19 **Bénéfices Non Commerciaux (BNC)** ☐ Déclaration contrôlée **Bénéfices Industiels et Commerciaux (BIC)** ☐ Réel simplifié ☐ Réel normal **Impôt sur les Sociétés (IS)** ☐ Réel simplifié ☒ Réel normal
OPTIONS PARTICULIERES : ☐ Assujettissement à l'IS (SNC, commandite simple) ☐ Régime des sociétés de personnes (SA, SAS, SELAFA, SELAS)

T.V.A : ☐ Franchise en base ☐ Assujettissement à la TVA en cas d'opérations imposables sur option
☐ Réel simplifié ☐ Option pour le dépôt d'une déclaration annuelle de régularisation portant sur l'exercice comptable
☐ Mini-réel ☒ Réel normal ☐ Option pour le dépôt de déclarations trimestrielles, si TVA estimée inférieure à un plafond de 4 000 € / an

RENSEIGNEMENTS COMPLEMENTAIRES

20 **OBSERVATIONS :** ______

21 **ADRESSE de correspondance** ☒ Déclarée au cadre n° 6 ☐ Autre : ______ Tél ______ Tél ______
______ Code postal ______ Commune ______ Télécopie / courriel ______

Le présent document constitue une demande d'immatriculation au RCS, au RM, le cas échéant, au RSAC, REB et vaut déclaration aux services fiscaux, aux organismes de sécurité sociale, à l'INSEE et, s'il y a lieu, à l'inspection du travail. Quiconque donne, de mauvaise foi, des indications inexactes ou incomplètes s'expose à des sanctions pénales pouvant aller jusqu'à l'emprisonnement.

22 ☒ **LE REPRESENTANT LEGAL** *Déclaré au cadre n°* 13
☐ **LE MANDATAIRE** *ayant procuration*
Nom, prénom / dénomination et adresse ______
Code postal ______ Commune ______

Certifie l'exactitude des renseignements donnés
Fait à Gradignan Le 25012020
Nombre d'intercalaire(s) M0' : ___ de volet(s) TNS : ___
Nombre d'intercalaire JQPA : ___
Nombre de volet(s) M'BE (bénéficiaires effectifs) : ___

SIGNATURE :

Signer chaque feuillet séparément

Elle leur garantit un droit d'accès et de rectification, pour les données les concernant, auprès des organismes destinataires de ce formulaire.

Décryptage des compétences

- Le candidat doit être capable de différencier les conséquences juridiques de la constitution de la société et de son immatriculation vis-à-vis des tiers et vis-à-vis des associés.
- Le candidat doit être capable de guider un éventuel créateur d'entreprise dans l'élaboration des formalités juridiques de création d'entreprise. Il doit être capable de rédiger une annonce légale ou de lire un Kbis.
- Le candidat doit être capable d'énumérer et de repérer les principaux attributs extrapatrimoniaux et patrimoniaux de la personne morale (dénomination sociale, siège social, nationalité, durée, capacité, patrimoine).

Vous devez reprendre les éléments de l'annonce légale et, le cas échéant, établir un lien avec l'UE 4 sur le choix du statut fiscal. Insistez sur la nécessité de détenir un mandat pour accomplir les formalités de publicité.

4 Cas : AGIR et Associés

Compétences attendues

- **Différencier** constitution de la société et acquisition de la personnalité juridique
- **Schématiser** le processus administratif aboutissant à l'acquisition de la personnalité morale
- **Analyser** les conséquences d'un acte pris par une société en formation
- **Repérer** les attributs de la personne morale et en **analyser** le régime juridique

Décryptage des compétences

- Le candidat doit être capable de différencier les conséquences juridiques de la constitution de la société et de son immatriculation vis-à-vis des tiers et vis-à-vis des associés.
- Le candidat doit être capable de guider un éventuel créateur d'entreprise dans l'élaboration des formalités juridiques de création d'entreprise. Il doit être capable de rédiger une annonce légale ou de lire un Kbis.
- Le candidat doit être capable de vérifier si l'acte accompli au nom d'une société en formation peut être repris ou non et selon quelles modalités.
- Le candidat doit être capable d'énumérer et de repérer les principaux attributs extrapatrimoniaux et patrimoniaux de la personne morale (dénomination sociale, siège social, nationalité, durée, capacité, patrimoine). Il doit également pouvoir expliquer les mécanismes de ces attributs et pouvoir conseiller un client sur leurs évolutions au cours de la vie de la personne morale.

Repérez, dans chaque situation, les éléments problématiques et proposez des solutions (la méthodologie du cas pratique n'est pas exigée).

Dossier	Problème	Solution
Abribus	L'arrivée du terme d'une société.	Proposer une prorogation, qui doit intervenir un an avant l'arrivée du terme, et nécessite une décision extraordinaire des associés. Sinon la société risque de devenir une société de fait.

Dossier	Problème	Solution
Bernard	Accomplissement d'actes pendant la période de formation : le futur directeur général a fait des achats avant l'immatriculation	Sous réserve que l'acte ait été fait au nom et pour le compte de la société, il peut être repris par décision expresse des associés. Dans ce cas, la société doit payer. Sinon c'est monsieur Bernard qui doit payer.
Orange	Le choix de la dénomination sociale	Le choix de la dénomination sociale est libre, sous réserve de respecter les droits des tiers. Ici, monsieur Orange ne peut utiliser cette dénomination, déjà utilisée par une marque de renom dans le même domaine d'activité.
Energix	La représentation des sociétés	Une société doit être représentée par un représentant légal. Dans la SARL il s'agit du gérant. M. Kubrik n'est pas le gérant de la société, il ne peut donc agir au nom de celle-ci (possibilité d'évoquer la théorie de l'apparence).
Fuber	L'acquisition de la personnalité juridique	Tant que la société n'est pas immatriculée, elle ne dispose pas de la personnalité juridique et ne peut donc pas agir. Le démarrage de l'activité sociale n'est pas possible. (aborder éventuellement la problématique de la reprise des actes ou celle de la requalification en société de fait)

Préparer l'épreuve

5 Situation pratique : SARL JTHD

Compétences attendues

- **Différencier** constitution de la société et acquisition de la personnalité juridique
- **Schématiser** le processus administratif aboutissant à l'acquisition de la personnalité morale
- **Analyser** les conséquences d'un acte pris par une société en formation

Décryptage des compétences

- Le candidat doit être capable de différencier les conséquences juridiques de la constitution de la société et de son immatriculation vis-à-vis des tiers et vis-à-vis des associés.
- Le candidat doit être capable de guider un éventuel créateur d'entreprise dans l'élaboration des formalités juridiques de création d'entreprise. Il doit être capable de rédiger une annonce légale ou de lire un KBis.
- Le candidat doit être capable de vérifier si l'acte accompli au nom d'une société en formation peut être repris ou non et selon quelles modalités.

1. Précisez pourquoi Juliette n'a pas pu utiliser le compte bancaire de la SARL pour régler le dépôt de garantie que demandait le bailleur.

Règles juridiques. Tant qu'une personne morale n'est pas immatriculée, elle ne dispose pas de la capacité juridique. Elle ne peut donc pas agir. Les fonds déposés par les associés au titre de la libération des apports sont bloqués sur un compte au nom de la société en formation. Le représentant légal ne peut retirer les fonds qu'après l'immatriculation.

Application. Le contrat de bail a été conclu avant l'immatriculation. Juliette n'a donc pas pu utiliser le compte de la société puisque celle-ci ne disposait pas encore de la personnalité juridique. Elle va donc devoir prendre l'engagement au nom de la société en utilisant ses fonds personnels pour régler le dépôt de garantie demandé par le bailleur, puis organiser la reprise des actes par la société pour se faire rembourser.

2. Déterminez les conditions dans lesquelles les actes conclus par Juliette seront repris par la société après son immatriculation au RCS.

Règles juridiques. Les personnes qui ont agi au nom d'une société en formation sont tenues indéfiniment responsables des actes accomplis, de façon solidaire si la société est commerciale, sans solidarité si elle est civile. Une fois immatriculée, la société peut reprendre les actes, opérant une substitution rétroactive de débiteur.

Seuls peuvent être repris par la société :

- les actes passés au nom de cette société, ce qui suppose l'identification de celle-ci dans chaque acte ;
- les actes passés dans l'intérêt de la société et nécessaires à l'immatriculation.

La loi prévoit trois modalités de reprise de ces actes :

- Pour les actes passés avant la signature des statuts : annexer aux statuts un état des engagements conclus pour le compte de la société en formation.
- Entre la signature des statuts et l'immatriculation : donner un mandat spécial à un ou plusieurs futurs associés. Ce mandat doit être déterminé et précis pour chaque opération.
- Décision d'assemblée générale après l'immatriculation.

Application. La signature du bail a lieu avant la signature des statuts, il peut donc faire l'objet d'un état annexé aux statuts. Les autres contrats doivent faire l'objet d'un mandat. Juliette ne doit pas omettre de mentionner sur les contrats qu'elle agit au nom d'une société en formation, les contrats semblant nécessaires au démarrage de l'activité, ils pourront être repris.

6 Situation pratique : SARL Papet'rit

Compétences attendues

- **Analyser** les conséquences d'un acte pris par une société en formation
- **Repérer** les attributs de la personne morale et **en analyser** le régime juridique

Décryptage des compétences

- Le candidat doit être capable de vérifier si l'acte accompli au nom d'une société en formation peut être repris ou non et selon quelles modalités.
- Le candidat doit être capable d'énumérer et de repérer les principaux attributs extrapatrimoniaux et patrimoniaux de la personne morale (dénomination sociale, siège social, nationalité, durée, capacité, patrimoine). Il doit également pouvoir expliquer les mécanismes de ces attributs et pouvoir conseiller un client sur leurs évolutions au cours de la vie de la personne morale.

1. Identifiez les raisons pour lesquelles la domiciliation de la SARL Papet'rit au domicile d'Éric Gardon est impossible.

Règles juridiques. La personne morale qui demande son immatriculation au registre du commerce et des sociétés est autorisée à installer son siège au domicile de son représentant légal par principe et sans limitation de durée. Le texte autorise uniquement la domiciliation dans le local d'habitation du représentant légal (gérant de SARL, Directeur Général de SA, Président de SAS, etc.) ; il n'est donc pas possible de domicilier la société dans le local d'habitation d'un simple associé.

Application. En l'espèce, Éric est un simple associé, il n'est donc pas possible de domicilier la société chez lui. Cela aurait été possible au domicile de François.

2. Identifiez la personne qui est tenue par la dette de 700 €.

Règles juridiques. En principe, les personnes qui ont agi au nom de la société en formation avant qu'elle ait acquis la jouissance de la personnalité morale sont tenus indéfiniment et solidairement responsables des actes accomplis à moins que la société, après avoir été régulièrement constituée et immatriculée, ne reprennent les engagements souscrits, qui sont réputés dès lors avoir été souscrits dès l'origine par la société.

Cette faculté ne concerne que les actes passés au nom et pour le compte de la société en formation et nécessaires à la constitution de la société.

Il existe plusieurs procédures permettant une reprise automatique des actes :

- pour les actes accomplis avant la signature des statuts, l'état des actes accomplis pour le compte de la société en formation, avec indication pour chacun d'eux de l'engagement qui en résulterait pour la société est présenté aux associés avant la signature des statuts. Cet état est annexé aux statuts, dont la signature emportera reprise des engagements par la société au moment de l'immatriculation ;
- pour les actes accomplis entre la signature et l'immatriculation, les associés peuvent, dans les statuts ou par acte séparé, donner mandat à l'un ou plusieurs d'entre eux de prendre des engagements au nom de la société. Sous réserve qu'ils *soient déterminés et précisés* par le mandat, l'immatriculation de la société au RCS emportera reprise des engagements par la société ;
- reprise expresse.

En ce qui concerne les engagements souscrits sans autorisation, ces derniers peuvent être repris par décision prise à la majorité des associés après l'immatriculation.

Application. En l'espèce, pour le premier contrat : la procédure a été respectée (un état a été annexé aux statuts). Sous réserve que l'acte soit passé au nom de la société en formation et nécessaire à sa constitution, la société sera engagée. Il importe donc que François Perrin indique au contractant qu'il agit pour le compte de la société en formation. À défaut, il ne pourrait dégager sa responsabilité personnelle et serait réputé avoir souscrit l'engagement en son nom propre, même si la société s'en reconnaît par la suite débitrice.

Pour le second contrat, les conditions de fond pour la reprise automatique des actes passés avant l'immatriculation (état annexé aux statuts) ne sont pas réunies. La reprise pourra néanmoins être décidée par les associés. La décision doit être prise, sauf clause contraire, à la majorité des associés. À défaut, c'est François Perrin qui sera tenu au paiement de la dette.

7 Commentaire de document : Capimmo

Compétence attendue

Analyser les conséquences d'un acte pris par une société en formation

Décryptage des compétences

Le candidat doit être capable de vérifier si l'acte accompli au nom d'une société en formation peut être repris ou non et selon quelles modalités.

1. Identifiez les parties. Retracez les faits par ordre chronologique (la méthodologie du cas pratique n'est pas exigée).

- Demandeur au pourvoi : la SCI Capimmo
- Défendeur au pourvoi : la SARL Cime

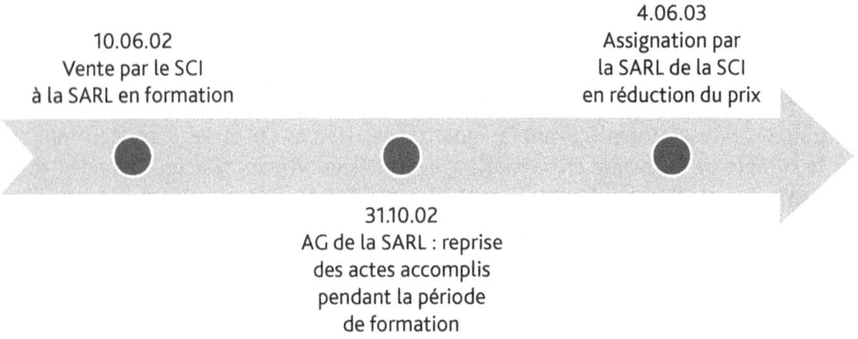

2. Précisez l'argument du demandeur au pourvoi.

La SCI fait grief à l'arrêt de la Cour d'appel de renvoi (CA Montpellier, 1re ch., sect. AO1, arrêt, 23 oct. 2014, n° 12/07570) d'infirmer le jugement et de déclarer la SARL recevable en son action en diminution du prix. Elle se pourvoit en cassation. Elle estime que la SARL avait dépassé le délai pour agir en réduction du prix.

3. Déterminez le problème juridique posé à la Cour de cassation.

Quels sont les effets de la reprise des engagements pris au nom d'une société en formation ?

4. Expliquez la décision de la Cour d'appel soulignée.

La cour d'appel estime que la SARL, ayant repris les engagements pris pour son compte pendant la période de formation par le biais d'une décision d'assemblée générale, est réputée propriétaire de l'immeuble dès le 10 juin 2002.

5. Expliquez pourquoi la décision de la Cour de cassation est surprenante.

La Cour de cassation applique la loi : elle relève qu'il n'était pas contesté que la SARL, régulièrement immatriculée, avait repris l'engagement résultant de la vente du 10 juin 2002 par une délibération de ses associés, et donc que la cour d'appel en a exactement déduit que peu importait la date de la délibération dès lors que, par l'effet rétroactif de cette reprise, la SARL était réputée propriétaire de l'immeuble à l'égard des tiers et de la SCI depuis l'origine de la vente le 10 juin 2002 et justifiait avoir qualité pour agir en diminution de prix le 4 juin 2003.

CHAPITRE 4 Le fonctionnement de la société : les dirigeants

Évaluer les savoirs

1 Quiz

1. Faux. Le dirigeant peut être un associé ou un tiers.

2. Vrai. La loi dispose que le directeur général de la SA est obligatoirement une personne physique.

3. Vrai. Travail effectif, rémunérations et fonctions distinctes, lien de subordination.

4. Vrai. La décision est, en principe, prise par les associés, en vertu des statuts ou par décision collective.

5. Faux. La fixation de la rémunération du dirigeant est une compétence des associés.

6. Faux. Le dirigeant doit respecter les pouvoirs des associés et l'objet social.

7. Faux. Le dirigeant de la SARL doit respecter les pouvoirs des associés.

8. Faux. Le préjudice est une des conditions de la responsabilité.

9. Faux. La jurisprudence exige une faute séparable.

10. Faux. Les associés, individuellement ou en se regroupant, peuvent agir au nom de la société.

2 Statut des dirigeants

Précisez si les situations ci-après sont conformes à la loi. Justifiez votre réponse (la méthodologie du cas pratique n'est pas exigée).

Cas	Règle	Application
SA OBateau	Le directeur général de la SA est obligatoirement une personne physique nommée par le CA.	C'est bien le CA qui a le pouvoir de nommer le DG mais la SAS est une personne morale, elle ne peut être nommée DG de la SA.
SNC À l'évidence	La SNC est gérée par un ou plusieurs gérants.	La loi permet la nomination de gérants supplémentaires.
SARL Patrimoine	Le dirigeant peut cumuler son mandat social avec un contrat de travail dans la société sous réserve de respecter les critères de la jurisprudence sous peine de nullité : – exercer une activité effective distincte des fonctions du mandat social, – recevoir une rémunération pour les fonctions techniques, qui ne se confond pas avec la rémunération du mandat social, – être soumis par un lien de subordination à l'égard de la société, c'est-à-dire que la société peut ordonner, contrôler et sanctionner. En pratique, cette dernière condition n'est pas remplie si le dirigeant est également associé majoritaire.	Madame Hélène est associée majoritaire. Quand bien même les fonctions seraient distinctes et l'emploi effectif, elle ne peut cumuler puisqu'il n'y aurait pas de lien de subordination.

Cas	Règle	Application
SCI Le Clos du Roy	Aucune clause statutaire ne peut porter atteinte à la faculté de révocation.	La clause est réputée non écrite.

❸ Les pouvoirs des dirigeants

Dans chacun des cas suivants, déterminez si les actes sont valables, si la société est engagée ou non, et les conséquences éventuelles pour le dirigeant concerné (la méthodologie du cas pratique n'est pas exigée).

	Engagement de la société	Conséquences
SA OBateau	La société est engagée vis-à-vis des tiers par son représentant légal. Le représentant légal de la SA est le DG ou le président du directoire. M.Hervé n'est pas le représentant légal. En conséquence la société n'est pas engagée.	Le CA détermine les orientations stratégiques. Il doit respecter les pouvoirs du DG. M.Hervé a outrepassé ses pouvoirs. Il s'expose à une révocation ainsi qu'à la mise en œuvre de sa responsabilité si la société subit un préjudice (peu probable puisqu'elle n'est pas engagée).
SNC À l'évidence	Le gérant est le représentant légal. Il engage la société par les actes entrant dans l'objet social. La restauration n'est pas dans l'objet social. La société n'est pas engagée par les actes de Mme Laure. Le contrat de travail est nul.	Le gérant engage sa responsabilité en cas de violation de la loi si l'acte cause un dommage à la société ou aux associés. Le tiers doit démontrer une faute séparable. Ça n'est pas le cas ici (Mme Laure est protégée par son mandat). Elle s'expose en revanche à la révocation, qui serait justifiée.
SARL Patrimoine	Le gérant est investi des pouvoirs les plus étendus, sous réserve des pouvoirs que la loi attribue expressément aux associés. La fixation de la rémunération du dirigeant relève des pouvoirs des associés. L'acte est nul.	La société subit un préjudice, Mme Hélène engage sa responsabilité. Elle devra rembourser les sommes et éventuellement verser des dommages et intérêts. Elle s'expose à la révocation. Ainsi qu'à des sanctions pénales (↪ chapitre 23)
SCI Le Clos du Roy	Le(s) gérant(s) est le représentant légal. Il engage la société par les actes entrant dans l'objet social. Les clauses statutaires limitant les pouvoirs des gérants sont inopposables aux tiers. Le devis est valable. Il entre dans l'objet, et la clause limitant les pouvoirs du dirigeant est inopposable aux tiers.	Le gérant engage sa responsabilité puisqu'il viole les statuts. Si l'acte cause un préjudice, il pourra être amené à verser des dommages et intérêts. Son acte est de plus un juste motif de révocation.

Maîtriser les compétences

4 Cas : Sud'Auto

Compétences attendues

- **Analyser** le fonctionnement interne d'une société et sa représentation vis-à-vis des tiers
- **Différencier** les conditions et les conséquences de l'engagement de la responsabilité de la société et des dirigeants

En vous appuyant sur l'annexe, estimez les chances de succès de la défense en justice de la SARL Sud'Auto, qui invoque la nullité du bail pour défaut de capacité du bailleur, la SCI Immosens.

Règles juridiques. Par suite du décès de son gérant statutaire, la société n'avait plus de représentant. Sans doute le contrat de bail avait-il été conclu au nom de la société par le second associé de la SCI. La locataire peut-elle invoquer la nullité de ce contrat conclu par une personne dépourvue de tout pouvoir de représentation de la société ?

La Cour de cassation juge de manière constante que « la nullité d'un contrat en raison de l'absence de pouvoir du mandataire, qui est relative, ne peut être demandée que par la partie représentée ».

Application. Ainsi, seule la SCI peut invoquer la nullité, pas la SARL. Sa défense a donc peu de chances de succès.

5 Analyse d'un article de presse : rémunération du dirigeant

Compétences attendues

Distinguer la rémunération liée au mandat social, du salaire lié au contrat de travail

1. Indiquez pourquoi on peut affirmer que le statut du dirigeant est un des critères du choix de la mise en société (la méthodologie du cas pratique n'est pas exigée).

Lorsque le chef d'entreprise exerce son activité en nom propre ou par le biais d'une société qui ne relève pas de l'impôt sur les sociétés, la totalité des bénéfices réalisés par son entreprise est systématiquement imposée entre ses mains, au barème progressif de l'impôt sur le revenu dans la catégorie des bénéfices industriels et commerciaux ou non commerciaux, selon la nature de l'activité. La mise – ou transformation – en société permet au dirigeant de déduire sa rémunération de son bénéfice imposable. Enfin, l'assujettissement à l'impôt sur les sociétés permet d'être imposé à un taux d'IS qui peut être avantageux par rapport à l'IR.

2. Identifiez les rémunérations qu'un dirigeant peut percevoir (la méthodologie du cas pratique n'est pas exigée).

Le dirigeant peut percevoir :

- sa rémunération de dirigeant (décidée par les associés, fixe ou proportionnelle) ;
- des dividendes s'il est associé ;
- un salaire s'il cumule son mandat avec un contrat de travail (travail effectif, rémunérations et fonctions distinctes, lien de subordination) ;
- des intérêts rémunérant un compte courant d'associé.

3. Précisez les statuts sociaux et fiscaux offerts au dirigeant de société (la méthodologie du cas pratique n'est pas exigée).

	Cotisations sociales	Imposition
Gérant de SARL	Les gérants majoritaires seront affiliés au régime des travailleurs indépendants, alors que les gérants égalitaires et minoritaires cotiseront au régime général de la sécurité sociale. Un montant minimum de cotisations sociales doit être acquitté même en l'absence de rémunération.	Rémunération imposable dans la catégorie des traitements et salaires
Président de SAS	Régime général de la sécurité sociale, quelle que soit la participation au capital	Traitements et salaires
Administrateurs et membres du conseil de surveillance de SA	Jetons de présence : aucune cotisation sociale	Revenus de capitaux mobiliers
	Rémunération du PCA ou du PCS : régime général de la sécurité sociale	Traitements et salaires
DG, membres du directoire de SA	Régime général de la sécurité sociale	Traitements et salaires

4. Déterminez s'il existe un statut optimal pour le dirigeant (la méthodologie du cas pratique n'est pas exigée).

À niveau de rémunération identique, un dirigeant non salarié perçoit un revenu net supérieur à celui d'un dirigeant salarié, l'écart ayant tendance à augmenter à mesure que l'on progresse dans l'échelle des rémunérations. *« La balance penche donc en faveur du statut de gérant majoritaire de SARL ou d'associé unique d'EURL lorsqu'on cherche à maximiser le revenu net du dirigeant », comme l'écrit la journaliste des* Echos.

5. Identifiez l'intérêt, pour un dirigeant, de cumuler son mandat avec un contrat de travail (la méthodologie du cas pratique n'est pas exigée).

Le cumul permet au dirigeant d'augmenter son revenu et de sécuriser sa position.

Préparer l'épreuve

6 Situation pratique : SARL La Cave

Compétences attendues

- **Analyser** le fonctionnement interne d'une société et sa représentation vis-à-vis des tiers
- **Différencier** les conditions et les conséquences de l'engagement de la responsabilité de la société et des dirigeants

1. Précisez si la SARL la Cave est engagée par les différents actes passés par Margaux Delannoy.

Quels sont les pouvoirs du gérant de SARL ?

Règle juridique. À l'égard des tiers, le gérant st le représentant légal de la SARL. Il est investi des pouvoirs les plus étendus pour agir en toutes circonstances au nom de la société, sous réserve que l'acte entre dans l'objet social et n'empiète pas sur les pouvoirs d'un autre organe. La société est engagée même par les actes qui dépassent l'objet social, à moins qu'elle ne rapporte la preuve que le tiers savait que l'acte dépassait l'objet ou ne pouvait l'ignorer compte tenu des circonstances. Les limitations statutaires sont inopposables aux tiers.

Application. En l'espèce, plusieurs actes ont été passés par la gérante. Il convient de les analyser successivement :

- L'achat du vin : il semble que la gérante ait agi à des fins personnelles sans agir dans L'intérêt social. La marchandise a été transférée dans sa résidence de vacances et non au siège social. Il s'agit d'un détournement de pouvoirs. Pourtant, la société est engagée auprès du vendeur et ne peut demander l'annulation de la vente, puisque la SARL est engagée à l'égard des tiers en toutes circonstances.
- La conclusion du contrat de location avec la société de production : la gérante peut accomplir tous les actes de gestion courante se rattachant à l'objet social. Or, en concluant une convention de location de marchandises, Margaux outrepasse les limites fixées par l'objet social (dégustation et vente de vins). Mais la SARL est engagée par tous les actes du dirigeant même s'ils dépassent l'objet social vis à vis des tiers de bonne foi. Rien ne laisse à penser que la société de production avait le moyen de connaître la clause statutaire décrivant l'objet social. La société se trouve donc engagée par le contrat.
- La vente de l'annexe et du stock : le montant de la cession est de 60000€. Il est manifestement supérieur à celui autorisé par la clause statutaire limitative de pouvoirs. Celle-ci a donc été violée car Margaux n'a pas obtenu l'autorisation des associés pour effectuer cette vente. Or les clauses limitatives de pouvoirs sont inopposables aux tiers. La société ne peut donc se prévaloir de la violation de cette clause pour demander l'annulation de la vente. La société est engagée.

2. Identifiez les conséquences de ces actes pour Margaux Delannoy.

Dans quelles conditions le gérant engage-t-il sa responsabilité ?

Règle juridique. À l'égard des associés, le gérant de SARL dispose des pouvoirs de gestion dans l'intérêt social. Il engage sa responsabilité personnelle vis-à-vis de la société et des associés en cas d'infraction à la loi, de violation des statuts, de faute de gestion. La société doit subir un préjudice et il doit exister un lien de causalité entre le fait et le préjudice. Le gérant engage sa responsabilité vis-à-vis des tiers en cas de faute personnelle séparable des fonctions (faute intentionnelle d'une particulière gravité incompatible avec les fonctions sociales) ayant entraîné un préjudice.

Le gérant de SARL a droit à des dommages et intérêts si sa révocation ne repose pas sur de justes motifs.

Application.

- Achat du vin : la société subit un grave préjudice du fait du détournement de pouvoirs du gérant. Elle finance l'achat de marchandises dont l'usage est destiné personnellement au dirigeant et sa famille. Elle ne perçoit aucune contrepartie financière de cet investissement. La société peut donc engager la responsabilité civile de Margaux sur le fondement de la violation de l'intérêt social.
- Contrat de location : la société subit également un préjudice : le manque à gagner, puisque des acheteurs potentiels se sont présentés pour acheter les véhicules loués à d'autres. Les associés peuvent donc engager la responsabilité civile de Margaux sur le fondement du dépassement de l'objet social.
- Vente de l'annexe : Margaux viole les statuts. La société subit un préjudice. Elle peut donc demander la réparation.

Les actes de Margaux constituent en outre des justes motifs de révocation.

3. Déterminez l'action que les associés peuvent engager si la société subit un préjudice.

Les associés peuvent-ils agir en responsabilité au nom de la société ?

Règle juridique. En cas de dommage subi pas la société du fait de l'action du gérant, c'est l'action sociale qui doit être menée. Elle s'analyse en une action faite, au nom et pour le compte de la société. Elle peut être intentée par le représentant légal, dans ce cas elle est appelée action sociale *ut universi*. Elle peut aussi être intentée par un associé contre les dirigeants sociaux, il s'agit alors de l'action sociale *ut singuli*. Un groupe d'associés peut aussi intenter cette action à condition de représenter au moins 10 % des parts sociales.

Application. En l'espèce, en tant qu'associés, Emma et John peuvent soit individuellement soit en se regroupant (s'ils détiennent plus de 10 % du capital social) intenter une action *ut singuli*.

4. Qualifiez le rôle joué par Émilien Delannoy.

Comment qualifier le dirigeant de fait ?

Règle juridique. Le gérant de fait est la personne physique ou morale qui exerce en toute indépendance une activité continue et répétée de gestion sans aucun mandat. Le dirigeant de fait encourt les mêmes responsabilités que le gérant de droit. Le tiers n'a toutefois pas à démontrer la faute séparable.

Application. Émilien a traité avec les clients, agit comme le gérant de droit pendant une période assez longue. Il peut donc être qualifié de gérant de fait.

5. Identifiez la personne redevable de la dette envers la société Ediplus.

Quels sont les pouvoirs du gérant de fait de SARL ?

Règle juridique. La société est engagée par les actes de son gérant, de droit ou de fait.

Application. Les contrats restent valables et la SARL est engagée et doit payer la société Ediplus, mais la mauvaise gestion entraîne un préjudice financier important pour la société. Cette dernière peut donc en demander réparation à Émilien.

7 Commentaire de document : SARL GEOLOCALISE

Compétences attendues

- **Analyser** le fonctionnement interne d'une société et sa représentation vis-à-vis des tiers
- **Différencier** les conditions et les conséquences de l'engagement de la responsabilité de la société et des dirigeants

1. Identifiez le problème de droit formulé dans cet arrêt (la méthodologie du cas pratique n'est pas exigée).

Un dirigeant qui trompe volontairement une personne dans le but d'obtenir son consentement à conclure un contrat avec sa société commet-il une faute séparable de ses fonctions, nécessaire pour engager sa responsabilité civile, alors même qu'il a agi en respectant l'objet et l'intérêt de la société qu'il dirige ?

Ou

Un dirigeant de SARL qui fait croire à un fournisseur que ce dernier peut bénéficier d'une garantie en sachant que celle-ci est illusoire commet-il une faute séparable de ses fonctions permettant d'engager sa responsabilité personnelle ?

2. Exposez brièvement les positions de la cour d'appel et de la Cour de cassation.

La cour d'appel d'Aix-en-Provence a rejeté la demande de la société CONNECT SYSTEMS visant à engager la responsabilité personnelle de M.X. Selon les juges du fond, M.X n'a fait que jouer son rôle dans le cadre d'une négociation commerciale en ayant une attitude conforme à l'objet social et à l'intérêt de la société qu'il est chargé de représenter.

Les juges de la cour d'appel font de plus valoir que le co-contractant de la société CONNECT SYSTEMS défaillant est la société GÉOCALISE et non M. X à titre personnel.

La Cour de cassation casse et annule l'arrêt de la cour d'appel, en ce qu'il rejette les demandes de la société CONNECT SYSTEMS à l'encontre de M. X.

Pour la Cour de cassation, les juges aixois auraient dû rechercher si M. X avait commis une faute séparable de ses fonctions, dans l'exercice de son mandat, vis-à-vis de la société CONNECT SYSTEMS.

Si cette faute avait été recherchée et correctement caractérisée, la cour d'appel n'aurait eu d'autre choix que de déclarer M. X. responsable civilement vis-à-vis du fournisseur lésé.

En effet, pour la Cour de Cassation, le fait de tromper volontairement un cocontractant par des manœuvres déterminantes est une faute séparable des fonctions de dirigeant pouvant engager sa responsabilité civile de celui-ci.

3. En tant que futur(e) professionnel(e), conseillez vos clients-mandataires sociaux en vous appuyant sur cet arrêt.

Une faute séparable (ou « détachable ») des fonctions est une faute d'une particulière gravité, commise intentionnellement par un dirigeant de société et incompatible avec l'exercice normal des fonctions sociales.

Cette faute est la condition *sine qua non* posée par la jurisprudence pour que soit engagée la responsabilité civile personnelle d'un dirigeant vis-à-vis des tiers à la société (clients, fournisseurs, banquiers...).

Les conseils à donner à un mandataire social sont de veiller à ne pas être de mauvaise foi à l'égard des tiers dans l'accomplissement de sa mission, à ne pas chercher à leur nuire ou à les tromper.

L'attitude du dirigeant doit être conforme à l'objet social et à l'intérêt social.

4. Déterminez si la solution de la Cour de cassation aurait été la même si le préjudice avait été subi par la SARL GEOCALISE.

Si la SARL GEOCALISE avait subi un préjudice, la responsabilité de Monsieur X aurait pu être engagée par la société car il a commis une violation de la loi.

L'action aurait dû être engagée par les associés au nom de la société et les éventuels dommages et intérêts auraient alors été alloués à la société.

CHAPITRE 5

Le fonctionnement de la société : les associés et le contrôle

Évaluer les savoirs

1 Quiz

1. Faux. Pas dans les petites sociétés, pour lesquelles deux des trois seuils suivants ne sont pas dépassés : le total du bilan 4 000 000 €, montant net du chiffre d'affaires : 8 000 000 € et nombre moyen de salariés employés au cours de l'exercice : 50.

2. Vrai. Pour approuver les comptes et décider de l'affectation du résultat.

3. Faux. Une décision ordinaire ne modifie pas les statuts

4. Faux. Il expertise les opérations de gestion.

5. Faux. Accès aux documents sociaux (PV, rapports, comptes)

6. Faux. 10 %.

7. Faux. Dans les sociétés qui dépassent certains seuils

8. Faux. Il a une mission légale

9. Faux. Incompatibilité (lien financier).

10. Faux. Mandat non renouvelable dans les sociétés cotées.

2 Assemblée générale de la SA SFD

1. Précisez qui a convoqué cette assemblée.

La compétence pour convoquer l'AG dans la SA

Règles juridiques. Dans la SA, l'organe compétent pour convoquer l'AG est le conseil d'administration ou le directoire.

Application. La SA est à CA (renouvellement des mandats des membres à l'ordre du jour). C'est donc le CA qui est compétent pour convoquer.

2. Déterminez si le délai de la tenue de l'assemblée est conforme à la loi.

Le délai de réunion de l'AG.

Règles juridiques. L'AG doit être convoquée dans les 6 mois de la clôture de l'exercice.

Application. Les comptes ont été clôturés au 31 décembre. L'AG doit donc être convoquée avant le 30 juin. Elle est convoquée le 15 juin. Le délai est respecté.

3. Indiquez les moyens dont disposent les actionnaires pour s'exprimer lors de l'assemblée.

L'expression de la volonté des actionnaires

Règles juridiques. L'opinion des actionnaires s'exprime par le biais du droit de vote. Le droit de vote est attaché à chaque titre détenu par l'actionnaire (action). Aucune clause statutaire ne peut priver l'associé de ce droit. L'actionnaire dispose d'un nombre de voix proportionnel au nombre de titres qu'il possède.

Application. L'opinion des actionnaires s'exprime par le droit de vote.

4. Classez les décisions en décisions ordinaires et extraordinaires.

Comment les décisions des associés sont-elles catégorisées ?

Règles juridiques. Les décisions ordinaires sont celles qui ne modifient pas en principe les statuts. Les décisions extraordinaires modifient les statuts.

Application :

- Approbation des comptes et du bilan clôturé au 31 décembre : ordinaire
- Affectation du résultat : ordinaire
- Renouvellement du mandat de trois membres du conseil d'administration : ordinaire
- Augmentation de capital : extraordinaire
- Renouvellement du mandat d'un commissaire aux comptes : ordinaire

5. Vérifiez si le CA s'expose à une sanction s'il ne convoque pas l'AG annuelle.

Quelles sont les obligations des dirigeants ?

Règles juridiques. Le dirigeant qui ne respecte pas ses obligations légales engage sa responsabilité civile si la société subit un dommage (**chapitre 4**). Il entre dans les obligations du CA de convoquer l'AG.

Application. L'absence de convocation va causer un dommage à la société (absence d'affectation du résultat et de publication). Le CA engage donc sa responsabilité.

3 SARL BioCocoon

Analysez les chances de succès de la demande en justice.

Quelle est l'étendue du droit à l'information des associés ?

Règles juridiques. La procédure d'injonction de faire qui permet au juge des référés de désigner un mandataire chargé d'informer les actionnaires, s'applique seulement lorsque les personnes intéressées ne peuvent obtenir la production ou la transmission des documents mentionnés à cet article (par exemple, les comptes annuels avant l'assemblée annuelle, le rapport de gestion, du CAC).

Application. Les documents demandés par cet associé n'entrent pas dans cette catégorie. Sa demande sera rejetée par le juge des référés.

Quelles sont les conditions de la désignation d'un expert de gestion ?

Règles juridiques. La désignation d'un expert chargé de présenter un rapport sur une ou plusieurs opérations de gestion est effectuée à la demande d'un ou plusieurs associés représentant au moins 10 % du capital social.

Application. D'une part, la demande porte sur l'ensemble de la gestion ; d'autre part, l'associé ne dispose que de 4 % du capital, sa demande ne pourra donc pas aboutir.

Maîtriser les compétences

❹ Cas : L'Atelier du Devoir

Compétences attendues

- **Analyser** le fonctionnement interne d'une société
- **Apprécier** les contrôles internes et externes de l'action du dirigeant et leurs conséquences

Décryptage des compétences

- Le candidat doit être capable de :
  - avoir une vision synthétique du fonctionnement d'une société en identifiant les trois grands pôles qui la composent (mandataires sociaux, associés, organes de contrôle) ;
  - comprendre les équilibres et les relations de pouvoir entre les trois pôles ;
  - repérer le fondement juridique de la fonction (mandat social, détention de titres de propriété, obtention d'un mandat de contrôle) ;
  - repérer les mandataires sociaux et d'identifier le représentant légal, ses pouvoirs et sa responsabilité ;
  - indiquer le fonctionnement général des droits politiques (information et droit de vote), financiers (réserves, dividendes, boni de liquidation), patrimoniaux (cession, transmission pour cause de mort) des associés ;
  - repérer les pouvoirs et les responsabilités des organes de contrôle ;
  - schématiser le fonctionnement d'une organisation

Le candidat doit être capable de déterminer si une situation donnée peut ou doit donner lieu à des contrôles internes (mécanismes des conventions réglementées, expertise de gestion, procédure d'alerte ou des contrôles externes – le CAC).

1. Identifiez les raisons pour lesquelles la SAS l'Atelier du Devoir est tenue de nommer un CAC.

Comment le CAC est-il désigné en SAS ?

Règles juridiques. Sont tenues de nommer un CAC les sociétés commerciales qui dépassent, à la clôture d'un exercice, deux des trois seuils suivants :

- 4 M€ de bilan ;
- 8 M€ de chiffre d'affaires ;
- 50 salariés.

Les statuts peuvent également prévoir la nomination d'un CAC.

Application. La SAS l'Atelier du Devoir a réalisé l'an dernier un chiffre d'affaires de 40 965 800 €. Elle emploie aujourd'hui plus de 200 salariés. À la clôture du dernier exercice, elle dépasse donc les seuils rendant la nomination du CAC obligatoire.

2. Rédigez la lettre de convocation, en précisant les points à l'ordre du jour (la méthodologie du cas pratique n'est pas exigée).

Monsieur Fabien BERTINO
Président
26 boulevard Giron,
Saint-Ouen.

Monsieur X
Adresse
Code Postal Ville

Saint-Ouen, le 15 mai *(toute date > 15 jours avant le 26 juin)*

Objet : convocation à l'assemblée annuelle de la société SAS L'Atelier du devoir
Lettre recommandée avec accusé de réception

Monsieur,

Nous vous prions de bien vouloir assister à l'assemblée générale annuelle de la société SAS L'Atelier du devoir, qui se tiendra le 26 juin, à 14 heures, au siège social.

Les points suivants seront à l'ordre du jour de cette réunion :

- le rapport de gestion de l'exercice clos le 31 décembre ;
- le rapport du commissaire aux comptes ;
- approbation des comptes ;
- affectation du résultat ;
- augmentation de capital souscrite par le Groupe Maisons de France pour un montant de 131 625 € ;
- questions diverses.

Par ailleurs, vous trouverez ci-joint :

- le rapport de gestion ;
- les résolutions proposées ;
- le rapport du commissaire aux comptes.

D'autre part, il vous est possible de poser des questions à l'assemblée, par écrit. Des réponses y seront apportées au cours de la réunion.

Enfin, si vous ne pouvez pas répondre à cette convocation, vous pouvez vous faire représenter par un autre associé ou par votre conjoint, grâce au pouvoir ci-joint.

Nous vous prions d'agréer, Madame, Monsieur, nos respectueuses salutations.

Signature

3. Dans une note rédigée en vous appuyant sur le document, expliquez à Fabien Bertini le rapport du CAC (SA Prest Audit), au regard des missions et des obligations du commissaire aux comptes (la méthodologie du cas pratique n'est pas exigée).

X, (nom du candidat)
Cabinet D&H

Monsieur BERTINO
Adresse
Code Postal Ville

Note : Analyse du rapport de la SA Prest'Audit

Monsieur,

Le rapport du CAC certifie les comptes sans réserves. Cela signifie que le CAC a l'assurance raisonnable que les comptes annuels ne comportent pas d'anomalies significatives, et que les comptes annuels sont, au regard des règles et principes comptables français, réguliers et sincères et donnent une image fidèle du résultat des opérations de l'exercice écoulé ainsi que de la situation financière et du patrimoine de la société à la fin de cet exercice.
Cependant, le CAC attire l'attention du président que les comptes contenaient une erreur qui a été rectifiée.
Enfin, le CAC souligne la concordance avec les comptes et la sincérité des informations données dans le rapport de gestion.

Signature

5 Cas : Dufour et associés

Compétence attendue

Apprécier les contrôles externes de l'action du dirigeant et leurs conséquences

Décryptage des compétences

• Le candidat doit être capable de :
– avoir une vision synthétique du fonctionnement d'une société en identifiant les trois grands pôles qui la composent (mandataires sociaux, associés, organes de contrôle) ;
– comprendre les équilibres et les relations de pouvoir entre les trois pôles ;
– repérer le fondement juridique de la fonction (mandat social, détention de titres de propriété, obtention d'un mandat de contrôle) ;
– repérer les pouvoirs et les responsabilités des organes de contrôle ;
– schématiser le fonctionnement d'une organisation
• Le candidat doit être capable de déterminer si une situation donnée peut ou doit donner lieu à des contrôles internes (mécanismes des conventions réglementées, expertise de gestion, procédure d'alerte ou des contrôles externes – le CAC.

1. Indiquez à Lise l'appréciation à porter sur ces constatations.

Quelle est l'étendue de la mission du CAC ?

Règles juridiques. Le CAC vérifie :

- la comptabilité de la société : les valeurs et les documents comptables et la conformité de la comptabilité aux règles en vigueur,
- la sincérité et la concordance des informations données dans le rapport de gestion avec les comptes annuels,
- le respect de l'égalité entre les associés.

Le CAC signale à la plus prochaine assemblée générale ou réunion de l'organe compétent les irrégularités et inexactitudes relevées par lui au cours de l'accomplissement de leur mission.

À toute époque de l'année, le CAC opère toutes vérifications et tous contrôles qu'il juge opportuns et peut se faire communiquer toutes les pièces qu'il estime utiles à l'exercice de sa mission et notamment tous contrats, livres, documents comptables et registres des procès-verbaux.

Le CAC certifie que les comptes annuels sont réguliers et sincères et donnent une image fidèle du résultat des opérations de l'exercice écoulé ainsi que de la situation financière et du patrimoine de la société à la fin de cet exercice.

Le CAC informe les dirigeants de son programme général de travail, des modifications qui lui paraissent devoir être apportées aux comptes, des irrégularités et des inexactitudes qu'il aurait découvertes, des conclusions auxquelles conduisent les observations et rectifications sur les résultats de la période comparée à ceux de la période précédente. Le CAC informe les associés lors des assemblées dans un rapport général.

Le CAC doit dénoncer au procureur de la République les faits délictueux dont il a connaissance au cours de sa mission.

Application. Sur les faits constatés :

- Absence de déclaration fiscale : irrégularité susceptible d'entraîner la responsabilité fiscale du dirigeant mais pas de fait délictueux. Il n'y a pas d'obligation de révélation mais ce fait devra être mentionné dans le rapport général (information aux associés).
- Encaissement de chèques par le comptable : il s'agit d'un détournement de fonds impliquant une obligation de révélation au procureur.
- Par ailleurs, la certification par Lise peut constituer acte de complicité, elle encourt donc des sanctions pénales et des sanctions professionnelles. Lise doit donc refuser de certifier les comptes et révéler les agissements d'Yves au procureur de la République.

2. Déterminez les conséquences que Lise doit tirer de cette confidence.

Quelles sont les obligations du CAC face à des faits délictueux ?

Règles juridiques. Le CAC doit dénoncer au Procureur de la République les faits délictueux dont il a connaissance au cours de sa mission.

Application. La découverte de l'assassinat est effectuée en dehors de la mission de CAC. L'obligation de révélation porte sur les évènements découverts à l'occasion de la mission, ce qui n'est pas le cas.

3. Précisez, en vous appuyant sur le document, pourquoi Lise ne peut remettre sa démission.

Dans quelles conditions le CAC peut-il démissionner ?

Règles juridiques. Le CAC exerce sa mission jusqu'à son terme. Il a cependant le droit de démissionner pour des motifs légitimes (ex. : motif personnel impérieux, notamment l'état de santé ; les difficultés rencontrées dans l'accomplissement de la mission, lorsqu'il n'est pas possible d'y remédier ; la survenance d'un événement de nature à porter atteinte à l'indépendance ou à l'objectivité du commissaire aux comptes). Le CAC ne peut démissionner pour se soustraire à ses obligations légales relatives notamment à l'obligation de révélation.

Application. Lise ne peut démissionner pour se soustraire à ses obligations de révélation et de non-certification.

Préparer l'épreuve

6 Situation pratique : Groupe Inédit Immo

Compétences attendues

- **Analyser** le fonctionnement interne d'une société
- **Différencier** les conditions et les conséquences de l'engagement de la responsabilité des associés
- **Apprécier** les contrôles internes et externes de l'action du dirigeant et leurs conséquences

Décryptage des compétences

Le candidat doit être capable :

- de développer une vision synthétique du fonctionnement d'une société en identifiant les trois grands pôles qui la composent (les mandataires sociaux, les associés, les organes de contrôle) ;
- de comprendre les équilibres et les relations de pouvoir entre les trois pôles ;
- de repérer le fondement juridique de la fonction (mandat social, détention de titres de propriété, obtention d'un mandat de contrôle), les mandataires sociaux et d'identifier le représentant légal, ses pouvoirs et sa responsabilité ;
- d'indiquer le fonctionnement général des droits politiques (information et droit de vote), financiers (réserves, dividendes, boni de liquidation), patrimoniaux (cession, transmission pour cause de mort) des associés ;
- de repérer les pouvoirs et les responsabilités des organes de contrôle ;
- de schématiser le fonctionnement d'une organisation
- Le candidat doit être capable de déterminer, dans un cas donné, si la responsabilité à mettre en œuvre est la responsabilité civile, fiscale ou pénale. Il doit également être à même de repérer qui est la personne responsable dans un cas donné. Enfin, il doit pouvoir déterminer si une situation donnée peut ou doit donner lieu à des contrôles internes (mécanismes des conventions réglementées, expertise de gestion, procédure d'alerte ou des contrôles externes – le CAC.

1. Précisez pourquoi la SNC Inédit Immo est tenue de nommer un commissaire aux comptes.

Règles juridiques. Sont tenues de nommer un CAC les sociétés commerciales dépassant deux des trois critères suivants à la clôture de l'exercice social :

- 4 M€ HT au total du bilan ;
- 8 M€ HT de chiffre d'affaires (CA) ;
- 50 salariés.

Les filiales significatives, contrôlées par une tête de groupe, doivent quant à elles désigner un CAC si elles dépassent deux des trois seuils suivants : 2 M€ au total du bilan, 4 M€ de CAHT et 25 salariés.

Par ailleurs, est tenue de nommer un CAC toute société qui contrôle au moins une autre société lorsque l'ensemble dépasse ces mêmes seuils, sauf si cette société est elle-même contrôlée par une société ayant désigné un CAC.

Les statuts peuvent prévoir la nomination d'un CAC et les associés peuvent, sous conditions, demander en justice la nomination d'un CAC.

Application. La SNC ne dépasse pas, à elle seule, les seuils de nomination, mais contrôle quatre SARL. L'ensemble réalise un chiffre d'affaires de 12 M€ HT et emploie 59 salariés. La SNC doit donc nommer un CAC.

2. Indiquez les enjeux de l'intervention du CAC dans une société (la méthodologie du cas pratique n'est pas exigée).

Avantages	Inconvénients
• La société et les tiers bénéficient d'un audit indépendant, assuré par un professionnel compétent. • La mission du CAC contribue à la crédibilité de l'entreprise auditée.	• Le coût • Les formalités (nomination, publication…)

3. Expliquez pourquoi la proposition de Tony de nommer M. Dumez ne peut aboutir.

Sur le code de déontologie des CAC, voir également le programme de l'UE 10 de DCG.

Quelles sont les règles d'incompatibilité pour les CAC ?

Règles juridiques. Pour assurer l'indépendance des CAC au sein des sociétés où ils exercent leurs fonctions, la loi édicte un certain nombre d'interdictions et d'incompatibilités. Les fonctions de CAC dans une société sont incompatibles avec toute activité de nature à porter atteinte à l'indépendance du CAC. Par ailleurs, le code de déontologie précise qu'est incompatible avec l'exercice de la mission de commissaire aux comptes tout lien familial entre une personne occupant une fonction sensible au sein de la personne ou entité dont les comptes sont certifiés et le commissaire aux comptes.

Application. M. Dumez ne peut être nommé CAC dans la SNC : il est le neveu du gérant Tony. Cette situation peut être de nature à porter atteinte à son indépendance. À défaut, une telle nomination entraînerait des conséquences pénales.

4. Dressez la liste des documents que Tony doit préparer pour la prochaine assemblée générale.

Quelles sont les documents à présenter aux associés ?

Règles juridiques. Le gérant doit présenter aux associés réunis en assemblée générale au moins une fois par an : le texte des résolutions proposées, les comptes annuels, la proposition d'affectation du résultat, le rapport de gestion, le cas échéant le rapport du CAC. Lorsque l'associé ne peut obtenir la communication des documents énumérés par la loi, il peut demander au président du tribunal statuant en référé soit d'enjoindre aux dirigeants de les communiquer, soit de désigner un mandataire chargé de procéder à cette communication

Application. Tony, gérant de la SNC, est débiteur de l'obligation d'informer les associés. Il doit donc leur présenter les documents énoncés ci-dessus.

5. Vérifiez si Caroline Vallez doit répondre à cette sollicitation.

Quelle est l'étendue de la responsabilité des associés de SNC ?

Règles juridiques. Les associés d'une société en nom collectif sont responsables indéfiniment et solidairement du paiement des dettes de la société, en cours de vie sociale.

Ainsi, un seul associé peut être contraint de payer l'intégralité d'une dette impayée de la société, sur demande d'un créancier.

Toutefois, cette action n'est envisageable que si le créancier a au préalable mis en demeure la société de payer sa dette, par acte d'huissier. La mise en demeure sera considérée comme vaine. Si dans les 8 jours qui la suivent la société n'a pas payé sa dette.

En outre, l'associé qui a payé (associé *solvens)* pourra ensuite se retourner contre ses coassociés afin qu'ils assument la fraction de la dette qui leur incombe.

Application. Tony est associé de la SNC Inédit Immo. L'expert-comptable dont la facture n'a pas été honorée par la société est un créancier social et peut donc tout à fait exiger d'être payé par Tony. En conséquence, Alice doit vérifier le délai et la forme de la mise en demeure avant de s'acquitter de la totalité de la dette sociale pour pouvoir ensuite se retourner contre ses coassociés.

6. Indiquez si la solution aurait été la même si la société avait été une SARL ou une société par actions.

Quelle est l'étendue de la responsabilité des associés de SARL et de sociétés par actions ?

Règles juridiques. L'obligation au passif social ne pèse pas sur l'associé de SARL ou de société par actions, qui voit sa responsabilité limitée au montant de l'apport.

Application. Si la société avait été une SNC ou une société par actions, l'expert-comptable n'aurait pas pu demander à Caroline de payer la dette sociale.

7. Précisez les missions attribuées à M. Dumez par la loi.

Quelles sont les missions du CAC ?

Règles juridiques. Le CAC exerce une mission légale. De façon permanente, le commissaire aux comptes doit vérifier la conformité des valeurs et les documents comptables et de la comptabilité aux règles en vigueur. Le commissaire aux comptes vérifie la sincérité et la concordance des informations données dans le rapport de gestion du conseil d'administration ou du directoire avec les comptes annuels, ainsi que les documents adressés aux associés sur la situation financière de la société. À toute époque de l'année, les commissaires aux comptes, ensemble ou séparément, opèrent toutes vérifications et tous contrôles qu'ils jugent opportuns et peuvent se faire communiquer sur place toutes les pièces qu'ils estiment utiles à l'exercice de leur mission.

Les commissaires aux comptes certifient, en justifiant de leurs appréciations, que les comptes annuels sont réguliers et sincères et donnent une image fidèle du résultat des opérations de l'exercice écoulé ainsi que de la situation financière et du patrimoine de la personne ou de l'entité à la fin de cet exercice. Les commissaires aux comptes rendent compte de leur mission aux associés lors des assemblées dans un rapport général qui présente les vérifications effectuées, les observations sur les comptes de l'exercice et qui, éventuellement, contient les motifs du refus de certification ou les réserves de certification.

Le commissaire aux comptes signale à la plus prochaine assemblée générale ou réunion de l'organe compétent les irrégularités et inexactitudes relevées par lui au cours de l'accomplissement de leur mission.

Le commissaire aux comptes contrôle aussi le respect de l'égalité entre les associés.

Le CAC a d'autres missions : obligation d'alerte, de révélation des faits délictueux, de pallier la carence des organes sociaux et établissement de rapports spéciaux.

8. Déterminez quelle doit être la réaction de M. Dumez face aux anomalies constatées.

Quelles sont les obligations du CAC ?

Règles juridiques. Dans le cadre de sa mission légale, le commissaire aux comptes doit révéler au procureur de la République les faits délictueux dont il a eu connaissance.

Si une situation constitue une irrégularité, le CAC doit la porter à la connaissance des dirigeants et des actionnaires.

Application. S'il a connaissance des faits délictueux commis par le dirigeant, M. Dumez devra informer le procureur de la République et les porter à la connaissance des dirigeants et des actionnaires.

CHAPITRE 6

La disparition de la société

Évaluer les savoirs

1 Quiz

1. Faux. L'arrivée est une cause de dissolution de plein droit. Elle ne nécessite pas d'intervention judiciaire. À défaut de réunion de la collectivité des associés, tout intéressé peut saisir le président du tribunal afin que soit nommé un mandataire chargé de provoquer la réunion de la collectivité des associés. Par ailleurs, les ASSOCIÉS peuvent décider de proroger la société.

2. Faux. Certaines sociétés peuvent être constituées à main unique (ex : SASU, EURL, SEU). Cette possibilité est offerte par la loi. En aucun cas elle ne nécessite une autorisation du juge.

3. Faux. Les associés peuvent, à tout moment, décider de dissoudre la société. Cette décision est prise à la majorité relative à la modification des statuts.

4. Vrai. Les personnes étrangères doivent être informées, notamment quand il s'agit de créanciers qui vont voir disparaître leur débiteur. Les tiers doivent être informés par une triple publicité : une insertion au JAL du lieu du siège social, une inscription modificative au RCS et une insertion au Bodacc. Cette dernière publicité s'effectuant à la diligence du greffier.

5. Faux. Le liquidateur est une personne physique qui doit avoir la capacité d'être mandataire judiciaire.

6. Faux. Le liquidateur est chargé de la liquidation entendue comme l'ensemble des opérations qui permettent de réaliser le partage de l'actif net résiduel entre les associés. Il ne peut donc pas poursuivre l'exploitation jusqu'à la clôture de la liquidation.

7. Vrai. Le maintien de l'activité est limité aux opérations de liquidation : la société ne peut pas se lancer dans de nouvelles affaires ou poursuivre l'exploitation sociale

8. Vrai. Les publicités sont réalisées par le liquidateur. Elles comprennent : une insertion dans le JAL ayant reçu la nomination du liquidateur ; une insertion au BALO si les actions de la société sont admises aux négociations sur un marché réglementé ou si toutes les actions ne revêtent pas la forme nominative.

9. Vrai. En principe, la reprise s'effectue en espèces : les associés reçoivent le montant nominal de leurs parts ou actions. Par exception, tout bien apporté qui se retrouve en nature dans la masse à partager est attribué, sur sa demande, à l'associé apporteur.

10. Faux. Le boni est partagé dans toutes les sociétés. En revanche, le mali est seulement partagé dans les sociétés à risques illimités (ex. : SNC, société civile).

2 Cas de dissolution

Compétence attendue

Identifier les causes de dissolution d'une société

Dans les cas suivants, vous devez identifier la cause éventuelle de dissolution et, le cas échéant, trouver une solution pour empêcher la disparition de la société.

1. Réalisation de l'objet principal d'une société civile immobilière ayant pour objet la construction et l'aménagement d'un immeuble collectif à usage d'habitation.

La cause de dissolution est la réalisation de l'objet social.

2. SARL accueillant son 101e associé.

La loi limite le nombre d'associés d'une SARL à 100 personnes. Les associés ont un an pour régulariser la situation. Un accord amiable devrait permettre de remédier à cette situation. Passé ce délai sans régularisation, la société est automatiquement dissoute (Code de commerce, art. L. 223-3).

3. Associé refusant de libérer le capital souscrit.

Cette situation n'entraîne pas la dissolution de la société. Toutefois, elle exige la mise en œuvre de divers moyens (ex. : perception d'intérêts moratoires, demande de dommages-intérêts) poussant l'associé à respecter son engagement.

4. Disparition de l'un des deux associés d'une SA, décédé sans laisser d'héritier.

La SA comporte au minimum 2 ou 7 membres (société dont les titres sont admis aux négociations sur un marché réglementé). Le passage sous les seuils légaux entraîne la dissolution de la société. Elle doit être demandée au tribunal de commerce, un an après le passage sous le seuil.

5. Mésintelligence entre associés.

La mésintelligence permet à un associé de demander la dissolution de la société si elle en paralyse le fonctionnement.

6. Société atteignant son 99e anniversaire la semaine prochaine.

Un an avant le terme (ici, le 99e anniversaire), les représentants légaux provoquent une réunion afin de décider de l'avenir de la société. Cette réunion n'a pas eu lieu. Au terme, la société pourra être dissoute.

7. SARL dont l'un des associés vient de décéder. Il laisse des héritiers non intéressés par la poursuite de l'activité.

Deux situations peuvent être distinguées :

- SARL à deux associés. Le passage de la forme SARL à EURL n'est plus considéré comme une transformation de la forme sociale.
- SARL à trois associés et plus. Dans ce cas, il suffira de rembourser les héritiers et de diminuer le capital social.

8. Perte par un associé d'une SNC de sa capacité à être commerçant.

La perte de la qualité de commerçant entraîne la dissolution de la société. Il existe des moyens de pallier cette difficulté : les statuts ou une décision unanime des autres associés peuvent écarter la dissolution en écartant l'associé et en l'indemnisant.

Maîtriser les compétences

3 Cas : SASU BOOST

Compétence attendue

Schématiser le processus de dissolution et de liquidation

1. En vous appuyant sur les documents, schématisez les différentes étapes de la vie sociale de la SASU BOOST.

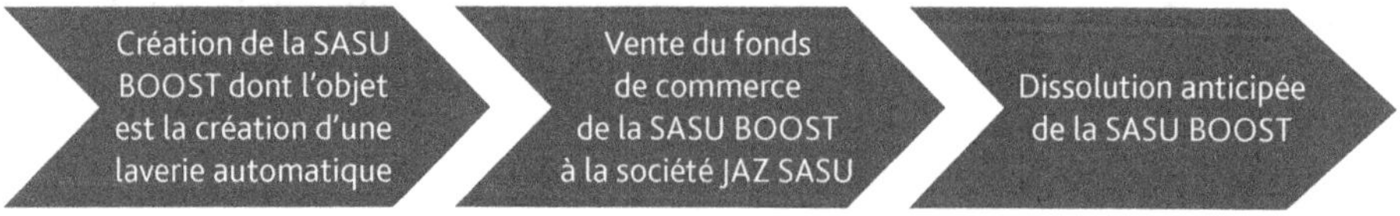

2. Vérifiez si l'annonce reproduite dans le document 3 est conforme à la législation et précisez la phase suivante.

Validité de l'annonce. L'annonce identifie les principales caractéristiques de la société. Elle indique le siège de la liquidation. Mais elle n'indique pas le nom du liquidateur. Or, cette mention est obligatoire.

Étape suivante. Après la réalisation de la liquidation, il s'agira de la clôturer. La clôture de la liquidation donne lieu à diverses publicités : une insertion dans le JAL ayant reçu la nomination du liquidateur ; une radiation du RCS ; un avis au BODACC, à la diligence du greffier.

4 Cas : librairie Les Lecteurs associés

Compétences attendues

- **Analyser** les conséquences de la dissolution et de la liquidation pour la personne morale
- **Analyser** les conséquences de la dissolution et de la liquidation pour les associés

1. Dressez la liste des principales tâches à accomplir pour mener à bien cette opération.

Les principales tâches à accomplir sont :

- prendre la décision de dissolution. C'est une décision modificative des statuts. La société a été créée en 1970, la décision sera prise par des associés représentant au moins les 3/4 des parts sociales ;
- nommer un liquidateur qui réalisera toutes les opérations de liquidation ;
- clôturer la liquidation et accomplir des formalités y afférentes.

2. Précisez si les associés doivent recourir à un professionnel de la liquidation.

Règles juridiques. Les associés doivent nommer un liquidateur. Celui-ci n'est pas nécessairement un professionnel. L'un des associés peut se charger de toutes les tâches relatives à la liquidation.

Application. En l'espèce, Jacques pourrait accomplir cette mission.

3. Identifiez la ou les décisions à prendre par les associés et leurs conséquences, notamment en matière de gestion quotidienne (la méthodologie du cas pratique n'est pas exigée).

Les associés doivent choisir la personne chargée de la liquidation. Quand la liquidation est judiciaire cette personne se substitue aux organes de représentation. La loi vise le CA, le directoire et les gérants. Elle est muette en ce qui concerne les liquidations amiables.

4. Analysez cette suggestion.

Règles juridiques. La liquidation recouvre l'ensemble des opérations qui permettent de réaliser le partage de l'actif net résiduel entre les associés. Le liquidateur ne doit pas développer la société ou se lancer dans de nouvelles affaires.

Application. En l'espèce, la suggestion du liquidateur n'est pas conforme à sa mission.

5. Organisez la défense de Kévin Hubert.

Règles juridiques. La loi exige que le liquidateur informe les tiers de la précarité de la situation de la société. En conséquence, sur tous les documents sociaux il faut indiquer la mention « société en liquidation ». Le liquidateur qui fait respecter cette exigence légale ne commet aucune faute et ne saurait être révoqué pour faire respecter la loi.

Application. En l'espèce, le liquidateur Kévin Hubert ne doit pas craindre de faire respecter la loi. Sur le plan pratique, un rappel à la loi devrait éviter à Maryse des déconvenues.

6. Conseillez Kévin Hubert.

Règles juridiques. Le liquidateur qui constate l'apparition d'un mali lors d'une liquidation amiable doit déclarer l'état de cessation des paiements. Ainsi passe-t-on d'une liquidation amiable à une liquidation judiciaire. Par ailleurs, dans une SARL la responsabilité des associés est limitée aux apports. En conséquence et en principe, le mali ne sera pas supporté par les associés. Il se traduira par une perte pour les créanciers

Application. En l'espèce, le liquidateur déclare l'état de cessation des paiements ; les créanciers enregistrent une perte.

7. Précisez si les bureaux peuvent faire l'objet d'une reprise.

Règles juridiques. La reprise d'un apport par un associé se heurte à l'état de cessation des paiements de la société.

Application. En l'espèce, la possibilité pour Élisabeth de reprendre le bureau est vaine.

Préparer l'épreuve

5 Commentaire de document : Adéquation patrimoine

Compétence attendue

Identifier les causes de dissolution d'une société

1. Déterminez le problème juridique posé par cette affaire et sa solution.

Cette affaire posait le problème des conditions d'application de l'article 1844-7, 5° du Code civil qui prévoit la dissolution judiciaire d'une société suite à la demande d'un associé.

La Cour de cassation a rejeté le pourvoi de Mme Z... Elle a considéré que l'inexécution de ses obligations par un associé ne permettait l'application de l'article 1844-7, 5° que s'il paralysait le fonctionnement de l'entreprise. Le moyen qui postulait le contraire ne pouvait pas être reçu.

2. Expliquez la décision de la Cour de cassation.

L'article 1844-7, 5° pose que la société prend fin « par la dissolution anticipée prononcée par le tribunal à la demande d'un associé pour justes motifs, notamment en cas d'inexécution de ses obligations par un associé, ou de mésentente entre associés paralysant le fonctionnement de la société ». Cet article peut donner lieu à deux lectures. Dans une première lecture, on considère que seule la mésentente exige la paralysie de la société. Dans une seconde lecture, on considère que la paralysie est forcément nécessaire et que toute lecture qui évince cette conséquence ne permet pas au juge de prononcer la dissolution.

Dans l'arrêt rapporté le demandeur au pourvoi soutenait la première lecture. La Cour de cassation se rattachant à la seconde lecture, a donc considéré que le pourvoi était mal fondé. Le moyen a été rejeté.

CHAPITRE 7

Les sociétés sans personnalité juridique propre

Évaluer les savoirs

1 Quiz

1. Faux. Une société en participation peut être ostensible, si les associés choisissent de révéler son existence.

2. Vrai. La société en participation n'ayant pas de personnalité juridique, le gérant ne peut agir en son nom.

3. Faux. La société en participation n'ayant pas de personnalité juridique n'a pas non plus de patrimoine.

4. Vrai. Tout associé peut décider la dissolution à condition de la notifier aux autres associés, d'être de bonne foi et de respecter un préavis.

5. Faux. Un associé peut être engagé par un acte qu'il n'a pas passé dans plusieurs hypothèses (société en participation ostensible, associé s'immisçant dans un acte passé par un autre ou en tirant profit, associé révélant personnellement sa qualité aux tiers).

6. Vrai. L'existence de la société créée de fait se déduit du comportement des associés, qui peuvent ne pas avoir conscience de se comporter comme tels.

7. Faux. La preuve d'une société créée de fait peut être apportée par tout moyen.

8. Vrai. La condition d'affectio societatis dans une société créée de fait nécessite que l'associé prenne réellement part à la gestion de la société.

9. Faux. La société de fait est créée par la volonté des associés et exerce son activité de façon durable et importante.

10. Vrai. La nullité n'étant pas rétroactive, les engagements sont réputés conclus au titre d'une société de fait.

2 Zoom sur plusieurs sociétés

Indiquez si les sociétés suivantes ont un caractère occulte ou ostensible.

1. La société Alphabet est une société ostensible. Les tiers ont connaissance de l'existence de la société (publicité, contacts clients).

2. La société en participation créée par Airplus et Flymax est une société occulte. L'existence de la société n'est pas révélée aux tiers qui sont en relation directement avec l'une ou l'autre des deux compagnies.

3. La société en participation COD est ostensible pour une partie de son activité correspondant aux films pour lesquels son nom est révélé. Pour les autres films elle est occulte (seul le nom de la société BOFILM apparaît)

4. La société en participation créée par les 4 banques est occulte. Mais certains associés (banque du Nord et banque de l'Est) ont choisi de révéler leur identité et leur qualité d'associés, d'autres non.

Maîtriser les compétences

3 Cas : fonds et forme

Compétence attendue

Distinguer les différentes formes de société sans personnalité juridique propre

Décryptage des compétences

Le candidat doit être capable de reconnaître et de nommer une forme de société sans personnalité morale.

Dans chacune des situations ci-après, identifiez la forme de société concernée. Justifiez votre choix.

1. Société Sundev

Quelles sont les caractéristiques de la société en participation ?

Règles juridiques. Une société en participation est une société créée par des associés qui choisissent de ne pas l'immatriculer au RCS. Elle peut être occulte, les tiers n'en ayant pas connaissance, ou ostensible. Les éléments constitutifs du contrat de société doivent néanmoins être caractérisés : présence d'au moins 2 associés, apports, affectio societatis et volonté de participer aux résultats de l'entreprise commune.

Application. En l'espèce, la société SUNDEV et les épargnants décident de créer ensemble une société en participation. Les épargnants réalisent des apports en numéraire, SUNDEV un apport en industrie. Tous ont la volonté de collaborer à l'entreprise commune et ont pour objectif de réaliser grâce à la vente de l'électricité des bénéfices partagés entre les associés. La société n'est pas immatriculée et reste occulte.

2. Amélie Clerc et Dominique Roux

Quelles sont les caractéristiques de la société créée de fait ?

Règles juridiques. Une société créée de fait est une société dont l'existence résulte du comportement de personnes qui, sans en avoir nécessairement conscience, agissent comme de véritables associés. Les éléments constitutifs du contrat de société doivent néanmoins être caractérisés : présence d'au moins 2 associés, apports, *affectio societatis* (participation effective à la gestion de l'entreprise) et volonté de participer aux résultats.

Application. En l'espèce, une société créée de fait existe entre Amélie et Dominique, qui se comportent comme des associés. Amélie a apporté le fonds qu'elle a acheté et Dominique son savoir-faire. Dominique et Amélie participent effectivement à la gestion de l'affaire et partagent les résultats, en contribuant ensemble aux charges.

3. Louise Martin et Marie Sureau

Quelles sont les caractéristiques de la société de fait ?

Règles juridiques. Une société de fait est une société créée par la volonté des associés, qui exerce une activité durable sans avoir toutefois d'existence juridique car elle est frappée d'irrégularité. Cette qualification est retenue notamment dans le cas d'une société ayant commencé son activité pendant la période de formation, sans avoir jamais été immatriculée.

Application. En l'espèce, Louise et Marie ont bien créé une société, elles ont rédigé des statuts. Mais, alors que la société était seulement en formation, elles ont commencé immédiatement l'activité et développé celle-ci sans immatriculer la SARL. Celle-ci n'a donc pas d'existence juridique. Il existe toutefois une société de fait entre Louise et Marie.

Préparer l'épreuve

4 Situation pratique : Arch et I-Bat

Compétences attendues

- **Distinguer** les différentes formes de société sans personnalité juridique propre
- **Identifier** les conséquences juridiques associées aux différentes formes de société sans personnalité juridique

Décryptage des compétences

Le candidat doit être capable de repérer les personnes engagées par un acte passé dans le cadre de ces sociétés.

1. Identifiez la forme de société adaptée à cette situation.

Quelle forme de société est adaptée lorsque les associés veulent conserver le secret sur leur accord, être libre de déterminer le fonctionnement de leur entreprise et ne pas s'exposer à des formalités ?

Règles juridiques. Une société en participation est une société créée par des associés qui choisissent de ne pas l'immatriculer au RCS. Elle peut être occulte, ce qui permet de la dissimuler aux yeux des tiers. Les éléments constitutifs du contrat de société doivent néanmoins être caractérisés : présence d'au moins deux associés, apports, affectio societatis et volonté de participer aux résultats de l'entreprise commune.

Application. En l'espèce, les sociétés ARCH et I-BAT peuvent constituer une société en participation. Cette forme est adaptée pour plusieurs raisons. Ceci permet de dissimuler leur collaboration à leurs concurrents. S'agissant d'un projet à réaliser dans un délai assez bref, ceci évite aux associés d'entamer des formalités lourdes (pas d'immatriculation) et d'avoir à respecter des règles contraignantes (ex. : organisation d'assemblées).

2. Précisez auprès de qui Acielor doit exiger le paiement de la facture.

Le gérant d'une société en participation est-il engagé par un acte passé dans le cadre de l'activité de la société ?

Règles juridiques. Le gérant de la société en participation est nommé par les associés, parmi eux ou non. Dans les rapports avec les tiers, le gérant agit en son nom personnel. Il ne représente pas la société. Les créanciers doivent réclamer paiement directement à la personne avec qui ils ont contracté, que ce soit le gérant ou un associé. Ils ne peuvent en principe pas agir contre la société ou contre les autres associés.

Application. En l'espèce, I-BAT est gérant de la société en participation. L'achat de poutrelles a donc été passé par I-BAT en son nom. Acielor, le créancier, doit réclamer paiement à la société I-BAT. Il ne peut pas agir contre la société ARCH, ni contre la société en participation.

3. Exposez les conséquences juridiques de cette information quant aux recours que peut exercer Acielor.

Si l'identité d'un associé est révélée, le créancier pourra-t-il agir contre cet associé ?

Règles juridiques. Par exception, un associé peut être engagé par un acte qu'il n'a pas passé lui-même. Il s'agit notamment du cas où un associé a révélé personnellement aux tiers sa qualité d'associé. La révélation doit résulter d'un acte personnel et explicite de l'associé. Par conséquent, le tiers pourra réclamer paiement à cet associé, solidairement si la société est commerciale, conjointement si elle est civile.

Application. En l'espèce, la société ARCH a adressé un mail à Acielor où elle se présente explicitement comme un associé de la société en participation constituée avec I-BAT. Ayant révélé sa qualité d'associé, ARCH est désormais engagée par les actes passés par le gérant associé I-BAT. La société en participation étant une société civile (construction-vente d'immeuble), ARCH sera tenue conjointement. Le créancier Acielor pourra donc réclamer à ARCH le paiement de la part lui incombant dans la dette totale.

❺ Commentaire de document : Les médecins associés

Compétence attendue

Identifier les conséquences juridiques associées aux différentes formes de société sans personnalité juridique

1. Identifiez les parties, les faits et la procédure.

L'Ursaff du Rhône demandeur contre Y... , F..., B..., Z..., D..., C..., E..., X..., associés de la société créée de fait Y... , F..., B..., Z..., D..., C..., E..., X..., défendeurs.

Faits. Y... , F..., B..., Z..., D..., C..., E..., X..., praticiens libéraux exerçant à la Clinique du Tonkin dans le cadre d'une société créée de fait font l'objet d'un contrôle de l'Ursaff du Rhône qui réclame à chacun le paiement de cotisations et majorations de retard concernant l'emploi de salariés par la clinique.

Procédure. Chacun des associés exerce un recours contre une juridiction de la sécurité sociale. Déboutés en première instance, ils font appel et la cour d'appel de Lyon rejette leur demande. Chaque associé forme donc un pourvoi en cassation.

2. Déterminez le problème juridique posé à la Cour de cassation.

Un associé d'une société créée de fait est-il tenu de l'intégralité des sommes dues par chacun des associés ?

3. Présentez et expliquez la décision de la Cour de cassation.

La Cour de cassation rejette le pourvoi formé par les associés de la société créée de fait.

Selon l'article 1872-1 du Code civil, applicable à une société créée de fait, un associé contracte en son nom personnel. Mais si un autre associé agit comme tel ouvertement vis-à-vis des tiers, il sera responsable des actes passés par les autres associés, solidairement si la société est commerciale, sans solidarité si elle est civile.

En l'espèce, la cour d'appel a valablement considéré que chacun des praticiens agissait comme associé de la société créée de fait et ne le contestait pas. Par conséquent, chaque associé pouvait être tenu du paiement des actes conclus par les autres. Toutefois, s'agissant d'une société exerçant une activité libérale, son objet est civil et les associés ne sont pas tenus solidairement.

1 Création de société

1. *Vérifiez que le contenu du projet est globalement conforme à la loi eu égard aux mentions obligatoires. Rédigez les clauses manquantes.*

Quelles sont les mentions obligatoires des statuts ?

Règles juridiques. La loi prévoit plusieurs mentions obligatoires dans les statuts forme juridique, durée, dénomination sociale, siège social, objet social, montant du capital social, évaluation des apports en nature et répartition des titres entre les associés.

Application. Deux clauses manquent, pour lesquelles on peut faire la proposition de rédaction suivante :

Article 3. Dénomination sociale
La société a pour dénomination sociale : Chauf'Lora
Tous les actes et les documents émanant de la société et destinés aux tiers indiqueront la dénomination sociale, précédée ou suivie immédiatement des mots « Société à Responsabilité Limitée » ou des initiales « SARL » et de l'énonciation du capital social.
Article 4. Siège social
Le siège social est fixé à : [adresse de Rania et Louis]
Il pourra être transféré en tout autre lieu de la même ville ou des départements limitrophes par simple décision de la gérance, et en tout autre endroit par décision extraordinaire de l'assemblée des associés.

2. *Remplissez les projets de statuts conformément aux faits énoncés dans la situation. (La méthodologie du cas pratique n'est pas exigée ; les statuts sont conformes à la loi et vous disposez d'un extrait de l'article L. 223-7 du Code de commerce).*

SARL
STATUTS
LES SOUSSIGNÉS,
- Rania Sekdaf
- Louis Humbert
- Mohamed Sekdaf
- Luisa Sekdaf
- Jean Humbert

ont établi ainsi qu'il suit les statuts de la Société à Responsabilité Limitée devant exister entre eux et toute autre personne qui viendrait ultérieurement à acquérir la qualité d'associé.
Les conjoints des associés mariés sous le régime de la communauté ont été dûment avertis conformément aux dispositions de l'article 1832-2 du Code Civil, de l'apport fait par leur conjoint au moyen de deniers appartenant à la communauté.

Article 1. Forme
Il est formé entre les propriétaires des parts sociales ci-après créées et de celles qui pourraient l'être ultérieurement, une Société à Responsabilité Limitée, qui sera régie par les lois en vigueur et notamment par les articles L. 223-1 du Code de commerce, ainsi que par les présents statuts.

Article 2. Objet social
La société a pour objet : services aux particuliers d'installation et d'entretien de moyens de chauffage à haut rendement protecteurs de l'environnement
- *Et, plus généralement, toutes opérations industrielles, commerciales, financières, mobilières ou immobilières, se rapportant directement ou indirectement à l'objet social ou susceptibles d'en faciliter l'extension ou le développement.*

Article 3. Exercice social
Chaque exercice social a une durée d'une année qui commence le 1er janvier et finit le 31 décembre de chaque année.
Par exception, le premier exercice sera clôturé le 31.12 N

Article 4. Durée
La durée de la société est fixée à 99 ans à compter de la date de son immatriculation au Registre du Commerce et des Sociétés, sauf prolongation ou dissolution anticipée.

Article 5. Apports
- **Apports en nature**

Les associés apportent à la société, sous les garanties de fait et de droit : un véhicule utilitaire évalué à 5 000 €.
- **Apports en numéraire**

Les associés apportent à la société la somme de 10 000 €, soit dix mille euros.
Sur ces apports en numéraire, Mme Rania Sekdaf apporte la somme de 2 500 €,
Mme Luisa Sekdaf apporte la somme de 2 500 €,
M. Jean Humbert apporte la somme de 5 000 €,
Les parts sociales représentant ces apports en numéraire sont libérées à hauteur de 20 % de leur valeur.
La partie libérée de ces apports en numéraire, soit la somme de 2 000 € a été déposée au crédit du compte n° 13657485658 ouvert au nom de la société en formation auprès de : la Banque du Nord.
Elle sera retirée par la gérance sur présentation du certificat du greffe du tribunal de commerce attestant l'immatriculation de la société au Registre du Commerce et des Sociétés.
Les apports en numéraire non libérés seront versés sur appel de fonds du gérant et au plus tard le (date de l'immatriculation + 5 ans) au compte de la société.
- **Apport en industrie**

M Louis Humbert apporte à la société son activité de chauffagiste selon les modalités suivantes :
Il s'interdit d'exercer, directement ou indirectement, une activité concurrente de celle promise à la société.
Cet apport en industrie ne concourt pas à la formation du capital social mais donne lieu au profit de M. Louis Humbert à l'attribution de 500 parts sociales ouvrant droit au partage des bénéfices et de l'actif net ainsi qu'à un droit de vote dans les assemblées générales.
Total des apports formant le capital social de 15 000 €.

Un montant différent aurait pu être choisi pour les apports en industrie et leur équivalence en parts sociales.

Article 6. Capital social
Le capital social est fixé à la somme de : 15 000 €.
Il est divisé en 1 500 parts de 10 € chacune, libérées à concurrence de 20 %, souscrites en totalité par les associés et attribuées à chacun d'eux en proportion de leurs apports respectifs, à savoir :
à Mme Rania Sekdaf : 250 parts
à Mme Luisa Sekdaf : 250 parts
à M. Jean Humbert : 500 parts
à M. Mohamed Sekdaf : 500 parts
Total des parts formant le capital social 1 500 parts.
Les soussignés déclarent expressément que ces parts sociales ont été réparties entre eux dans la proportion sus-indiquée.

Article 7. Gérance
La société est administrée par un ou plusieurs gérants, personnes physiques ou morales, choisi(s) parmi les associés ou en dehors d'eux.
Le ou les gérants(s) sont désignés pour la durée de la société ou pour un nombre déterminé d'exercices, par décision des associés représentant plus de la moitié des parts sociales. Le gérant révoqué aura droit à une indemnité au moins égale à deux années de rémunération.
Ils peuvent être révoqués dans les mêmes conditions.
En rémunération de ses fonctions et en compensation de la responsabilité attachée à la gestion, chaque gérant a droit à une rémunération fixe, proportionnelle ou mixte, dont le montant et les modalités de paiement sont déterminés par le gérant.

Article 8. Pouvoirs et responsabilité de la gérance
Dans ses rapports avec les associés, la gérance engage la société par les actes entrant dans l'objet social. Ses pouvoirs peuvent être limités dans l'acte de nomination.
Dans les rapports avec les tiers de bonne foi, la société est engagée, même par les actes du gérant qui ne relèvent pas de l'objet social.
Le gérant ne pourra se porter, au nom de la société, caution solidaire ou aval au profit d'un tiers, sans l'agrément préalable des associés représentant au moins la moitié des parts sociales.
L'opposition formée par un gérant aux actes d'un autre gérant est sans effet à l'égard des tiers à moins qu'il ne soit établi qu'ils en ont eu connaissance.
Le ou les gérants peuvent, sous leur responsabilité, constituer des mandataires pour un ou plusieurs objets déterminés.
Le ou les gérants sont responsables individuellement ou solidairement envers la société ou envers les tiers, soit des infractions aux dispositions législatives ou réglementaires applicables aux sociétés à responsabilité limitée, soit des violations des présents statuts, soit des fautes commises dans leur gestion.

Article 9. Affectation des résultats
Après approbation des comptes et constatation de l'existence d'un bénéfice distribuable, une fois prélevé 5 % pour constituer le fonds de réserve légale, l'Assemblée Générale détermine, sur proposition de la gérance, toutes les sommes qu'elle juge convenable de prélever sur ce bénéfice pour être reportées à nouveau sur l'exercice suivant ou inscrites à un ou plusieurs fonds de réserves facultatifs ordinaires ou extraordinaires, généraux ou spéciaux, dont elle règle l'affectation ou l'emploi.
Le surplus, s'il en existe, est attribué aux associés sous forme de dividendes.
Le prélèvement de 5 % cesse d'être obligatoire lorsque le fonds atteint le dixième du capital social.
Les sommes dont la mise en distribution est décidée sont réparties entre les associés gérants ou non gérants proportionnellement au nombre de leurs parts sociales.

Article 10. Dissolution
À l'expiration de la société, sauf prorogation de celle-ci ou en cas de dissolution anticipée, une décision des associés nomme un ou plusieurs liquidateurs dont elle détermine les pouvoirs et qui exercent leurs fonctions conformément à la loi.

Article 11. Pouvoirs
Tous pouvoirs sont donnés au gérant ou à son mandataire à l'effet d'accomplir toutes formalités de publicité prescrites par la loi.

Fait à... le...
En trois exemplaires originaux

3. *Discutez de l'utilité d'insérer une raison d'être à l'objet.*

Règles juridiques. Les associés ont la faculté de faire figurer une « raison d'être » dans les statuts d'une société, qui peut se définir comme un dessein, une ambition ou toute autre considération générale tenant à l'affirmation de valeurs ou de préoccupations de long terme. De plus, si les statuts mentionnent les enjeux sociaux et environnementaux de son activité, ainsi qu'une « raison d'être », la société ayant opéré ce choix pourra le mettre en avant en faisant publiquement état de son statut d'entreprise à mission. Les statuts doivent prévoir les modalités du suivi de l'exécution de la mission (création d'un comité de mission), et la société accepte de se soumettre à des vérifications par un organisme tiers indépendant.

Application. L'installation et l'entretien de moyens de chauffage à haut rendement protecteurs de l'environnement peuvent être considérés comme un enjeu environnemental. L'insertion d'une raison d'être (ex. : préservation de l'environnement) dans les statuts de la société permettrait à la SARL d'afficher publiquement un statut d'entreprise à mission, ce qui serait favorable à son image. Toutefois, cette démarche n'est pas exempte de contraintes.

4. *Analysez la répartition des parts au regard des rapports de pouvoir entre les associés.*

Quelles sont les règles de répartition du capital ?

Règle juridique. Le capital social a une fonction politique puisqu'il figure la clé de répartition du pouvoir entre les associés. La majorité des parts en SARL permet de prendre les décisions qui relèvent de la compétence des associés.

Application. Rania et Louis n'ont pas la majorité. La famille de Rania est majoritaire. Tous les associés disposent de la minorité de blocage (qui permet de s'opposer aux décisions extraordinaires).

5. *Justifiez l'intérêt des parties en italique, numérotées de 1 à 3.*

• Comment s'effectue l'apport d'un bien commun en SARL ?

Règle juridique. Les époux peuvent librement s'associer entre eux ou avec des tiers mais doivent respecter une procédure d'information du conjoint, et en justifier dans l'acte d'apport pour apporter un bien commun dans une société qui émet des parts sociales, comme la SARL. À défaut, le conjoint peut demander la nullité de l'apport.

Application. La mention « Les conjoints des associés mariés sous le régime de la communauté ont été dûment avertis conformément aux dispositions de l'article 1832-2 du Code Civil, de l'apport fait par leur conjoint au moyen de deniers appartenant à la communauté. » permet de justifier du respect de la procédure d'information de Luisa du fait de l'apport du véhicule utilitaire fait par Mohamed puisque le bien dépend de la communauté de biens existante entre les parents de Rania.

• Comment l'objet social est-il encadré ?

Règle juridique. La société immatriculée jouit de la capacité juridique attachée à la personnalité, mais dans la limite de son objet social. Une détermination des activités peut être effectuée par les statuts. Ainsi, la société ne peut en principe agir que dans les limites de son objet social statutaire. L'indication de l'objet social a une conséquence sur les pouvoirs des organes de direction de la société à l'égard des tiers : la société est engagée par tout acte entrant dans son objet. La rédaction de l'objet est donc cruciale puisqu'un objet rédigé de façon trop restrictive va limiter les possibilités de réalisation et de diversification de l'activité sociale. Mais s'il est trop large, il ne joue plus de façon aussi efficace son rôle d'encadrement des pouvoirs des dirigeants. Le dépassement de l'objet social statutaire engage la responsabilité du représentant légal qui a pris l'acte, si la société subit un préjudice.

Application. La mention « Et, plus généralement, toutes opérations industrielles, commerciales, financières, mobilières ou immobilières, se rapportant directement ou indirectement à l'objet social ou susceptibles d'en faciliter l'extension ou le développement » permet d'étendre l'objet de la société aux activités connexes, et donc d'étendre les pouvoirs du gérant, en les limitant aux opérations liées à l'objet. Cela évite d'avoir à opérer des modifications statutaires à chaque fois que le gérant souhaite effectuer des opérations se rapportant à l'objet (ex. : signature d'un bail), sans pour autant être lié à l'installation de chauffage.

• Comment les pouvoirs du gérant de SARL sont-ils encadrés ?

Règle juridique. Le gérant de SARL est le représentant légal. Il engage la société par les actes entrant dans l'objet social. Les clauses statutaires limitant les pouvoirs des gérants sont inopposables aux tiers. Il engage sa responsabilité envers les associés ou la société en cas de violation de la loi, des statuts ou de faute de gestion qui cause un préjudice à la société.

Application. La mention « Le gérant ne pourra se porter, au nom de la société, caution solidaire ou aval au profit d'un tiers, sans l'agrément préalable des associés représentant au moins la moitié des parts sociales » permet de limiter les pouvoirs du gérant, pour éviter qu'il n'engage sans aucun contrôle la société dans des opérations graves. Cette clause étant inopposable aux tiers, la société serait quand même engagée si le gérant prenait un engagement de caution sans l'accord des associés, mais il engagerait sa responsabilité personnelle en cas de conséquences dommageables pour la société.

6. *Corrigez, en justifiant votre position, les trois erreurs contenues dans l'article 7.*

Quel est le statut du gérant de SARL ?

Règle juridique. Le gérant de SARL est nécessairement une personne physique. Aucune clause statutaire ne peut porter atteinte à la faculté de révocation du gérant (en prévoyant par exemple des indemnités importantes). La rémunération des dirigeants est en principe décidée exclusivement par les associés.

Application. L'article 7 doit être corrigé comme suit (*les éléments à supprimer sont rayés*) :

Article 7. Gérance
La société est administrée par un ou plusieurs gérants, personnes physiques [~~ou morales~~], choisi(s) parmi les associés ou en dehors d'eux.
Le ou les gérant(s) sont désignés pour la durée de la société ou pour un nombre déterminé d'exercices, par décision des associés représentant plus de la moitié des parts sociales. [~~Le gérant révoqué aura droit à une indemnité au moins égale à deux années de rémunération~~].
Ils peuvent être révoqués dans les mêmes conditions.
En rémunération de ses fonctions et en compensation de la responsabilité attachée à la gestion, chaque gérant a droit à une rémunération fixe, proportionnelle ou mixte, dont le montant et les modalités de paiement sont déterminés [~~par le gérant~~].

7. *Dressez la liste des formalités qui restent à accomplir pour la création de la SARL.*

Quelles sont les formalités de création d'une société ?

Règle juridique. Plusieurs étapes jalonnent la constitution d'une société : rédaction des statuts, libération des apports, signature des statuts, formalités d'immatriculation (insertion au JAL, dépôt de la demande d'immatriculation au CFE, immatriculation au RCS par le greffier, insertion au BODACC).

Application. Il reste aux associés les formalités suivantes à accomplir : réalisation des apports, signature des statuts, formalités d'immatriculation, retrait des fonds.

8. *Rassurez les parents de Rania, qui sont inquiets, quant à l'étendue de leur responsabilité dans l'hypothèse où la société subirait des difficultés.*

Quelle est l'étendue de la responsabilité des associés de SARL ?

Règle juridique. En SARL, les associés n'engagent leur responsabilité que dans la limite de leur apport. Ils contribuent aux pertes en sacrifiant la distribution du dividende. Il est impossible, sans leur accord, de leur demander de renflouer la société en cours de vie sociale. À la liquidation, si la société a fait des pertes, ils perdent leurs apports.

Application. Les parents de Rania peuvent être rassurés. Ils ne risquent rien de plus que ce qu'ils ont investi dans la société : leur apport en numéraire ou en nature.

2 Contrôle externe

1. Déterminez si cette clause peut être insérée dans les statuts.

Le rôle du commissaire aux comptes.

Règle juridique. Sont tenues de nommer un CAC :

- Les SARL qui dépassent, à la clôture d'un exercice, deux des trois seuils suivants :
  - 4 millions d'euros de bilan ;
  - 8 millions d'euros de chiffre d'affaires ;
  - 50 salariés.
- Les sociétés qui en contrôlent d'autres si l'ensemble formé par la société mère et ses filiales dépasse les seuils ci-dessus. Les statuts peuvent également prévoir la nomination d'un CAC.

Application. Les statuts peuvent librement prévoir la nomination d'un CAC même si les seuils imposés par la loi ne sont pas dépassés.

2. Expliquez aux futurs associés les enjeux de l'intervention d'un CAC dans une société (la méthodologie du cas pratique n'est pas exigée).

Avantages. Le CAC est le garant d'une information comptable et financière fiable et de qualité. Auditeur externe indépendant et soumis à une déontologie, ses compétences professionnelles lui permettent d'assurer une mission de contrôle et de surveillance d'ordre comptable, financier et juridique au profit des associés mais également de tous les cocontractants de l'entreprise (créanciers, investisseurs, établissements de crédit) qui peuvent ainsi s'engager sur la base d'une information comptable et financière sécurisée.

Inconvénient. La principale limite de la nomination du CAC réside dans son coût. En effet, le CAC doit être rémunéré par la société contrôlée.

3 Disparition de la société

1. *Présentez les documents 6 et 7 (la méthodologie du cas pratique n'est pas exigée).*

Les deux documents proposés sont des annonces légales. Le premier concerne l'avis de clôture de la liquidation de la SARL Jeciti, le second est l'avis de dissolution de la SARL Syata Pizzéria.

2. *Analysez-les en prenant soin de les comparer (la méthodologie du cas pratique n'est pas exigée).*

Points communs	Différences
Annonces légales relatives à la fin de la vie de sociétés	• Des sociétés distinctes • Clôture des opérations de liquidation, d'un côté ; début des opérations de liquidation (dissolution), de l'autre

CHAPITRE 8

La société à responsabilité limitée (SARL)

Évaluer les savoirs

1 Quiz

1. Faux. L'EURL est une SARL unipersonnelle, comprenant un seul associé.

2. Vrai. Les associés peuvent retenir une autre valeur que celle déterminée par le CAA, mais ils engagent leur responsabilité civile solidairement pendant 5 ans et leur responsabilité pénale en cas de surévaluation.

3. Vrai. Seule une personne physique peut être nommée gérant d'une SARL.

4. Faux. Le gérant associé majoritaire peut aussi être révoqué par décision de justice à la demande d'un associé.

5. Vrai. Dans la société à responsabilité limitée, l'obligation aux dettes sociales de chaque associé est précisément limitée à ses apports.

6. Vrai. Le nombre de droits de vote est strictement proportionnel aux parts sociales.

7. Faux. La cession des parts sociales à un tiers est obligatoirement soumise à agrément.

8. Faux. Un associé doit détenir au moins 1/10 du capital social pour pouvoir demander au tribunal de commerce la nomination d'un expert de gestion.

9. Faux. Il s'agit uniquement des SARL dépassant deux des trois seuils légaux : bilan : 4 M€ ; CAHT : 8 M€ ; effectif : 50 salariés ; ainsi que des SARL qui contrôlent ou qui sont contrôlées par d'autres sociétés, si l'ensemble dépasse les mêmes seuils, et des SARL contrôlées constituant des filiales significatives.

10. Faux. Les associés doivent se réunir en AGE pour voter ou non la dissolution.

2 Le Monde de Charlie

Précisez, pour chaque décision, le quorum et la majorité requis (la méthodologie du cas pratique n'est pas exigée).

Voir page suivante

1. Approbation des comptes de l'exercice (décision ordinaire)

	Règles juridiques	Application
Quorum	Aucun	–
Majorité	• Première convocation : majorité de plus de 1/2 des PS • Seconde convocation (si la précédente majorité n'est pas atteinte) : majorité des PS détenues par les associés présents ou représentés	• Sur première convocation : majorité requise, soit 76 parts (150/2) + 1 • Sur seconde convocation (I. Grus étant absente non représentée) : majorité requise ((150-50)/ 2 +1), soit 51 parts

2. Modification de l'objet social (décision extraordinaire)

	Règles juridiques	Application
Quorum	• Première convocation : associés présents ou représentés possédant au minimum 1/4 des PS • Seconde convocation (si le précédent quorum n'est pas atteint) : associés présents ou représentés ou possédant au minimum un 1/5 des PS	Les trois associés présents (Émilie Bas, Anne Loan et Louis Rémond) possèdent 100 PS donc plus d'un quart des PS, le quorum est atteint sur première convocation
Majorité	Majorité des 2/3 des PS détenues par les associés présents ou représentés	Irma Grus étant absente non représentée, la majorité requise est de : (150 – 50) × 2/3, soit 67 parts

3 Mon beau bijou

Qualifiez chacun des apports et calculez le montant du capital social (la méthodologie du cas pratique n'est pas exigée).

L'apport effectué par Camille est un apport en industrie. Les statuts devront préciser quelles sont les connaissances apportées, les parts sociales attribuées en contrepartie, les droits et obligations qui y sont attachés.

L'apport effectué par Chloé est un apport en numéraire. Chloé devra verser immédiatement au moins 1/5 soit 2 000 €. Le solde de 8 000 € devra être versé dans les 5 ans sur demande du gérant.

L'apport effectué par Iris est un apport en nature. Sa valeur doit être mentionnée dans les statuts. Les associées étant d'accord à l'unanimité, peuvent décider de ne pas nommer de Commissaire aux apports et de retenir la valeur estimée par Iris puisque l'apport est inférieur à 30 000 € et le total des apports en nature est inférieur à la moitié du capital social. La valeur retenue sera donc celle estimée par Iris soit 4 500 €.

Le capital de la SARL s'élèvera à 14 500 €, correspondant au montant de l'apport en nature d'Iris et de l'apport en numéraire de Chloé. L'apport en industrie de Camille n'entre pas dans la formation du capital.

Maîtriser les compétences

4 Cas : Infoserv

Compétence attendue

Schématiser et **analyser** les règles de fonctionnement de la SARL

Décryptage des compétences

Pour la SARL, le candidat devra être capable de vérifier :
- si une personne remplit les conditions de fond et de forme pour occuper des mandats sociaux ;
- les circonstances et les conditions dans lesquelles un dirigeant peut perdre ses fonctions ;
- si la société est engagée par des actes des dirigeants passés dans des circonstances variées ;
- si des actes de gestion internes sont susceptibles d'annulation ;
- si la responsabilité civile du dirigeant peut être engagée, que ce soit par un tiers, des associés ou la société elle-même. Le candidat devra être capable de conseiller les personnes ayant subi un préjudice pour mener une action visant à réparer ce préjudice.

Le candidat devra mettre en évidence le rôle des différents dirigeants

En vous appuyant sur vos connaissances et sur le document, analysez les décisions prises par le gérant et précisez-en les conséquences juridiques.

Quels sont les pouvoirs du gérant de SARL ?

Règles juridiques :

- Dans les rapports avec les associés, le gérant peut conclure tout acte de gestion dans l'intérêt de la société. Ses pouvoirs peuvent être limités par des clauses statutaires. Par ailleurs, le gérant ne doit pas prendre de décision relevant de la compétence des associés. La loi l'autorise cependant à décider seul le transfert du siège social sur le territoire français, à condition de faire ratifier par la suite cette décision par les associés en assemblée.
- Dans les rapports avec les tiers, le gérant est le représentant légal de la société. Il a les pouvoirs les plus étendus pour agir en toutes circonstances au nom de la société. La SARL sera engagée par tout acte du gérant, même s'il dépasse les limites fixées par les statuts ou même si l'acte se situe hors de l'objet social (sauf lorsque l'acte est passé avec un tiers qui connaissait le dépassement de l'objet). Le gérant qui outrepasse ses pouvoirs engage sa responsabilité vis-à-vis de la société si celle-ci subit un préjudice. Il peut également être révoqué, ceci constituant un juste motif de révocation.

Application. L'embauche d'un informaticien est une décision de gestion courante, qui relève bien du pouvoir du gérant.

Selon l'article 10 des statuts, l'achat de bureaux (immeuble) est une décision nécessitant l'autorisation préalable de la majorité des associés. Arnaud Bolet, qui n'a pas consulté les associés, engage sa responsabilité vis-à-vis de la société si cette opération lui cause un préjudice. Le non-respect des statuts constitue également un juste motif de révocation. Toutefois, vis-à-vis du vendeur de l'immeuble (tiers), cet acte engage la société, l'article 10 des statuts lui étant inopposable.

NOTRE CONSEIL

Vous devez organiser votre réponse en distinguant l'étendue des pouvoirs du gérant :
- dans ses rapports avec les associés ;
- dans ses rapports avec les tiers.

Il vous faut envisager les conséquences en cas de dépassement de ses pouvoirs par le gérant :
- mise en jeu de sa responsabilité civile du dirigeant (à condition que la situation entraîne un préjudice pour la société) ;
- révocation éventuelle du gérant, le dépassement des pouvoirs constituant un juste motif.

Le transfert du siège social peut effectivement être décidé par le gérant, mais sous réserve de la ratification ultérieure par les associés. Ceux-ci étant opposés à ce projet, le transfert du siège social ne sera pas validé. Il aurait été prudent pour le gérant de s'assurer au préalable de l'accord des associés.

Sur le plan pénal, la qualification d'abus de bien social pourrait également être retenue.

Les cours de pilotage n'entrent pas dans l'objet social, mais la société est néanmoins engagée. Le cocontractant (école de pilotage) a pu penser de bonne foi que qu'Arnaud Bolet se déplacerait professionnellement en avion (cour d'appel de Paris, 15 juin 1995).S'il s'avère que le coût élevé de ces cours occasionne un préjudice à la société, la responsabilité du gérant pourra être engagée, ce qui constituera également un juste motif de révocation.

5 Cas : Hexa

Compétence attendue

Schématiser et **analyser** les règles de fonctionnement de la SARL

Décryptage des compétences

Pour la SARL, le candidat devra définir les conditions permettant à une personne de devenir associé. Il devra être capable de vérifier si une cession de droits sociaux peut être limitée ou empêchée.
Il devra mettre en évidence et caractériser les différents droits accordés aux associés (droits politiques, droits financiers, droits patrimoniaux).

Indiquez, pour chaque hypothèse, dans quelles conditions la cession ou la transmission des parts peut s'effectuer (la méthodologie du cas pratique n'est pas exigée).

1. La cession entre associés est libre, sauf clause statutaire contraire. Or ici les statuts sont conformes à la loi. Simone Bart peut donc librement céder ses parts à Sliman Ayoub. (À noter la nouvelle répartition du capital : Sliman Ayoub détiendra 55 parts sociales. Il deviendra donc associé majoritaire).

2. Les parts sociales sont librement transmises après le décès d'un associé. Si l'héritier veut céder ses parts sociales, il pourra soit les céder librement à un autre associé, soit les céder à un tiers. Dans ce dernier cas, l'agrément des associés est nécessaire. Mais en cas de refus, l'héritier a droit au rachat car il a acquis ses parts sociales par succession. L'hériter de Pierre Beraud peut céder ses parts soit à un associé, soit à un tiers. Dans ce dernier cas, il devra demander agrément. Mais si celui-ci lui est refusé, les parts devront lui être rachetées par un associé, un autre tiers agréé ou par la société qui les annule et réduit le capital en proportion.

3. La cession par un associé de ses parts sociales à sa sœur est considérée comme une cession à un tiers soumise à agrément. Les associés devront être consultés. Dans le cas présent, Luc Arman veut céder ses parts à sa sœur Léa, les autres associés étant d'accord. Luc doit notifier son projet de cession à la société et à chaque associé. Deux hypothèses sont envisageables : soit les associés sont réunis pour voter l'agrément, soit les associés ne répondent pas dans les 3 mois de la notification du projet, l'agrément étant alors réputé acquis.

4. La cession à un tiers (la SA YZO) nécessite l'agrément des associés donné à la double majorité en parts sociales (51/100) et en nombre (3 associés sur 5). L'associé cédant prend part au vote. Or, seuls deux associés, Sliman Ayoub et Luc Arman, détenant ensemble 60 parts sociales votent en faveur de la cession, Pierre Béraud, Simone Bart et Anne Erb n'étant pas d'accord. L'agrément est refusé. Toutefois, Sliman Ayoub détenant ses parts sociales depuis plus de 2 ans, celles-ci devront être rachetées par un autre associé, par un tiers agréé ou par la société qui les annulera et réduira son capital en proportion.

❻ Cas : Agritec

Compétence attendue

Analyser les opérations de contrôle au sein d'une SARL

Décryptage des compétences

Pour la SARL, le candidat devra conseiller les associés pour contrôler les dirigeants, et les aider à choisir entre les différentes modalités offertes par la loi.
Le candidat devra être capable de vérifier si les conventions passées au nom de la société sont autorisées ou interdites, ou si elles sont soumises à une procédure de contrôle réglementée, que le candidat devra maîtriser.

Qualifiez juridiquement les conventions suivantes conclues par la SARL Agritec au cours du dernier exercice et analysez-en les conséquences (la méthodologie du cas pratique n'est pas exigée).

1. Contrat de bail conclu avec la SCI Moderne, dont le gérant est également Rodolphe Bach. Il s'agit d'une convention entre la SARL et une autre société, dont le gérant est aussi gérant de la SARL. La convention est réglementée et sera soumise à contrôle. Le contrôle aura lieu a posteriori, s'agissant d'une SARL tenue de nommer un Commissaire aux Comptes. En effet, deux seuils sont dépassés (CAHT > 8 M€ et plus de 50 salariés).

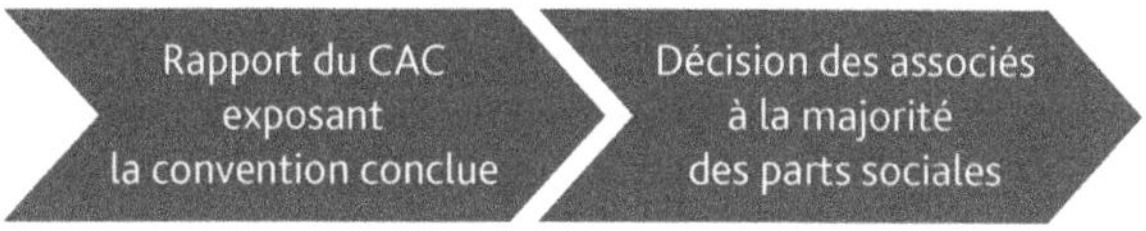

Si la convention n'est pas approuvée par les associés, le gérant sera personnellement responsable des dommages éventuels causés à la société.

2. Vente d'une débroussailleuse à Gérard Roux au prix de vente clientèle. Il s'agit d'une convention entre la société et un associé Gérard ROUX, mais correspondant à une opération courante (la vente d'une débroussailleuse correspond à l'activité habituelle de la société) et conclue à des conditions normales (tarif clientèle). Dans ce cas, la convention est libre, non soumise à contrôle.

3. Contrat de travail à temps partiel conclu avec la femme de Marc Aber. La convention est passée entre la SARL et la femme de l'associé Marc ABER, et non l'associé lui-même. Il ne s'agit pas non plus d'un emprunt ou d'une garantie accordée par la société. La convention n'est donc pas soumise à contrôle, ni interdite.

4. Prêt de 20 000 € accordé à Rodolphe Bach. La convention est passée entre la société et le gérant Rodolphe BACH : il s'agit d'un emprunt accordé par la société au gérant, convention interdite. La convention est frappée de nullité absolue. Tout associé peut l'invoquer.
Le gérant pourrait être révoqué, cette violation de la loi constituant un juste motif.

7 Cas : Merlin

Compétences attendues

- **Schématiser** et **analyser** les règles de fonctionnement de la SARL
- **Analyser** les opérations de contrôle au sein d'une SARL
- **Identifier** les causes et les conséquences d'une dissolution spécifique à la SARL

Décryptage des compétences

- Schématiser et analyser les règles de fonctionnement de la SARL. Pour la SARL, le candidat devra mettre en évidence et caractériser les différents droits accordés aux associés (droits politiques, droits financiers, droits patrimoniaux). Il devra distinguer les différentes modalités permettant aux associés de prendre une décision collective, ainsi que les solutions qui s'offrent à un associé physiquement absent à une AG pour y participer. Il devra décrire la procédure de convocation des AG, et vérifier si les projets de résolution sont susceptibles d'être adoptés.
- Pour analyser les opérations d'augmentation et de réduction de capital dans la SARL, le candidat devra appréhender l'intérêt d'une prime d'émission et celui du Droit Préférentiel de Souscription (ou celui de le supprimer).

1. Analysez chacune des solutions envisagées et précisez-en les conditions. Présentez la solution à privilégier dans l'intérêt de la société en justifiant votre choix.

Par quel organe peuvent être prises les décisions relatives au financement d'un investissement ?

Règles juridiques. Le gérant a les pouvoirs les plus étendus pour agir au nom de la société, sous réserve du respect des limites statutaires. Le gérant peut décider seul la souscription d'un emprunt, ceci constituant une décision de gestion.

Une SARL peut émettre des obligations à condition que les comptes d'au moins trois exercices aient été régulièrement approuvés et qu'elle ait désigné un commissaire aux comptes. La décision sera prise par les associés à la majorité des parts sociales (décision ordinaire).

L'augmentation de capital par incorporation de réserves est décidée par les associés à la majorité des parts sociales (décision ordinaire). Elle peut se traduire soit par une élévation de la valeur nominale des parts sociales, soit par une attribution gratuite à chaque associé de parts sociales nouvelles à proportion des parts qu'il détient.

Application. Le gérant peut décider la souscription d'un emprunt bancaire. Les statuts de la SARL Merlin étant conformes à la loi, ses pouvoirs ne sont pas limités par les statuts.

La décision d'émettre un emprunt obligataire ou d'augmenter le capital par incorporation de réserves doit être prise par les associés à la majorité des parts sociales.

L'augmentation de capital par incorporation de réserves a pour avantage de ne pas alourdir l'endettement de la société et de renforcer sa solidité financière vis-à-vis des tiers, sans modifier les capitaux propres, ni demander aux associés de faire de nouveaux apports.

2. Analysez la situation de la SARL Merlin en indiquant comment le gérant et les associés auraient dû réagir.

Quelles sont les conséquences de la perte de la moitié du capital social pour une SARL ?

Règles juridiques. Lorsqu'en raison de pertes constatées à la fin d'un exercice, les capitaux propres deviennent inférieurs à la moitié du capital social, le gérant doit, dans les 4 mois suivant l'AGO ayant approuvé les comptes, convoquer une AGE afin que les associés se prononcent sur l'éventuelle dissolution de la société. Si les associés écartent la dissolution, la société devra reconstituer ses capitaux propres au plus tard à la clôture du 2e exercice suivant celui au cours duquel les pertes ont été constatées. Si les associés ne sont pas consultés, ou si la situation n'est pas régularisée dans le délai prévu, tout intéressé pourra demander en justice la dissolution de la société.

Application. Les comptes de la SARL Merlin soumis à l'approbation des associés par le gérant font apparaitre des capitaux propres inférieurs à la moitié du capital social. Pourtant, plus d'un an et demi après, les associés n'ont toujours pas été réunis en AGE pour statuer sur la dissolution de la société comme la loi l'impose. Par conséquent, tout intéressé pourrait demander en justice la dissolution de la SARL Merlin.

Préparer l'épreuve

8 Commentaire de document : SARL Préfabriqués Garreau

Compétence attendue

Schématiser et **analyser** les règles de fonctionnement de la SARL

1. Identifiez et qualifiez les parties à l'origine du litige.

Les demandeurs à l'origine du litige sont M.B, acquéreur de la totalité des parts sociales de la SARL Préfabriqués Garreau (la société) ainsi que la société elle-même. Les défendeurs sont M. et Mme Z, associés cédants de la SARL Préfabriqués Garreau

Les demandeurs souhaitent obtenir remboursement des sommes prélevées par M.Z avant la cession au titre de la rémunération de ses fonctions de gérant, ces prélèvements n'ayant pas été autorisés préalablement par les associés.

On peut supposer que les prélèvements effectués par le gérant avant la cession ont eu un impact négatif sur la situation financière de la société, qui pénalise l'acquéreur des parts, ainsi que la société elle-même.

2. Déterminez le problème juridique posé à la Cour de cassation.

Dans une SARL dont les deux seuls associés sont deux époux et dont le gérant est l'un des époux, la rémunération du gérant doit-elle être autorisée préalablement par les associés ?

3. Expliquez comment la cour d'appel a justifié sa décision.

La Cour d'Appel a jugé non nécessaire l'approbation des prélèvements par les associés car cette société ne comptait que deux associés : le gérant et son épouse. Elle rejette la demande de l'associé cessionnaire et de la société qui voulaient que les associés cédants reversent à la société les rémunérations prélevées avant la cession par le gérant et non autorisées par les associés.

4. Présentez et expliquez la décision de la Cour de cassation.

La Cour de cassation casse la décision rendue par la Cour d'Appel de Rouen.

Certes, la loi ne contient aucune disposition concernant la rémunération du gérant. Elle est librement fixée par les associés soit dans les statuts soit par décision collective.

Mais le gérant ne peut décider seul de sa propre rémunération. Le fait que la société ne comprenne que deux époux associés, l'un d'entre eux étant gérant, ne les dispense pas de formaliser la fixation de la rémunération par une décision collective. Cette solution est justifiée juridiquement par la nécessité de respecter la séparation des pouvoirs des différents organes de la société.

9 Situation pratique : Tolino

Compétences attendues

- **Schématiser** et **analyser** les règles de fonctionnement de la SARL
- **Rédiger** des clauses spécifiques des statuts
- **Repérer** dans les statuts de SARL des clauses non conformes et les corriger
- **Analyser** les opérations de contrôle au sein d'une SARL
- **Analyser** les conditions et les conséquences d'une transformation pour une SARL
- **Justifiez** le choix de la SARL adaptée à une situation donnée

Décryptage des compétences

Pour la SARL, le candidat devra être capable de :
- vérifier si une personne remplit les conditions de fond et de forme pour occuper des mandats sociaux ;
- mettre en évidence le rôle des différents dirigeants et expliciter comment peuvent être tranchés les désaccords entre gérants, en cas de cogérance ;
- rédiger les clauses citées en respectant les règles impératives propres à chaque société ;
- mettre en évidence et caractériser les différents droits accordés aux associés (droits politiques, droits financiers, droits patrimoniaux) ;
- distinguer les différentes modalités permettant aux associés de prendre une décision collective.

1. Déterminez les pouvoirs de Luc et Paul Tolino.

De quels pouvoirs disposent les gérants en cas de pluralité de gérants ?

Règles juridiques. La SARL peut être dirigée par plusieurs gérants. Chacun des gérants a le pouvoir d'agir seul au nom de la société.

Application. Luc et Paul Tolino peuvent chacun séparément engager la société.

2. Indiquez si Paul Tolino peut empêcher la conclusion du contrat avec la société Lémar.

De quels pouvoirs disposent les gérants en cas de pluralité de gérants ?

Règles juridiques. Un gérant peut s'opposer à un acte envisagé par un autre gérant avant sa conclusion. Mais cette opposition est sans effet vis-à-vis des tiers (sauf si le tiers a eu connaissance de cette opposition).

Application. Le contrat avec la société Lémar n'étant pas encore signé, Paul peut indiquer à Luc son opposition à ce contrat. Ceci n'empêchera toutefois pas sa conclusion, sauf à démontrer que la société Lémar a connaissance de la position de Paul, si par exemple Paul l'a informée par courrier de son désaccord concernant ce contrat.

3. Proposez une solution pour qu'à l'avenir les décisions soient prises d'un commun accord par les deux gérants. Vous rédigerez le document adapté.

De quels pouvoirs disposent les gérants en cas de pluralité de gérants ?

Règles juridiques. Les statuts peuvent contenir des clauses prévoyant des modalités particulières d'organisation des pouvoirs entre les gérants, notamment une clause imposant aux gérants de prendre ensemble tout ou partie des décisions. Ces clauses sont toutefois inopposables aux tiers.

Application. Les associés peuvent décider (décision extraordinaire) de modifier les statuts pour insérer la clause suivante :

« Dans le cas où la société est dirigée par plusieurs gérants, toute décision de gestion devra être prise par les gérants agissant ensemble ».

Cette solution présente toutefois des limites. Cette clause étant inopposable aux tiers, la société serait tout de même engagée par un acte passé par un gérant agissant seul.

Cette clause contraint les gérants à s'entendre et peut rendre la direction de la société complexe en cas de désaccord.

4. Vérifiez si la conclusion d'un contrat de travail par Paul Tolino avec la société est envisageable.

À quelles conditions un gérant de SARL peut-il également conclure un contrat de travail avec celle-ci ?

Règles juridiques : Le gérant peut cumuler ses fonctions avec un contrat de travail sous trois conditions :

- existence d'un emploi effectif ;
- exercice en tant que salarié de fonctions techniques différentes de la mission de direction générale du gérant ;
- lien de subordination, ce qui suppose que, en tant que salarié, il reçoive des ordres des associés. Cette condition n'est pas remplie lorsque le gérant est associé majoritaire.

Application. Paul Tolino n'exerce aucun emploi effectif dans la société et n'a pas de fonctions techniques distinctes de la mission de direction de la société. Il ne peut donc pas conclure de contrat de travail avec la société.

5. Conseillez Marc Tolino sur la démarche à adopter pour attirer l'attention des gérants.

Un associé peut-il alerter le gérant sur les difficultés de l'entreprise ?

Règles juridiques. Dans le cadre de la procédure d'alerte, tout associé a le droit de poser par écrit au gérant, deux fois par exercice, des questions portant sur des faits de nature à compromettre l'exploitation. Le gérant devra répondre par écrit à ces questions.

Application. La situation de la société étant préoccupante et faisant naître un doute quant à sa pérennité, Marc peut poser par écrit aux gérants, une question. Luc et Paul devront y répondre également par écrit en exposant les mesures qu'ils envisagent pour résoudre ces difficultés.

6. Identifiez les conditions à remplir pour adopter la forme de SAS.

Quelles sont les conditions de la transformation d'une SARL en SAS ?

Règles juridiques. La transformation de la SARL en SAS doit être décidée par les associés à l'unanimité.

Un rapport sur la situation de la société doit être réalisé par un CAC désigné par le gérant, si la société n'a pas de CAC.

En cas de transformation de la SARL en société par actions, un rapport sur l'évaluation des actifs de la société doit être réalisé par un commissaire à la transformation, désigné par les associés.

Les conditions prévues par la loi pour la nouvelle forme sociale doivent être respectées. S'agissant de la transformation en SAS, les dispositions légales impératives sont très peu nombreuses. Les statuts devront être modifiés pour déterminer les règles de fonctionnement de la SAS.

Application. Si tous les associés sont d'accord, ils pourront décider la transformation de la SARL en SAS. Il conviendra toutefois de mener une réflexion approfondie pour modifier les statuts en déterminant les règles de fonctionnement de la société sous sa nouvelle forme.

La SARL Tolino n'ayant pas de CAC, le gérant devra en désigner un pour effectuer un rapport sur la situation de la société. Un commissaire à la transformation devra également être désigné par les associés pour évaluer les actifs de la société.

CHAPITRE 9

La société anonyme (SA) : son administration

Évaluer les savoirs

1 Quiz

1. Vrai (à l'exception des SA cotées, pour lesquelles un minimum de sept actionnaires est exigé).

2. Faux. Il est possible au cours de la vie sociale de modifier ce choix.

3. Faux. Dans les SA autres que les PME, il n'est pas possible pour un administrateur de conclure un contrat de travail après sa nomination. Le contrat doit être antérieur.

4. Vrai (à l'exception des cas où la cooptation peut intervenir).

5. Vrai. C'est l'une des missions du CA, l'autre étant de veiller à leur mise en œuvre.

6. Vrai. Le CA peut choisir entre la nomination du PCA comme DG ou la nomination d'un autre administrateur ou d'un tiers.

7. Vrai. Le directoire est un organe collégial dont tous les membres prennent part aux décisions.

8. Vrai. Le conseil de surveillance n'a aucun pouvoir externe.

9. Faux. Seules les conventions entre la SA et un actionnaire détenant plus de 10 % du capital sont contrôlées.

10. Faux. Seules les SA dépassant deux des trois seuils (4 000 000 € total bilan 8 000 000 € CAHT et 50 salariés) doivent nommer un CAC, ainsi que les SA contrôlant ou qui sont controlées par d'autres sociétés si l'ensemble dépasse les seuils.

2 Mélo Vélos

Indiquez par quel organe chaque décision doit être prise.

Diversification de l'activité (production de vélos électriques)	CA (orientations de l'activité de la SA)
Convocation du prochain CA	PCA (organise les travaux du CA)
Embauche d'un commercial	DG ou DGD (a le pouvoir d'engager la SA, pouvoirs fixés par le CA)
Arrêté des comptes de l'exercice écoulé	CA
Révocation de Louis Réa	Actionnaires en AGO
Nomination d'Aude Dubain au CA en remplacement de Louis Réa	Actionnaires en AGO (cooptation impossible car nombre < minimum légal)
Signature d'un contrat de distribution avec la société Mobile pour la vente des nouveaux vélos	DG ou DGD
Cautionnement par la SA MELO d'un prêt contracté par une de ses filiales	DG avec autorisation préalable du CA dans la limite d'un plafond annuel

Maîtriser les compétences

❸ Cas : Yves Graik

Compétence attendue

Schématiser et **analyser** les règles de fonctionnement de la SA

Décryptage des compétences

Pour la SA, le candidat devra être capable de vérifier :

- si une personne remplit les conditions de fond et de forme pour occuper des mandats sociaux ; et notamment de vérifier que les plafonds relatifs au cumul de mandats ne sont pas atteints, en appliquant non seulement les principes, mais également les exceptions adaptées ;
- les circonstances et les conditions dans lesquelles un dirigeant peut perdre ses fonctions.

Vérifiez que les règles relatives au cumul des mandats sont respectées.

Règles applicables en matière de cumul des mandats pour des SA non liées entre elles.

Règles juridiques. Le nombre maximum de mandats d'administrateur et de membre du conseil de surveillance est de cinq.

Le nombre maximum de mandats de directeur général et de membre du directoire est de un (dérogation : un mandat supplémentaire si les deux SA sont non cotées).

Le nombre maximum, tous mandats confondus, est de cinq (administrateur et directeur général dans une même SA ne comptent que pour un mandat).

	Administrateur / membre du CS	DG /membre du directoire	Tous mandats
Membre du directoire de la SA Alpha		X	X
Administrateur de la SA Bêta	X		X
PDG de la SA Gamma	X	X	X
Membre du CS de la SA Delta	X		X
Administrateur de la SA Epsilon	X		X
Administrateur de la SA Omega	X		X
Total	5	1 + 1	6

Application. Le mandat de président de la SAS Lambda n'est pas pris en compte car il ne s'agit pas d'une SA. Yves Graik devra démissionner de son dernier mandat d'administrateur de la SA Omega, car il dépasse la limite globale.

❹ Cas : Dronissime

Compétence attendue

Schématiser et **analyser** les règles de fonctionnement de la SA

Décryptage des compétences

Pour la SA, le candidat doit définir les conditions permettant à une personne de devenir associé. Il lui faut aussi expliquer le fonctionnement des organes de direction collégiale (CA, CS, directoire, etc.). Le candidat doit être capable de vérifier si une personne remplit les conditions de fond et de forme pour occuper des mandats sociaux.

1. Déterminez si la SA peut être valablement constituée en indiquant les modalités des apports.

Quelles sont les conditions de constitution d'une SA ?

Règles juridiques. Une SA peut être constituée par deux actionnaires personnes physiques ou morales. Le capital minimum est de 37 000 € correspondant à la somme des apports en numéraire et en nature. Le capital doit être intégralement souscrit.

Les apports en numéraire doivent être libérés au minimum de moitié à la constitution, le solde à la demande du CA (ou du directoire) dans les 5 ans de l'immatriculation.

Les apports en nature doivent être intégralement libérés et évalués par un CAA. Le CAA établit un rapport annexé aux statuts indiquant le mode d'évaluation et attestant que la valeur des apports correspond bien au capital qu'ils représentent. Les actionnaires peuvent retenir une valeur différente mais engagent leur responsabilité pénale en cas de surévaluation frauduleuse, ainsi que leur responsabilité civile si la surévaluation de l'apport cause un préjudice à la société ou aux actionnaires.

Application. William Hub devra libérer son apport en numéraire à hauteur de 7 500 €. Concernant l'apport de matériel de production par Jean Cloud, celui-ci devra être évalué par un CAA. Si William et Jean décident de ne pas retenir la valeur établie par le CAA, leur responsabilité pénale ou civile pourrait être engagée.

2. Précisez les mentions statutaires nécessaires.

Quelles sont les mentions obligatoires dans les statuts d'une SA ?

Règles juridiques. Les statuts doivent contenir pour toute société : la forme juridique, la dénomination sociale, l'objet social, le siège social, la durée, le montant du capital et la répartition des titres entre les associés, l'évaluation des apports en nature. S'agissant d'une SA, les statuts devront préciser le type d'actions émises et leur forme (nominative ou au porteur), le choix du mode de gestion, les règles relatives à la composition, au fonctionnement et aux pouvoirs des organes de la société, le nom des premiers administrateurs ou membres du conseil de surveillance.

Application. Les statuts de la SA indiqueront la forme juridique SA, la dénomination sociale « Dronissime », l'objet social « conception et production de drones intelligents » , la durée et le siège social (à déterminer), l'évaluation des apports en nature (on suppose que le CAA a évalué le matériel de production à la même valeur que celle estimée par Jean Cloud), le montant du capital 40 000 € , la répartition des titres entre les actionnaires , les actions émises (a priori actions ordinaires) et leur type (actions nominatives), le choix du mode de gestion (SA à forme classique a priori, le souhait des actionnaires étant de confier la direction à une seule personne (DG), les règles relatives au CA (nombre d'administrateurs notamment), noms des premiers administrateurs (à noter que le CA peut être composé de William, Jean et Oscar, celui-ci pouvant être nommé ultérieurement président du CA et directeur général).

5 Cas : Colore

Compétence attendue

Analyser les opérations de contrôle au sein d'une société (contrôle des conventions réglementées)

Décryptage des compétences

Le candidat devra être capable de vérifier si les conventions passées au nom de la société sont autorisées ou interdites, ou si elles sont soumises à une procédure de contrôle réglementée, que le candidat devra maîtriser.

Analysez ces situations et indiquez si ces conventions doivent être soumises à contrôle.

À quelles conditions une convention conclue par une SA doit-elle être soumise à contrôle ?

Règles juridiques. Les conventions conclues entre la SA et certains mandataires sociaux ou actionnaires sont soumises à contrôle :

- Conventions passées avec un membre du CS ou un membre du directoire, ou le représentant permanent d'un membre du CS personne morale, avec un actionnaire détenant plus de 10 % du capital, avec une entreprise ayant un dirigeant commun.
- Sont toutefois libres, les conventions passées avec une des personnes visées si elles correspondent à des opérations courantes, conclues à des conditions normales.
- Constituent des conventions interdites les emprunts, découverts, cautionnements ou avals d'un engagement personnel accordés par la société à un membre du conseil de surveillance ou du directoire personne physique ou au représentant permanent personne physique d'un membre du conseil de surveillance personne morale, ainsi qu'au conjoint, ascendant ou descendant d'une de ces personnes.

Application

Contrat de bail avec la SCI Arc-en-ciel dont Annie Blue est gérante	Convention réglementée : conclue avec une société ayant un dirigeant commun Annie Blue membre du CS de la SA et gérante de la SCI Arc-en-ciel
Contrat de travail avec Léa Vair, épouse de Pierre Vair	Convention non réglementée car passée avec une personne non visée par la loi (épouse d'un membre du CS)
Achat par Gaël Bland d'un véhicule de la société	Convention réglementée car passée avec un actionnaire détenant plus de 10 % du capital
Vente à Léon Blue de 100 litres de peinture au tarif client	Convention libre car passée avec une personne visée (membre du CS) mais correspondant à une opération courante (activité habituelle de la société) et conclue à des conditions normales (tarif client)
Cautionnement accordé par la société pour garantir un emprunt contracté par Luc Noiret	Convention interdite : cautionnement d'un engagement personnel de Luc Noiret, représentant permanent de la SARL Azur membre du CS personne morale
Prêt consenti à la SARL Azur	Convention réglementée : convention avec un actionnaire détenant plus de 10 % du capital

6 Cas : Vocalog

Compétence attendue

Justifier le choix d'une forme sociétaire adaptée dans une situation donnée

Justifiez le choix de la forme SA dans cette situation.

Quelles sont les caractéristiques d'une SA ?

Règles juridiques. La SA peut être constituée avec deux actionnaires et un capital de 37 000 € au minimum. Toute personne physique ou morale peut être actionnaire.

Le montant du capital correspond à la somme des apports en numéraire et en nature. Les apports en numéraire doivent être libérés au minimum de la moitié de leur montant à la constitution, le solde dans les 5 ans sur demande du CA ou du directoire.

La gestion d'une SA peut s'exercer selon deux modalités :

- de façon classique par un conseil d'administration, composé au minimum de trois administrateurs, personnes physiques ou morales, actionnaires ou non et un directeur général, personne physique, représentant légal de la société. Une même personne peut être PCA et directeur général ;
- par un directoire et un conseil de surveillance, cette forme étant plus complexe dans son fonctionnement.

La SA peut faire offre au public de titres financiers :

- soit à sa constitution ;
- soit dans le cadre d'une augmentation de capital.

Application. Pour constituer une SA, Jules Simon devrait s'associer avec ses parents (ou au moins l'un d'eux). Il dispose pour le moment de moyens financiers réduits. Il peut effectuer un apport en numéraire de 10 000 €. Ses parents devraient effectuer un apport en numéraire complémentaire de 27 000 € afin de réunir le capital minimum exigé par la loi.

Le choix de la gestion par un conseil d'administration paraît plus adapté. Jules et ses parents pourront être administrateurs, Jules étant PCA et également DG.

L'intérêt de la SA est de pouvoir offrir les actions au public à terme, et de pouvoir faire entrer au capital des investisseurs.

Préparer l'épreuve

7 Situation pratique : Thermoflex

Compétences attendues

- **Schématiser** et **analyser** les règles de fonctionnement de la SA
- **Rédiger** des clauses spécifiques des statuts (clause limitative de pouvoir)
- **Analyser** les opérations de contrôle au sein d'une société : contrôle des conventions réglementées, rôle du CAC

Décryptage des compétences

Pour la SA, le candidat devra être capable :

- de vérifier si une personne remplit les conditions de fond et de forme pour occuper des mandats sociaux. Le candidat devra être mettre en évidence le rôle des différents dirigeants ;

– d'expliquer le fonctionnement des organes de direction collégiale (CA, CS, directoire,...) et d'expliciter comment peuvent être tranchés les désaccords entre gérants, en cas de cogérance, si la société est engagée par des actes des dirigeants passés dans des circonstances variées ;
– de rédiger les clauses citées en respectant les règles impératives propres à chaque société.

Le candidat devra conseiller les associés pour contrôler les dirigeants, et les aider à choisir entre les différentes modalités offertes par la loi. Il devra être capable de vérifier si les conventions passées au nom de la société sont autorisées ou interdites, ou si elles sont soumises à une procédure de contrôle réglementée, que le candidat devra maîtriser.

1. Indiquez si la décision peut être adoptée par le CA.

Quelles sont les règles applicables aux décisions du CA ?

Règles juridiques. Les décisions du CA sont prises à la majorité des voix des administrateurs présents ou représentés. Un quorum de la moitié des administrateurs présents est nécessaire. En cas de partage des voix, la voix du PCA est prépondérante.

Application. Deux administrateurs vont voter contre cette décision (Gérard et Flora Lamarche), les deux autres en faveur de cette décision (Lucie et Marc Valet). Il y a donc partage de voix. Toutefois, la voix de Marc Valet PCA est prépondérante, la décision sera donc adoptée.

2. Vérifiez, dans l'hypothèse où Théo Baer serait nommé administrateur, s'il pourrait également être salarié de Thermoflex. Précisez à quelle procédure particulière le contrat de travail devrait alors être soumis.

À quelles conditions un administrateur peut-il devenir salarié d'une SA ?

Règles juridiques. Le cumul du mandat d'administrateur avec un contrat de travail est possible dans les SA sous réserve du respect de différentes conditions

- Conditions fixées par la jurisprudence :
  - exercer une activité effective distincte des fonctions du mandat social ;
  - recevoir une rémunération pour les fonctions techniques, qui ne se confond pas avec la rémunération du mandat social ;
  - être soumis par un lien de subordination à l'égard de la société, c'est-à-dire que la société peut ordonner, contrôler et sanctionner.
- Le CA ne peut compter plus d'un tiers d'administrateurs liés à la SA par un contrat de travail.
- Dans les SA n'excédant pas les seuils des PME (plus de 250 salariés et de 50 000 000 € de CA HT ou 43 000 000 € total bilan), le contrat peut avoir été conclu avant ou après la nomination en tant qu'administrateur.

Application. Théo Baer exercera bien une activité effective distincte de son mandat d'administrateur, puisqu'il dirigera la nouvelle branche d'activité des thermostats connectés ; on suppose qu'il recevra une rémunération pour ce poste et il sera soumis à la subordination de la SA, particulièrement du PDG Marc Valet.

Theo Baer sera le seul administrateur à être lié à la SA par un contrat de travail (1/5 < 1/3).

La SA Thermoflex n'excède pas les seuils des PME (elle compte 45 salariés et a réalisé un CA HT de 7 500 000 €). Il est donc possible pour Théo Baer de conclure un contrat de travail avec la SA après sa nomination comme administrateur.

Donc Théo Baer peut également être salarié.

La procédure de contrôle des conventions réglementées s'applique-t-elle à un contrat de travail conclu entre la SA et un administrateur ?

Règles juridiques. Toute convention entre la SA et un administrateur doit être soumise à une procédure de contrôle.

Toute personne concernée directement ou indirectement doit informer le CA. Celui-ci décide ou non d'autoriser la convention, l'administrateur concerné ne pouvant ni participer aux délibérations ni voter.

Un rapport spécial sur la convention conclue est réalisé par le CAC ou le PCA en l'absence de CAC.

Ce rapport est présenté à l'AG qui approuve ou non la convention.

En cas de vote négatif, la convention poursuit ses effets. La responsabilité de l'intéressé et du CA peut toutefois être engagée en cas de préjudice pour la société.

Application. Théo Baer doit informer le CA du projet de contrat de travail. Le CA doit autoriser celui-ci pour qu'il puisse être conclu, Théo ne pouvant ni participer aux délibérations ni voter. Marc Valet, PCA, devra rédiger un rapport spécial qui sera présenté à la prochaine AG. Cette dernière devra voter pour approuver ou non le contrat.

3. Rédigez la clause à insérer dans les statuts pour limiter les pouvoirs du directeur général.

Quelle est l'étendue des pouvoirs du directeur général ?

Règles juridiques. Le DG a en principe les pouvoirs les plus étendus pour agir au nom de la société. Toutefois, ses pouvoirs peuvent être limités par une clause statutaire.

Application. Les actionnaires souhaitant que les décisions du directeur général soient soumises à autorisation préalable du CA, pour tous les engagements excédant 20 000 €, il peut être inséré dans les statuts la clause suivante : « Le directeur général est investi des pouvoirs les plus étendus pour agir en toutes circonstances, au nom de la Société. Il exerce ses pouvoirs dans la limite de l'objet social et sous réserve de ceux que la loi attribue expressément aux assemblées d'actionnaires et au conseil d'administration. Toutefois, et sans que cette clause puisse être opposée aux tiers ni invoquée par eux, tout engagement du directeur général pour un montant supérieur à 20 000 € devra être préalablement autorisé par le conseil d'administration. »

4. Vérifiez si un CAC peut être nommé.

Dans quelles conditions, la nomination facultative d'un CAC est-elle possible ?

Règles juridiques. En dehors des cas où la loi impose la nomination d'un CAC, celle-ci est possible par décision ordinaire des actionnaires ou en justice à la demande d'un ou plusieurs actionnaires représentant au moins 10 % du capital

Application. La nomination d'un CAC par les actionnaires n'est pas envisageable car seul Marc Valet y est favorable et il ne détient pas la majorité des droits de vote. Toutefois, il détient plus de 10 % du capital (50 000 / 170 000) et peut donc demander en justice la nomination d'un CAC.

8 Commentaire de documents : société Couach

Compétence attendue

Schématiser et **analyser** les règles de fonctionnement de la SA

Décryptage des compétences

Pour la SA, le candidat devra être capable de vérifier :

- si une personne remplit les conditions de fond et de forme pour occuper des mandats sociaux ;

- les circonstances et les conditions dans lesquelles un dirigeant peut perdre ses fonctions ;
- si la société est engagée par des actes des dirigeants passés dans des circonstances variées ;
- si la responsabilité civile du dirigeant peut être engagée, que ce soit par un tiers, des associés ou la société elle-même. Le candidat devra être capable de conseiller les personnes ayant subi un préjudice pour mener une action visant à réparer ce préjudice.

Le candidat devra être mettre en évidence le rôle des différents dirigeants

Il devra aussi expliquer le fonctionnement des organes de direction collégiale (CA, CS, directoire,etc.)

1. Déterminez le problème juridique soulevé par cette décision.

Le PCS peut-il être qualifié de dirigeant dans une SA à directoire ?

2. Identifiez les missions respectives du directoire, du président du directoire, du conseil de surveillance et du président du conseil de surveillance.

Le directoire a pour mission d'assurer par ses décisions collégiales la direction de la SA. Le président du directoire est le représentant légal de la SA.

Le CS a pour mission d'assurer un contrôle permanent de la gestion effectuée par le directoire. Il n'a aucun pouvoir externe et ne doit pas s'immiscer dans la gestion.

Le président du CS est chargé de convoquer le CS et de diriger ses travaux.

3. Présentez la décision rendue par la Cour de cassation et exposez-en les motifs.

M.Z., PCS de la société Couach et actionnaire majoritaire, a formé un pourvoi contre l'arrêt de la CA de Paris du 18 avril 2013. La CA avait rejeté le recours formé par M.Z contre les sanctions pécuniaires prononcées à son encontre par l'AMF pour manquement à l'obligation d'informer le public incombant au dirigeant de la personne morale concernée (règlement général de l'AMF, art. 221-1).

La Cour de cassation rejette le pourvoi de M.Z.

La CA a légalement justifié sa décision en retenant que, bien que PCS et non président du directoire, M.Z était fortement impliqué dans la gestion de la SA (définition du carnet de commandes, signature de certains contrats) et pouvait par conséquent être qualifié de dirigeant de la SA.

4. À l'aide de cette décision, précisez la responsabilité civile des membres du conseil de surveillance.

Les membres du CS ne sont en principe responsabilité civilement que des fautes personnelles commises dans l'exercice de leur mission, c'est-à-dire manquement dans le contrôle de l'action du directoire. Toutefois, si le PCS (ou tout autre membre du CS) s'immisce dans la gestion, il peut être qualifié de dirigeant de fait. Dès lors, il engage sa responsabilité en cas de préjudice subi par la société en raison des fautes de gestion, de la violation des statuts et des manquements aux lois et règlements applicables à la société.

CHAPITRE 10 La société anonyme (SA) : ses actionnaires

Évaluer les savoirs

1 Quiz

1. Faux. Une action de préférence peut conférer des droits réduits par rapport à une action ordinaire (par exemple action de préférence sans droit de vote).

2. Vrai. Les valeurs mobilières sont dématérialisées et doivent être inscrites dans un compte-titres au nom de son propriétaire.

3. Faux. Un obligataire a seulement droit à communication de toute information relative à l'emprunt obligataire.

4. Vrai. Un actionnaire peut se faire représenter ou, sous certaines conditions, voter par visioconférence ou à distance.

5. Faux. Une clause d'agrément ne peut concerner que les cessions entre actionnaires ou à des tiers. Les cessions au conjoint, ascendant, descendant, la transmission par succession ou la liquidation de régime matrimonial ne peuvent pas faire l'objet d'une clause d'agrément.

6. Faux. Le DPS peut être exercé, mais l'actionnaire peut aussi y renoncer ou le céder.

7. Vrai. L'incorporation de réserves est l'une des modalités possibles pour augmenter le capital.

8. Vrai. Il est possible de réduire le capital en l'absence de pertes. Les créanciers auront dans ce cas un droit d'opposition.

9. Faux. Dans certains cas la transformation de la SA est décidée à l'unanimité (transformation en SAS, SNC, société civile).

10. Vrai. Si le capital est inférieur au capital minimum et que ni la transformation de la SA, ni une augmentation de capital n'a été décidée, tout intéressé pourra demander la dissolution.

2 SA Merlin

Indiquez, dans chaque situation, si l'AG peut se tenir et si la décision prévue pourra être adoptée.

1. Une assemblée est convoquée le 15 avril pour statuer sur la nomination d'un nouvel administrateur. À cette date, seuls sont présents Marcel, Louis et Igor.

La nomination d'un administrateur est une décision relevant de la compétence de l'AGO

Le quorum pour une AGO est d'1/5 des actions ayant droit de vote sur première convocation. En l'espèce, les actionnaires présents détiennent 190 actions sur 1 000. Le quorum (200/1 000) n'est donc pas atteint. Il sera nécessaire de procéder à une 2e convocation, aucun quorum n'étant alors exigé. Lors de cette assemblée, la majorité des voix des actionnaires présents ou représentés devra être réunie pour pouvoir nommer le nouvel administrateur.

2. L'assemblée générale ordinaire annuelle est convoquée le 15 juin. Seul Norbert est absent. L'une des résolutions prévoit d'affecter en réserves la totalité des bénéfices de l'exercice. Les actionnaires y sont favorables sauf Émile qui s'y oppose.

Le quorum pour une AGO est d'1/5 des actions ayant droit de vote sur première convocation. En l'espèce, les actionnaires présents (Marcel, Émile, René, Louis, Igor) détiennent 750 actions sur 1 000. Le quorum est donc atteint.

La majorité requise en AGO est de la moitié plus une des voix des actionnaires présents ou représentés.

En l'espèce, les actionnaires présents ou représentés (Marcel, Émile, René, Louis, Igor) détiennent 750 voix. La majorité est donc de 351 voix. Or, Émile s'opposant à cette décision, les voix favorables s'élèvent à 350. La décision ne peut pas être adoptée.

3. Lors de l'assemblée du 15 décembre, sont absents Émile et Norbert (ce dernier a demandé à Louis de le représenter). Louis, Norbert et Marcel sont favorables à la décision de modification de l'objet social inscrite à l'ordre du jour.

La modification de l'objet social est une décision relevant de la compétence de l'AGE.

Le quorum pour une AGE est d'un quart des actions ayant droit de vote sur première convocation. En l'espèce, les actionnaires présents (marcel, René, Louis, Igor) détiennent 350 actions sur 1 000. Le quorum (250/1 000) est donc atteint.

La majorité requise en AGE est de 2/3 des voix des actionnaires présents ou représentés.

En l'espèce, les actionnaires présents ou représentés (Marcel, René, Louis, Igor, Norbert représenté par Louis) détiennent 600 voix. La majorité est donc de 400 voix. Or, les voix favorables (Louis, Norbert et Marcel) s'élèvent à 340. La décision ne pourra pas être adoptée.

Maîtriser les compétences

3 Cas : Deshaupts-Daïba

Compétences attendues

- **Schématiser** et **analyser** les règles de fonctionnement de la SA
- **Distinguer** les actions et les parts sociales et justifier les conséquences juridiques de cette distinction

Décryptage des compétences

Pour la SA, le candidat devra définir les conditions permettant à une personne de devenir associé. Il devra être capable de vérifier si une cession de droits sociaux peut être limitée ou empêchée. Il devra mettre en évidence et caractériser les différents droits accordés aux associés (droits politiques, droits financiers, droits patrimoniaux).

Dans une note structurée, comparez la cession des parts sociales d'une SARL et la cession des actions d'une SA. Concluez en indiquant à Hugo Hallé les dispositions applicables à sa situation.

Les parts sociales d'une SARL et les actions d'une SA sont des droits sociaux. Mais elles se distinguent par leur nature juridique, par l'étendue de la liberté de cession et par les modalités de réalisation de la cession.

1. Nature juridique

Les parts sociales d'une SARL sont des droits sociaux. Les statuts précisent la répartition des parts sociales entre les différents associés.

Les actions sont des titres financiers, valeurs mobilières dématérialisées. Elles sont inscrites dans des comptes au nom de leur propriétaire. Ces titres peuvent être nominatifs, si l'action est inscrite dans un compte tenu par la SA, ou au porteur, en cas d'inscription dans un compte tenu par un intermédiaire financier.

2. Liberté de cession

La cession des parts sociales d'une SARL n'est pas totalement libre. La cession à un tiers sera nécessairement soumise à agrément selon une procédure imposée par la loi. L'agrément devra être donné par les associés à une double majorité en nombre et en parts sociales. Dans les autres cas, la cession est en principe libre, mais les statuts peuvent prévoir une clause d'agrément. En cas de refus d'agrément, l'associé restera prisonnier de ses parts sauf s'il les détient depuis plus de 2 ans ou s'il les a acquis par donation ou succession.

La cession des actions d'une SA est libre par principe, les actions étant des titres négociables et la SA une société de capitaux, à caractère ouvert. Toutefois, les statuts peuvent contenir une clause d'agrément, celui-ci étant donné par l'organe compétent (pas nécessairement par les actionnaires). En cas de refus d'agrément, l'actionnaire a droit dans tous les cas au rachat de ses actions.

3. Réalisation de la cession

La cession des parts sociales doit être constatée par écrit, portée à la connaissance de la société (dépôt de l'acte) et les statuts modifiés doivent être publiés au RCS (opposabilité aux tiers)

La cession des actions n'est soumise à aucun formalisme particulier. Le transfert de propriété s'effectue par inscription des titres au compte de l'acquéreur.

Pour conclure, Hugo Hallé pourra librement céder ses parts de la SARL Deshaupts à un associé, aucune clause statutaire n'ayant prévu d'agrément dans ce cas. De même, il pourra céder les actions de la SA Daïba à un actionnaire, en l'absence de clause d'agrément.

4 Cas : Montlor

Compétence attendue

Différencier les principales valeurs mobilières (actions, actions de préférence, obligations) et expliquer leur régime juridique

Décryptage des compétences

Le candidat devra être capable de distinguer actions et obligations, tant du point de vue de leur objet, de leur procédure et conditions d'émission, ou de l'organisation des porteurs de ces valeurs mobilières pour défendre leurs droits. Il devra être capable d'appréhender l'intérêt pour une société d'émettre des actions de préférence et les principales conditions et conséquences de cette émission, y compris lorsqu'elles correspondent à des avantages particuliers.

1. Expliquez à quelles conditions l'émission d'obligations par la SA Montlor est possible.

À quelles conditions une SA peut-elle émettre des obligations ?

Règles juridiques. L'émission d'obligations par une SA est soumise à deux conditions. Le capital doit être entièrement libéré (lors de la constitution, les apports en numéraire doivent être libérés de moitié, le solde étant libéré dans les 5 ans sur appel du CA).

La société doit avoir établi 2 bilans régulièrement approuvés par les actionnaires. À défaut, un rapport sur la valeur de ses actifs et de ses passifs doit être établi par un commissaire et remis à l'organe compétent.

La décision est en principe prise par le CA ou le directoire, qui peut déléguer à toute personne de son choix le pouvoir de réaliser l'émission dans un délai d'un an.

Application. La société ayant été créée il y a 3 ans, elle a déjà établi 2 bilans régulièrement approuvés. Mais le capital n'a été libéré que de moitié. Il faudrait donc que le CA demande le versement du solde aux actionnaires pour que l'émission d'obligations puisse être réalisée. Le CA pourra ensuite décider le recours à l'emprunt obligataire.

2. Déterminez si Zoé peut prendre part à cette assemblée.

Quels sont les droits individuels d'un obligataire ?

Règles juridiques. Un obligataire est un créancier de la société et non un associé. Il ne possède donc pas de droit de participer aux décisions collectives de la SA. Les obligataires sont réunis en une masse qui désigne un ou plusieurs représentants personnes physiques ou morales. Seuls ces représentants peuvent assister aux AG d'actionnaires sans prendre part au vote.

Application. En tant qu'obligataire, Zoé ne pourrait donc assister à l'AG sauf si elle était désignée comme représentante de la masse des obligataires.

3. Expliquez la solution que Zoé peut envisager.

Quels sont les droits individuels d'un obligataire ?

Règles juridiques. Tout obligataire a droit en principe au remboursement au terme de l'emprunt. Une obligation est un titre négociable qui peut être cédé.

Application. L'emprunt arrivant à échéance dans 10 ans, Zoé ne peut obtenir remboursement immédiat.

Zoé peut donc vendre ses obligations pour en percevoir le prix

5 Cas : Logistik

Compétences attendues

- **Analyser** les conditions et les conséquences d'une transformation pour chaque type de sociétés
- **Différencier** les principales valeurs mobilières (actions, actions de préférence, obligations) et **expliquer** leur régime juridique

1. Identifiez les conditions à remplir pour réaliser cette transformation.

Quelles sont les conditions de transformation d'une SA en SNC ?

Règles juridiques. En principe, le changement de forme d'une SA est possible à condition que la SA ait 2 ans d'existence et ait approuvé les bilans des 2 premiers exercices. S'il existe un CAC, il doit établir un rapport attestant que les capitaux propres sont au moins égaux au capital social. Toutefois ces deux conditions ne sont pas exigées pour la transformation en SNC.

Les conditions propres à la forme sociale envisagée doivent être respectées. Pour une transformation en SNC, tous les actionnaires doivent avoir la capacité commerciale.

La décision de transformation est de la compétence de l'AGE. S'agissant de transformation en SNC, les actionnaires doivent donner leur accord à l'unanimité.

Application. La transformation peut être envisagée quelle que soit la date de création de la SA LOGISTIK et même si elle n'a pas de CAC. Il faudra vérifier que tous les actionnaires peuvent être commerçants.

La décision sera prise en AGE à l'unanimité des actionnaires.

2. Analysez les conséquences de cette émission dans l'hypothèse d'une transformation.

Quelles sont les décisions prises par la collectivité des obligataires ?

Règles juridiques. Si une SA ayant émis des obligations dans le cadre d'un emprunt en cours souhaite modifier sa forme sociale, l'AG des obligataires doit être consultée pour avis. Si l'avis est négatif, la SA doit soit renoncer à l'opération, soit proposer aux obligataires le remboursement de l'emprunt.

Application. La SA Logistik ayant émis un emprunt obligataire encore en cours, devra consulter l'AG des obligataires pour obtenir leur avis. Si celui-ci est négatif, soit la SA Logistik renonce à modifier sa forme sociale, soit elle devra rembourser l'emprunt.

❻ Cas : Climextrem

Compétence attendue

Repérer dans des statuts les clauses non conformes et les **corriger**

1. Vérifiez la validité de ces clauses et corrigez-les, le cas échéant.

La première clause est une **clause d'agrément**. En principe, les actions d'une SA sont librement cessibles. Dans les SA non cotées, les statuts peuvent prévoir une clause d'agrément pour les cessions entre actionnaires ou à des tiers. La clause ne peut pas s'appliquer en cas de cession au conjoint, ascendant, descendant, de transmission par succession ou liquidation de régime matrimonial. En cas de refus d'agrément, l'actionnaire a droit au rachat de ses actions par un actionnaire ou un tiers agréé, ou par la SA qui réduit le capital en proportion. Si le rachat n'est pas intervenu dans les 3 mois suivant la demande d'agrément, celui-ci est réputé accordé.

En l'espèce, la clause n'est pas valable puisqu'elle prévoit un agrément pour toute cession ou donation d'actions, quel que soit le bénéficiaire. De plus, en aucun cas, l'actionnaire ne peut être contraint de renoncer à la cession et rester prisonnier de ses actions.

> **1.** « Toute transmission d'actions à un tiers ou à un actionnaire par cession, donation, succession doit être autorisée préalablement par décision du conseil d'administration, statuant à la majorité des voix, dans un délai de 3 mois après notification par le cédant. En cas de refus d'agrément, l'actionnaire a droit au rachat de ses actions par un actionnaire, par un tiers ou par la société qui réduit le capital en proportion. »

La seconde clause est une **clause de préemption**. Les statuts peuvent prévoir une telle clause qui impose à l'actionnaire souhaitant céder ses actions de les proposer en priorité aux autres actionnaires ou à certains d'entre eux, dans un certain délai. Si le droit de préemption n'est pas exercé, l'actionnaire peut céder à la personne de son choix.

En l'espèce, la clause n'est pas valable car elle impose aux autres actionnaires d'acquérir les actions.

2. « En cas de cession par un actionnaire de tout ou partie de ses actions, les autres actionnaires bénéficient, au prorata de leur participation, d'un droit de préemption prioritaire.

L'actionnaire devra notifier son projet de cession à chacun des bénéficiaires, en précisant le nombre d'actions, objet de la cession, les conditions et modalités de la cession.

Dans les trente jours suivant la première présentation de la notification visée ci-dessus, le ou les bénéficiaires notifieront à l'actionnaire cédant soit leur volonté d'acquérir les actions soit de renoncer à exercer leur droit de préemption. À défaut de réponse, le ou les bénéficiaires seront réputés avoir renoncé à leur droit de préemption. »

2. Indiquez si ces clauses sont compatibles avec les perspectives de développement de la société envisagées par les fondateurs.

Les fondateurs envisageant de faire offre au public de leurs titres et d'introduire en Bourse leur société, ces clauses devront être retirées des statuts car elles ne sont pas compatibles avec la liberté de cession inhérente à ces opérations.

Préparer l'épreuve

7 Situation pratique : Zen Attitude

Décryptage des compétences

Pour la SA, le candidat devra mettre en évidence et caractériser les différents droits accordés aux associés (droits politiques, droits financiers, droits patrimoniaux). Il devra distinguer les différentes modalités permettant aux associés de prendre une décision collective, ainsi que les solutions qui s'offrent à un associé physiquement absent à une AG pour y participer. Il devra décrire la procédure de convocation des AG, et vérifier si les projets de résolution sont susceptibles d'être adoptés.

Le candidat devra être capable d'appréhender l'intérêt pour une société d'émettre des actions de préférence et les principales conditions et conséquences de cette émission, y compris lorsqu'elles correspondent à des avantages particuliers.

1. Vérifiez si cette décision peut être examinée par l'AG.

Un actionnaire peut-il inscrire une résolution à l'ordre du jour d'une AG ?

Règles juridiques. Une AG ne peut examiner que les questions figurant à l'ordre du jour. Celui-ci est fixé par l'organe auteur de la convocation. En principe, c'est le CA qui convoque l'assemblée et établit l'ordre du jour. Toutefois, un actionnaire détenant au moins 5 % du capital peut demander l'inscription d'un projet de résolution à l'ordre du jour.

Application. L'ordre du jour figurant sur l'avis de convocation a été établi par le CA. Mélanie Rebois qui possède 6,66 % du capital peut demander l'inscription à l'ordre du jour d'un projet de résolution visant à modifier l'objet de la société.

2. Identifiez la procédure à suivre pour poser une telle question.

Un actionnaire peut-il poser une question aux dirigeants ?

Règles juridiques. À compter de sa convocation à l'AG, tout actionnaire peut poser par écrit au CA des questions se rapportant à l'ordre du jour, qui doit y répondre au cours de l'assemblée ou sur le site de la société.

Application. Mélanie pourra, après avoir reçu sa convocation, adresser au CA une question écrite concernant les résultats de la société liés à son implantation en Allemagne.

3. Indiquez de quelle manière la SA Zen Attitude peut atteindre cet objectif.

Une SA peut-elle émettre des actions conférant à certains actionnaires des droits particuliers ?

Règles juridiques. Toute société par action peut émettre des actions de préférence conférant des droits particuliers, précisés par les statuts. Il peut notamment s'agir d'actions de préférence à droit de vote multiple. Si ces actions de préférence sont destinées à certains actionnaires précis, la procédure des avantages particuliers doit être mise en oeuvre.

Les actionnaires désignent à l'unanimité ou par décision de justice un CAA qui établit un rapport soumis au vote de l'AGE (l'intéressé ne prend pas part au vote).

Application. La SA Zen Attitude peut émettre des actions de préférence à droit de vote multiple. Ces actions étant attribuées aux actionnaires présents depuis la création de la société, un CAA devra être désigné, lequel établira un rapport soumis au vote des actionnaires en AGE, les intéressés ne votant pas.

4. Analysez les conséquences de cette situation.

Dans une SA, quelles sont les conséquences de capitaux propres devenus inférieurs à la moitié du capital social ?

Règles juridiques. Si, du fait des pertes constatées, les capitaux propres deviennent inférieurs à la moitié du capital social, le CA ou le directoire devra, dans les 4 mois suivant l'approbation des comptes, convoquer une AGE, afin de se prononcer sur l'opportunité d'une dissolution.

Application. Les capitaux propres s'élèvent à 130 000 € (= Capital social 300 000 € + Réserves 10 000 € – Pertes 180 000 €) et sont donc inférieurs à la moitié du capital. Le CA devra donc convoquer dans les 4 mois suivant l'AGO ayant constaté les pertes, une AGE afin de se prononcer sur une éventuelle dissolution.

5. Analysez les conséquences juridiques dans l'hypothèse où aucune décision ne serait prise dans les trois ans.

Quelles sont les conséquences d'une absence de régularisation en cas de capitaux propres devenus inférieurs à la moitié du capital social, les actionnaires réunis en AGE ayant écarté la dissolution ?

Règles juridiques. Si la dissolution est écartée, la société devra reconstituer ses capitaux propres au plus tard à la clôture du deuxième exercice suivant celui où les pertes ont été constatées. À défaut, le capital devra être réduit du montant des pertes qui n'ont pu être imputées sur les réserves. Si les capitaux propres n'ont pas été reconstitués et aucune décision prise, ni pour réduire le capital, ni pour transformer la SA en une société d'une autre forme, la SA peut être dissoute par décision de l'AGE ou par décision du tribunal de commerce à la demande de tout intéressé dans les cas suivants :

Application. Si la SA continue à enregistrer des pertes, les capitaux propres ne pourront être reconstitués. Si aucune décision n'est prise par les actionnaires, l'AGE pourra décider la dissolution ou bien tout intéressé, éventuellement un actionnaire, pourra demander au tribunal de commerce de la prononcer.

8 Étude de document : l'Amy SA

Décryptage des compétences

Pour la SA, le candidat devra appréhender l'intérêt d'une prime d'émission et celui du Droit Préférentiel de Souscription (ou celui de le supprimer).

1. Identifiez les parties, résumez les faits et exposez la procédure.

Les parties. Les actionnaires minoritaires de la SA l'Amy, demandeurs contre la SA L'Amy défendeur

Les faits. La SA l'Amy, présentant un endettement bancaire extrêmement élevé, a décidé, dans le cadre d'une procédure de règlement amiable, sa reprise par la société anglaise KLG. Le 4 juillet 1994, un protocole d'accord a été conclu entre les actionnaires majoritaires de la SA L'Amy, les 13 banques créancières et la société KLG. Le 8-8-1994, l'AGE de la SA L'Amy a décidé la réduction à zéro du capital pour apurer partiellement le report à nouveau négatif, l'annulation des actions existantes et l'augmentation du capital par émission d'actions nouvelles avec suppression du DPS au profit de la société KLG.

La procédure. Les actionnaires minoritaires de la SA L'Amy (dont l'association Adam fait partie) ont assigné devant le tribunal de commerce la SA L'Amy en réparation du préjudice causé par leur exclusion, qu'ils jugent irrégulière.

Le tribunal de commerce ayant déclaré leur demande irrecevable, les actionnaires minoritaires ont interjeté appel. La cour d'appel a déclaré leur demande recevable mais les a déboutés. Les actionnaires minoritaires ont donc formé un pourvoi en cassation.

2. Déterminez le problème posé à la Cour de cassation.

La réduction du capital à zéro entrainant l'annulation de toutes les actions existantes, suivie de l'augmentation du capital avec suppression du DPS constitue-t-elle une exclusion irrégulière des actionnaires minoritaires ?

3. Présentez et expliquez la décision de la Cour de cassation.

La Cour de cassation rejette le pourvoi.

Les actionnaires minoritaires soutenaient que le caractère bénéfique de l'opération pour l'intérêt social ne signifiait pas nécessairement que l'opération ne portait pas atteinte à l'intérêt commun des actionnaires.

La Cour de cassation retient qu'une telle opération permettant d'assurer la pérennité de l'entreprise, étant donc conforme à son intérêt, n'est pas non plus contraire à l'intérêt des actionnaires. En effet, l'opération conduit certes à annuler leurs droits dans la société, mais si cette opération n'avait pas été réalisée, la société aurait déposé le bilan et aurait vraisemblablement été liquidée, ce qui aurait abouti au même résultat. Cette situation affecte de la même façon tous les actionnaires, qu'ils soient majoritaires ou minoritaires.

Les actionnaires minoritaires soutenaient encore que l'opération constituait une privation illégale du droit de propriété non justifiée par l'intérêt public et non indemnisée. La Cour de cassation écarte cet argument et retient que l'opération n'est pas une atteinte au droit de propriété mais correspond à la contribution des actionnaires aux pertes de la société dans la limite de leur apport.

CHAPITRE 11

La société par actions simplifiée (SAS)

Évaluer les savoirs

1 Quiz

1. **Faux.** La SAS est une société par actions.
2. **Faux.** La loi ne fixe pas de maximum.
3. **Vrai.** Sous réserve de l'accord unanime des associés, puisque la valeur de l'apport en nature est strictement égale à la moitié du capital social.
4. **Faux.** La loi ne fixe pas de maximum.
5. **Faux.** Les statuts fixent les conditions de nomination du président.
6. **Vrai.** Les statuts fixent les conditions de nomination du président.
7. **Faux.** Il y a deux conditions : que les statuts lui confèrent ce pouvoir et qu'il soit mentionné au RCS.
8. **Faux.** Elle est adoptée dans les conditions prévues par les statuts.
9. **Vrai.** Les statuts peuvent contenir une clause d'inaliénabilité.
10. **Faux.** C'est un pouvoir que la loi réserve à la collectivité des associés.

2 Décisions

Précisez l'organe compétent et, le cas échéant, les conditions de validité des décisions suivantes dans une SAS (la méthodologie du cas pratique n'est pas exigée).

Décision	Organe compétent	Modalités
Achat de marchandises	Représentant légal : en principe le président, éventuellement le DG si prévu par les statuts et publié	/
Nomination d'un commissaire aux comptes	Associés	Conditions de majorité de l'AGO et de la SA
Mise en réserve des bénéfices	Associés	Conditions de majorité de l'AGO et de la SA
Embauche d'un salarié	Représentant légal : en principe le président, éventuellement le DG si prévu par les statuts et publié	/
Augmentation de capital par apports nouveaux	Associés	Conditions de majorité de l'AGE et de la SA
Insertion d'une clause d'inaliénabilité dans les statuts	Associés	Unanimité

Maîtriser les compétences

❸ Cas : SAS Aubrale

Compétences attendues

- **Schématiser** et **analyser** les règles de fonctionnement de la SAS
- **Analyser** les opérations de contrôle au sein de la SAS

Décryptage des compétences

Le candidat devra être capable de vérifier si les conventions passées au nom de la société sont autorisées ou interdites, ou si elles sont soumises à une procédure de contrôle réglementée, que le candidat devra maîtriser.

Qualifiez chacune des conventions suivantes, intervenues dans la SAS Aubrale, dont l'objet est la conception et la fabrication d'articles de lingerie, qui est présidée par Louise Aubrale et dont Loïc Aubrale est le directeur général.

Règle juridique. Les conventions réglementées sont les conventions intervenues directement ou par personne interposée entre la société et son président, ou l'un de ses dirigeants, ou l'un de ses actionnaires disposant d'une fraction des droits de vote supérieure à 10 % ou, s'il s'agit d'une société actionnaire, la société la contrôlant. Les conventions libres sont les conventions courantes conclues à des conditions normales. Enfin, il est interdit au président ou autres dirigeants personnes physiques de contracter des emprunts, de se faire consentir un découvert ou de faire cautionner ou avaliser par la société un engagement. L'interdiction s'étend au conjoint, ascendant, descendant des dirigeants concernés ou à toute personne interposée.

Application.

- Convention 1 : emprunt consenti au fils de la présidente (présomption d'interposition de personne au bénéfice des ascendants et descendants du dirigeant) : convention interdite. Elle encourt la nullité absolue.
- Convention 2 : convention conclue entre la société et sa présidente, mais courante et conclue dans le silence de l'énoncé à des conditions normales : convention libre.
- Convention 3 : convention conclue entre la société et son directeur général (dirigeant au sens des statuts) : convention courante (dans l'objet social) mais conclue à des conditions anormales (quantités) : convention réglementée. Il faudra respecter une procédure.

❹ Cas : H5C

Compétences attendues

- **Analyser** les conditions et les conséquences d'une transformation pour la SAS
- **Schématiser** et **analyser** les règles de fonctionnement de la SAS

Décryptage des compétences

Pour la SAS, le candidat devra être capable de vérifier :

– si une personne remplit les conditions de fond et de forme pour occuper des mandats sociaux ;

– les circonstances et les conditions dans lesquelles un dirigeant peut perdre ses fonctions ;

Le candidat devra être mettre en évidence le rôle des différents dirigeants
Pour la SAS, le candidat être capable de vérifier si une cession de droits sociaux peut être limitée ou empêchée. Il devra :
- distinguer les différentes modalités permettant aux associés de prendre une décision collective ;
- vérifier si les projets de résolution sont susceptibles d'être adoptés ;
- être capable de vérifier dans quels cas et à quelles conditions les créanciers de la société pourront exiger le paiement de leurs créances par les associés eux-mêmes sur leur patrimoine propre.

1. Déterminez à quelles conditions de majorité la décision a été prise dans la SARL H5C.

Les conditions de la décision de transformation en SAS

Règles juridiques. La transformation en SAS requiert l'unanimité des associés de l'ancienne forme juridique, puisque les statuts ont une place prépondérante dans le fonctionnement de la société

Application. La décision de transformation de la SARL H5C en SAS a été prise à l'unanimité des associés de la SARL.

2. Identifiez les rôles de Laure et d'Antoine Dubus.

Les rôles des dirigeants de SAS.

Règles juridiques. Les statuts de la SAS déterminent les conditions dans lesquelles la société est dirigée. Ils prévoient le nombre de dirigeants (direction unique ou direction collégiale, comité de direction...), les conditions d'accès à la fonction (personne physique ou personne morale, actionnaire ou tiers), leur rémunération, la durée de leurs fonctions, les conditions de leur révocation, et les conditions du cumul des fonctions avec un contrat de travail (dans le respect des conditions dégagées par la jurisprudence).

La loi prévoit toutefois que le président est le représentant légal de la société, il est investi des pouvoirs les plus étendus pour agir en toutes circonstances au nom de celle-ci dans la limite de l'objet social. Il respecte les pouvoirs des autres organes et les clauses statutaires limitatives de pouvoirs. Dans ses relations avec la société, il agit dans l'intérêt social. Des clauses statutaires peuvent limiter ses pouvoirs ; elles sont inopposables aux tiers. Par ailleurs, les statuts peuvent prévoir qu'une ou plusieurs personnes autres que le président, portant le titre de directeur général (DG) ou de directeur général délégué (DGD), exercent les pouvoirs reconnus par la loi au président. La SAS aura alors plusieurs représentants légaux, sous réserve que ces dirigeants soient mentionnés au RCS.

Application. Laure sera la présidente de la SAS, à ce titre, elle sera représentant légal et disposera des pouvoirs les plus étendus pour engager la société. Antoine sera DG, et il aura les mêmes pouvoirs que Laure, puisque les statuts le prévoient et que son nom est mentionné au RCS.

3. Qualifiez la clause statutaire (phrase soulignée).

Les clauses statutaires en SAS.

Règles juridiques. Les clauses d'agrément impliquent la soumission de la cession d'actions à l'agrément de la société. Elles permettent aux associés en place de contrôler l'admission d'un nouvel associé. Les statuts doivent prévoir l'organe compétent pour statuer sur l'agrément.

Application. Il s'agit d'une clause d'agrément. Le président est l'organe compétent pour en décider.

5 Cas : SAS Fiesta & Co.

Compétences attendues

- **Schématiser** et **analyser** les règles de fonctionnement de la SAS
- **Rédiger** des clauses spécifiques des statuts
- **Justifier** le choix de la SAS dans une situation donnée

Décryptage des compétences

Pour la SAS, le candidat devra définir les conditions permettant à une personne de devenir associé. Il devra être capable de vérifier si une cession de droits sociaux peut être limitée ou empêchée. Il devra mettre en évidence et caractériser les différents droits accordés aux associés (droits politiques, droits financiers, droits patrimoniaux). Le candidat doit être capable de rédiger les clauses citées en respectant les règles impératives propres à chaque société.

1. Déterminez le montant du capital et précisez si les apports de Stéphane et de Léo nécessitent des formalités particulières.

La formation du capital en SAS.

Règles juridiques. En principe, le montant du capital social est librement fixé par les statuts. Comme en SA, les apports en numéraire doivent être libérés de moitié à la constitution, le reste dans les 5 ans de l'immatriculation. Les apports en nature doivent être évalués par un commissaire aux apports. Toutefois, les futurs associés peuvent décider à l'unanimité que le recours à un commissaire aux apports ne sera pas obligatoire :

- aucun apport en nature n'a une valeur supérieure à 30 000 € ;
- et si la valeur totale de l'ensemble des apports en nature est inférieure ou égale à la moitié du capital.

Les apports en industrie ne concourent pas à la formation du capital. Ils sont possibles sous deux conditions :

- ils doivent être prévus par les statuts,
- les statuts doivent fixer un délai pour permettre leur évaluation par un commissaire aux apports.

Application. Le capital se montera à 1 800 €. Comme la loi n'impose pas de minimum, ce montant est conforme. Ylias devra libérer immédiatement la somme de 500 €. L'apport en nature de Stéphane, d'un montant de 800 €, dépasse la moitié du capital, l'intervention d'un commissaire aux apports sera donc obligatoire. L'apport de Léo est un apport en industrie, il devra donc être prévu par les statuts, et évalué dans le délai choisi.

2. Rédigez la clause de répartition du capital contenant le montant total du capital et sa répartition entre les futurs associés.

La rédaction de clauses statutaires.

Règles juridiques. La rédaction de la clause de répartition du capital est libre. La répartition ne doit pas être léonine, sinon la clause serait réputée non écrite.

Application. Par exemple : « Le capital social est fixé à la somme de 1 800 €.

Il est divisé en 180 actions d'un montant de 10 € chacune, numérotées de 1 à 180, attribuées aux associés en proportion de leurs apports, à savoir :

- M. Ylias, à concurrence de 100 actions, numérotées de 1 à 99 ;
- M. Stéphane, à concurrence de 80 actions, numérotées de 100 à 180.

Les associés déclarent que ces actions sont réparties entre eux dans les proportions ci-dessus indiquées et qu'elles sont toutes été souscrites et libérées du minimum légal.

La société émet 50 actions en rémunération des apports en industrie de M. Léo. Ces actions ne sont pas prises en compte pour la formation du capital social. »

6 Cas : SAS Fiesta & Co (suite)

Compétences attendues

- **Schématiser** et **analyser** les règles de fonctionnement de la SAS
- **Analyser** les opérations d'augmentation de capital dans la SAS
- **Analyser** les opérations de contrôle au sein de la SAS

Décryptage des compétences

Pour la SAS, le candidat devra définir les conditions permettant à une personne de devenir associé. Il devra mettre en évidence et caractériser les différents droits accordés aux associés (droits politiques, droits financiers, droits patrimoniaux).

Le candidat devra conseiller les associés pour contrôler les dirigeants, et les aider à choisir entre les différentes modalités offertes par la loi.

Il devra distinguer les différentes modalités permettant aux associés de prendre une décision collective. Il devra vérifier si les projets de résolution sont susceptibles d'être adoptés.

Le candidat devra être capable de :

- vérifier si les conventions passées au nom de la société sont autorisées ou interdites, ou si elles sont soumises à une procédure de contrôle réglementée, que le candidat devra maîtriser ;
- préciser le régime juridique des actions (objet, procédure et conditions d'émission).

1. Vérifiez si la SAS est tenue de nommer un commissaire aux comptes.

Comment le CAC est-il nommé en SAS ?

Règles juridiques. Seules les SAS dépassant deux des trois seuils suivants à la clôture d'un exercice ont l'obligation de nommer un CAC :

- Total du bilan : 4 M€ ;
- Chiffre d'affaires hors taxes : 8 M€ ;
- Effectif moyen : 50.

Sont également concernées les SAS qui contrôlent d'autres sociétés si l'ensemble dépasse les seuils ou après une décision judiciaire faisant suite à la demande des associés représentant 10 % du capital.

Application. Le seuil du nombre de salariés n'est pas dépassé. Le seuil du chiffre d'affaires n'est pas dépassé. En conséquence, quel que soit le montant du total de bilan, la nomination d'un CAC n'est pas obligatoire puisque la SAS ne fait pas non plus partie d'un groupe de sociétés.

2. Précisez les conditions, les modalités et les conséquences de l'entrée de la SA Promtour au capital de la SAS.

Quelles sont les dispositions applicables à l'augmentation de capital par apports nouveaux en numéraire dans la SAS ?

Règles juridiques. Les règles et modalités de l'augmentation de capital en SAS sont celles de la SA. Ainsi :

- Tout d'abord, sous peine de nullité, le capital de la SAS doit être intégralement libéré avant toute augmentation de capital social par apport en numéraire.
- En cas de création d'actions nouvelles, une prime d'émission peut être prévue pour compenser l'écart existant entre la valeur réelle et la valeur nominale des titres.
- Les associés de la SAS disposent, en proportion du montant de leurs actions, d'un droit préférentiel pour la souscription des apports en numéraire dans le cadre d'une augmentation de capital social. Ce droit peut être exercé ou non, ou cédé. Enfin, l'assemblée qui décide l'augmentation de capital peut demander la suppression du droit préférentiel de souscription dans l'hypothèse où elle souhaite la réserver uniquement à certaines personnes désignées. Si un commissaire aux comptes est en fonction, il doit dans ce cas établir un rapport spécial.
- Une augmentation de capital social nécessite de décider l'augmentation de capital, puis constater sa réalisation. La décision d'augmenter le capital social d'une SAS impose une décision collective des associés qui peut être prise dans les conditions statutaires. Le président de la SAS doit présenter un rapport sur les motifs de l'augmentation de capital et sur la marche des affaires sociales. En matière de vote, les règles à suivre sont celles de la SA.
- Une fois la décision d'augmentation de capital social prise, les associés ont la possibilité de déléguer au président ou à tout autre organe de direction le pouvoir de fixer les conditions de l'augmentation, de constater la réalisation de l'augmentation de capital social et de mettre à jour les statuts.
- L'augmentation de capital social d'une SAS peut se traduire par l'arrivée de nouveaux associés au capital de la société. Si une clause d'agrément a été prévue dans les statuts de la SAS, une procédure doit être respectée.
- Les fonds versés par les associés ou les tiers souscripteurs font l'objet d'un dépôt, dans les 8 jours suivant leur réception. Les actions en numéraire émises doivent être libérées d'au moins un quart de leur montant lors de la souscription. Le solde éventuel doit ensuite être libéré dans les 5 ans qui suivent.
- Enfin, le président ou tout autre organe de direction chargé d'accomplir les démarches doit mettre à jour les statuts de la société, effectuer les formalités de publicité, enregistrer l'opération aux impôts et accomplir les démarches auprès du centre de formalités des entreprises.

Application. Les décisions et les formalités ci-dessus devront être effectuées. L'entrée de la SA à hauteur de 5 000 € implique une dilution du capital et faire perdre aux trois amis leur majorité. Ils doivent donc bien réfléchir avant de prendre une telle décision. D'autres modalités de financement existent.

3. Vérifiez si le contrat nécessite des formalités particulières.

Qu'est-ce qu'une convention réglementée et quelles sont les règles applicables à ce type de convention ?

Règles juridiques. En principe, sont des conventions réglementées les conventions intervenues directement ou par personne interposée entre la société et son président, ou l'un de ses dirigeants, ou l'un de ses actionnaires disposant d'une fraction des droits de vote supérieure à 10 % ou, s'il s'agit d'une société actionnaire, la société la contrôlant. Les conventions réglementées doivent faire l'objet d'une procédure : le commissaire aux comptes ou, s'il n'en a pas été désigné, le président de la société, doit présenter aux associés un rapport sur les conventions réglementées conclues par la société. Les associés statuent sur ce rapport.

Les conventions libres constituent une exception aux conventions réglementées. Ainsi, les conventions courantes conclues à des conditions normales ne font l'objet d'aucune procédure.

Application. Stéphane dispose de plus de 10 % du montant du capital. La convention qu'il va conclure avec la SAS entre donc dans le champ d'application des conventions réglementées. En raison de la remise de 20 % projetée, cette convention, même si elle est courante, n'est pas conclue à des conditions normales. Elle devra être contrôlée par les associés.

7 Cas : Cabinet Bonhomme

Compétences attendues

- **Schématiser** et **analyser** les règles de fonctionnement de la SAS
- **Analyser** les opérations de contrôle au sein de la SAS
- **Rédiger** des clauses spécifiques des statuts
- **Justifier** le choix de la SAS dans une situation donnée

Décryptage des compétences

Pour la SAS, le candidat devra être capable de vérifier :

- si une personne remplit les conditions de fond et de forme pour occuper des mandats sociaux ;
- si la société est engagée par des actes des dirigeants passés dans des circonstances variées.

Le candidat devra mettre en évidence le rôle des différents dirigeants.

Pour la SAS, le candidat devra :

- définir les conditions permettant à une personne de devenir associé. Il devra être capable de vérifier si une cession de droits sociaux peut être limitée ou empêchée ;
- mettre en évidence et caractériser les différents droits accordés aux associés (droits politiques, droits financiers, droits patrimoniaux) ;
- distinguer les différentes modalités permettant aux associés de prendre une décision collective ;
- vérifier si les projets de résolution sont susceptibles d'être adoptés.

Pour chaque société, le candidat devra :

- conseiller les associés pour contrôler les dirigeants, et les aider à choisir entre les différentes modalités offertes par la loi ;
- être capable de rédiger les clauses citées en respectant les règles impératives propres à chaque société ;
- mettre en évidence les principales particularités des SASU.

1. Pour chacun des projets, vérifiez la répartition des droits des associés. Quel projet recueille votre préférence ? Justifiez ce choix.

Comment le capital est-il formé et réparti en SAS ?

Règles juridiques. Le capital est réparti conformément aux clauses statutaires, à défaut au prorata des apports. Les apports en industrie ne concourent pas à la formation du capital, mais l'associé concerné a droit à l'attribution d'actions qui lui confèrent notamment le droit de vote.

Application. Dans le premier projet, les deux associés sont égalitaires, malgré l'apport plus important fait par les éditions Abasse. Cela peut engendrer des situations de blocage en cas de désaccord, mais aucun ne peut imposer une décision à l'autre. Dans le second projet, du fait de l'apport en industrie, Mme Boussu va pouvoir avoir la possibilité de faire basculer la majorité d'un côté ou de l'autre, ce qui lui confère, malgré la faiblesse de son apport, un certain pouvoir sur ses coassociés. L'idéal serait en fait une troisième proposition que vous pourriez formuler pour votre client, les éditions Abasse : une répartition conforme aux apports, en s'associant uniquement avec les éditions Corto, ce qui lui assurerait la majorité ordinaire.

2. Vérifiez la légalité des exigences des futurs associés.

Quelles sont les dispositions impératives de la loi applicables aux SAS ?

Règles juridiques. En principe, la SAS est représentée légalement par son seul président. Les statuts peuvent toutefois accorder le pouvoir de représentation légale à une ou plusieurs personnes autres que le président, portant le titre de directeur général ou de directeur général délégué. La SAS aura alors plusieurs représentants légaux, sous réserve que ces dirigeants soient mentionnés au registre du commerce et des sociétés.

Vis-à-vis des tiers, le président dispose des pouvoirs les plus étendus pour agir au nom de la société. Les clauses statutaires peuvent imiter ses pouvoirs, mais ces clauses sont inopposables aux tiers.

Les statuts déterminent les conditions de majorité.

La société est tenue de nommer un CAC en cas de dépassement de seuils à la clôture de l'exercice, ou si la société contrôle ou est contrôlée par d'autres sociétés.

Application. Les associés pourront donc tous représenter légalement la société. L'un d'entre eux sera le président, les autres des directeurs généraux. Attention toutefois à mentionner leurs pouvoirs au RCS.

Les statuts peuvent imposer une consultation des associés avant tout projet d'édition de CD-Rom, mais cette clause sera inopposable aux tiers : la société sera engagée si le président décide d'éditer un CD-Rom sans consulter les associés.

Les statuts de la future société pourront prévoir l'unanimité pour toutes les décisions. Attention toutefois aux risques de blocages que cette situation implique.

Enfin, les seuils de nomination du CAC ne seront pas dépassés puisque la société démarre son activité.

3. Rédigez la clause statutaire relative à la direction. Cette clause suffit-elle à ce que tous les dirigeants soient les représentants légaux de la SAS ?

Comment la SAS est-elle dirigée ?

Règles juridiques. Les statuts de la SAS déterminent les conditions dans lesquelles la société est dirigée. Ils prévoient le nombre de dirigeants (direction unique ou direction collégiale, comité de direction...), les conditions d'accès à la fonction (personne physique ou personne morale, actionnaire ou tiers), leur rémunération, la durée de leurs fonctions, les conditions de leur révocation, et les conditions du cumul des fonctions avec un contrat de travail (dans le respect des conditions dégagées par la jurisprudence).

La loi prévoit toutefois que le président est le représentant légal de la société, il est investi des pouvoirs les plus étendus pour agir en toutes circonstances au nom de celle-ci dans la limite de l'objet social. Il respecte les pouvoirs des autres organes et les clauses statutaires limitatives de pouvoirs. Dans ses relations avec la société, il agit dans l'intérêt social. Des clauses statutaires peuvent limiter ses pouvoirs ; elles sont inopposables aux tiers. Par ailleurs, les statuts peuvent prévoir qu'une ou plusieurs personnes autres que le président, portant le titre de directeur général (DG) ou de directeur général délégué (DGD), exercent les pouvoirs reconnus par la loi au président. La SAS aura alors plusieurs représentants légaux, sous réserve que ces dirigeants soient mentionnés au RCS.

Application. La clause statutaire pourrait être : « Le Président peut donner mandat à une personne morale ou à une personne physique afin de l'assister en qualité de directeur général. Le directeur général disposera des mêmes pouvoirs que le président, il pourra notamment engager la société à l'égard des tiers. » Le nom du DG devra être mentionné au RCS pour qu'il puisse engager la société.

N'oubliez surtout pas la publication au RCS.

4. Déterminez si la SA Abasse peut créer seule la SAS en précisant, le cas échéant, si les règles de fonctionnement seront les mêmes.

Quelles sont les règles applicables aux SASU ?

Règles juridiques. La SAS comprend au minimum un associé. Elle est dans ce cas unipersonnelle. L'associé unique exerce la totalité des pouvoirs reconnus aux associés d'une SAS pluripersonnelle. Il peut se désigner lui-même comme président, qui est une personne physique ou morale. Il arrête alors le rapport de gestion, les comptes annuels et le cas échéant les comptes consolidés. L'associé unique approuve les comptes, après rapport du commissaire aux comptes s'il en existe un, dans le délai de six mois à compter de la clôture de l'exercice. L'associé unique ne peut déléguer ses pouvoirs. Ses décisions sont répertoriées dans un registre.

Application. La SA Abasse pourra créer seule la SAS. Elle pourra se nommer en tant que présidente. C'est ici un avantage de la SAS sur la SA, dans laquelle le directeur général est forcément une personne physique.

Préparer l'épreuve

8 Situation pratique : Loisirs Cuir

Compétences attendues

- **Schématiser** et **analyser** les règles de fonctionnement de la SAS
- **Rédiger** des clauses spécifiques des statuts

Décryptage des compétences

Pour la SAS, le candidat devra être capable de vérifier :

- si la société est engagée par des actes des dirigeants passés dans des circonstances variées ;
- si des actes de gestion internes sont susceptibles d'annulation ;
- si la responsabilité civile du dirigeant peut être engagée, que ce soit par un tiers, des associés ou la société elle-même.

Le candidat devra être capable de :

- conseiller les personnes ayant subi un préjudice pour mener une action visant à réparer ce préjudice ;
- mettre en évidence le rôle des différents dirigeants ;
- vérifier si une cession de droits sociaux peut être limitée ou empêchée ;
- mettre en évidence et caractériser les différents droits accordés aux associés (droits politiques, droits financiers, droits patrimoniaux) ;

– distinguer les différentes modalités permettant aux associés de prendre une décision collective ;
– vérifier si les projets de résolution sont susceptibles d'être adoptés.

Pour chaque société, le candidat devra conseiller les associés pour contrôler les dirigeants, et les aider à choisir entre les différentes modalités offertes par la loi. Il doit être capable de rédiger les clauses citées en respectant les règles impératives propres à chaque société.

1. Vérifiez si la clause d'agrément peut être insérée dans les statuts.

Quelles sont les modalités d'insertion d'une clause d'agrément dans les statuts de SAS ?

Règles juridiques. Les clauses d'agrément sont adoptées aux conditions prévues par les statuts.

Application. En l'espèce, les statuts, dans leur article 11, prévoient que l'insertion d'une clause d'agrément dans les statuts doit être décidée à l'unanimité. En conséquence, les cinq associés devront donc être d'accord.

2. Rédigez la clause.

À quelles conditions les clauses d'agrément sont-elles valables ?

Règles juridiques. Les clauses d'agrément sont autorisées mêmes entre actionnaires, et aussi éventuellement en cas de succession. Les statuts doivent prévoir l'organe compétent pour statuer sur l'agrément. En cas de refus d'agrément la société doit racheter les actions (puis les céder ou les annuler dans les 6 mois).

Application. La clause peut être ainsi rédigée :

« Les actions de la société ne peuvent être cédées, y compris entre associés, qu'avec l'agrément préalable donné par décision collective des associés prise à la majorité des voix des associés disposant du droit de vote sachant que les actions du cédant ne sont pas prises en compte pour le calcul de cette majorité.

La demande d'agrément doit être notifiée par lettre recommandée avec demande d'avis de réception au Président. Elle indique le nombre d'actions dont la cession est envisagée, le prix de cession, l'identité de l'acquéreur Cette demande d'agrément est transmise par le Président aux associés. Les associés disposent d'un délai de deux mois à compter de la réception de la demande d'agrément pour faire connaître leur décision au cédant, à défaut, l'agrément est réputé acquis.

En cas d'agrément, l'associé cédant peut réaliser librement la cession aux conditions notifiées dans sa demande d'agrément

En cas de refus d'agrément, la société doit dans un délai d'un mois à compter de la notification de la décision de refus d'agrément, acquérir ou faire acquérir les actions de l'associé cédant par un ou plusieurs associés ou par des tiers agréés. Si le rachat des actions n'est pas réalisé du fait de la société dans ce délai d'un mois ; l'agrément du ou des cessionnaires est réputé acquis. Lorsque la société procède au rachat des actions de l'associé cédant, elle est tenue dans un délai de six mois à compter de l'acquisition de les céder ou de les annuler. Le prix de rachat des actions est fixé d'un commun accord entre les parties. À défaut d'accord, le prix est déterminé par expert.

Toutes les cessions d'actions effectuées en violation de ces dispositions sont nulles. Au surplus, une telle cession constitue un juste motif d'exclusion. »

Afin de réduire les coûts liés au siège social, Martine Dubois envisage de le transférer dans une commune voisine, située en zone franche urbaine.

3. Déterminez les conditions de cette décision.

Quelles sont les conditions des modifications statutaires ?

Règles juridiques. En SAS, une décision collective n'est requise que si elle est prévue par les statuts, à l'exception de certaines décisions limitativement énumérées. La loi ne prévoit rien en ce qui concerne les modifications statutaires. Il faut donc se référer aux statuts. Le transfert du siège social est une modification des statuts.

Application. Les statuts de la SAS, en leur article 10, précisent les domaines réservés à la collectivité des associés. Le transfert du siège social en est expressément exclu. C'est donc une décision qui relève de la compétence du président et qui pourra être prise par Martine Dubois, sans consultation des associés.

4. Présentez les conditions de validité d'une clause d'exclusion dans la SAS. L'article 16 des statuts de la SAS peut-il être appliqué aux agissements de Martine Dubois ?

Quelles sont les conditions de validité d'une clause d'exclusion dans la SAS ?

Règles juridiques. En principe, une clause d'exclusion est valable à trois conditions :

- elle est inscrite dans les statuts ;
- elle ne peut être adoptée ou modifiée par les associés que dans les conditions statutaires ;
- elle doit prévoir les motifs et les modalités de l'exclusion.

Application. Les cas justifiant l'exclusion et la procédure applicable sont stipulés dans l'article 16 des statuts. Martine Dubois a commis une infraction à la loi pénale qui pourrait justifier son exclusion.

5. Déterminez si une telle clause peut être insérée aux statuts de la SAS Loisirs Cuir.

Quelles sont les conditions de validité d'une clause d'inaliénabilité ?

Règles juridiques. La clause d'inaliénabilité est valable aux conditions suivantes :

- elle est inscrite dans les statuts, et adoptée par les associés à l'unanimité ;
- elle ne peut être stipulée pour une durée excédant dix ans ;
- elle doit stipuler les conditions précises de l'inaliénabilité.

Application. La durée envisagée dépasse la durée de 10 ans. L'opération envisagée sera possible sous réserve de limiter la durée de l'inaliénabilité.

9 Commentaire de documents : STCI

Compétence attendue

Schématiser et **analyser** les règles de fonctionnement de la SAS

Décryptage des compétences

Pour la SAS, le candidat devra être capable de vérifier si une personne remplit les conditions de fond et de forme pour occuper des mandats sociaux. Il devra :

- mettre en évidence le rôle des différents dirigeants ;
- mettre en évidence et caractériser les différents droits accordés aux associés (droits politiques, droits financiers, droits patrimoniaux) ;
- distinguer les différentes modalités permettant aux associés de prendre une décision collective.

1. Identifiez les parties, les faits, la procédure (la méthodologie du cas pratique n'est pas exigée).

Parties. Le demandeur en cassation est : M. et Mme X... et la Société de traitement comptable informatisé (la société STCI).

Le défendeur en cassation est : la société Cabinet Rexor et la Société financière et de réalisation d'expertise comptable (la Sofirec).

Faits. Par un protocole d'accord du 22 janvier 2005, l'actionnaire majoritaire et président du conseil d'administration de la société anonyme Cabinet Rexor cède 98,81 % de la participation qu'il détient dans le capital de cette société à la société Sofirec. Ce protocole stipule que le prix de cession des actions sera diminué en cas de baisse du chiffre d'affaires au cours des exercices 2005 et 2006 dans la mesure où l'actionnaire serait maintenu à son poste d'administrateur. Le 26 avril 2005, l'assemblée générale de la société Cabinet Rexor décide de modifier sa forme sociale, transformant cette société en SAS. L'actionnaire cédant assigne alors en paiement du prix convenu la société Cabinet Rexor et la société cessionnaire des actions, la société Sofirec, en soutenant qu'elles n'ont pas respecté leurs engagements contractuels.

Procédure

Juridiction	Parties	Décision
1er degré : tribunal de commerce (cession d'actions de SAS)	Demandeur : M. et Mme X... et la Société de traitement comptable informatisé (la société STCI) Défendeur : la société Cabinet Rexor et la Société financière et de réalisation d'expertise comptable (la Sofirec)	Inconnue
2e degré : Cour d'appel de	Appelant : inconnu Intimé : inconnu	La cour d'appel de Paris statue en faveur de Rexor et Sofirec : elle considère que bien que les statuts de la SAS Cabinet Rexor ne mentionnent pas l'existence d'un conseil d'administration, celui-ci a, dans les faits, néanmoins été maintenu après la transformation en SAS, et que le cédant a donc conservé la qualité d'administrateur.
Cour de cassation	Demandeur : M. et Mme X... et la Société de traitement comptable informatisé (la société STCI) Défendeur : la société Cabinet Rexor et la Société financière et de réalisation d'expertise comptable (la Sofirec)	

2. Exposez le problème juridique posé à la Cour de cassation.

Quelles sont les limites à la liberté statutaire et extrastatutaire d'une SAS, et notamment les limites aux pouvoirs de ses associés : ces derniers peuvent-ils fixer en dehors des statuts les conditions et modalités dans lesquelles la société est dirigée ?

3. Présentez et expliquez la décision de la Cour.

La Cour de cassation casse l'arrêt de la cour d'appel, en énonçant « qu'il résulte de la [loi] que seuls les statuts de la société par actions simplifiée fixent les conditions dans lesquelles la société est dirigée » ; la cour d'appel qui relève que les statuts de la SAS ne font pas mention d'un conseil d'administration n'a pas tiré les conséquences légales de ses propres constatations en affirmant que le cédant a conservé sa qualité d'administrateur à la suite de la modification de la forme juridique de cette société. La clause de révision à la baisse du prix n'est donc pas applicable puisque, l'actionnaire cédant n'ayant pas conservé sa qualité d'administrateur dans la SAS, la seconde condition prévue par le protocole de cession d'actions n'est pas remplie.

Ainsi, seuls les statuts de la SAS peuvent fixer les conditions dans lesquelles la société est dirigée. Cet arrêt n'autorise donc pas les actionnaires d'une SAS à prévoir des règles relatives à l'organisation de la direction de la société en dehors des statuts (par exemple un pacte d'actionnaires). En conséquence, une SAS n'est dotée d'un conseil d'administration et d'administrateurs que si ses statuts le prévoient expressément. Cette solution restreint, dans une certaine mesure, la liberté extrastatutaire des associés dans une SAS, mais respecte fidèlement l'esprit et la lettre de la loi.

CHAPITRE 12 La société en nom collectif (SNC)

Évaluer les savoirs

1 Quiz

1. Faux. Un majeur sous tutelle ne peut pas être commerçant. Il ne peut donc pas être associé d'une SNC.

2. Vrai. La loi ne prévoit aucun mécanisme d'évaluation externe des apports en nature.

3. Vrai. Dans ce cas, les dirigeants de la personne morale sont soumis aux mêmes obligations que s'ils étaient eux-mêmes gérants.

4. Vrai. Seuls les actes entrant dans l'objet social engagent la société vis-à-vis des tiers.

5. Faux. La tenue d'une assemblée n'est obligatoire que pour l'approbation ces comptes annuels et à la demande d'un associé. Les statuts peuvent prévoir la consultation écrite ou la signature d'un acte par tous les associés.

6. Faux. La révocation est prononcée aux conditions prévues par les statuts ou, à défaut, à la majorité.

7. Vrai. Toute cession, même entre associés, est soumise à agrément.

8. Faux. La continuation de la société peut être prévue par les statuts.

9. Vrai. L'associé doit répondre des dettes sociales sans limitation de montant.

10. Faux. La perte de la qualité de commerçant par un associé entraîne en principe dissolution de la société. Celle-ci peut être écartée par les statuts ou par une décision des associés à l'unanimité.

2 Faber

Précisez avec quels membres de sa famille Jean pourrait s'associer dans une SNC.

Quelles sont les conditions pour être associé d'une SNC ?

Règles juridiques. La SNC est constituée par au minimum deux associés, personnes physiques ou personnes morales. Les associés doivent avoir la capacité d'être commerçant ce qui exclut les mineurs non émancipés, les personnes exerçant une profession incompatible (par exemple une profession libérale) et les majeurs sous tutelle ou curatelle.

Si l'un des associés vient à perdre la qualité de commerçant, ceci entraîne en principe la dissolution de la société sauf clause contraire des statuts ou décision des autres associés à l'unanimité.

Application. Jean ne peut pas s'associer avec sa fille Éva, mineure non émancipée, ni avec son épouse Anne, qui exerce une profession libérale incompatible avec la qualité de commerçant. Il ne peut pas non plus s'associer avec sa mère Régine, car celle-ci étant placée sous tutelle, ne peut pas avoir la qualité de commerçant. Jean peut uniquement s'associer avec son fils Charles qui est majeur.

Maîtriser les compétences

3 Cas : Allome

Compétence attendue

Schématiser et **analyser** le fonctionnement de la SNC

Décryptage des compétences

Pour la SNC, le candidat devra être capable de vérifier :
- si une personne remplit les conditions de fond et de forme pour occuper des mandats sociaux ;
- les circonstances et les conditions dans lesquelles un dirigeant peut perdre ses fonctions.

Analysez les conséquences de chacune des solutions envisagées.

Quelles sont les conditions de nomination et de révocation du gérant dans une SNC ?

Règles juridiques. Dans une SNC, les associés désignent un ou plusieurs gérants soit dans les statuts soit par acte séparé. En ce qui concerne la révocation du gérant, les modalités et les conséquences diffèrent selon les cas :

- Si le gérant est un associé désigné dans les statuts, sa révocation doit être décidée à l'unanimité des autres associés. Elle entraîne la dissolution de la société, sauf si les statuts prévoient sa continuation ou si les associés la décident à l'unanimité. Le gérant révoqué peut se retirer de la société et demander le rachat de ses parts sociales.
- Si le gérant est un associé, nommé par acte séparé, sa révocation est décidée selon les modalités prévues par les statuts ou, à défaut, par décision des autres associés à l'unanimité. La révocation n'entraîne pas dissolution de la société.
- Si le gérant n'est pas un associé, sa révocation peut être décidée selon les conditions prévues par les statuts ou, à défaut, par décision des associés à la majorité. La révocation n'entraîne pas dissolution de la société.

Application. Les solutions envisagées ont des conséquences différentes :

- **Solution a.** Mélanie étant gérante associée, désignée par les statuts, sa révocation doit être décidée à l'unanimité par Loïc et Alex. Elle mettrait fin en principe à la société. Si cela ne correspond pas à la volonté des associés, il conviendrait de rédiger dans les statuts une clause prévoyant la continuation de la société. À défaut de clause, il serait encore possible pour Loïc et Alex de décider cette continuation. Si Mélanie souhaite se retirer de la société, elle pourra obtenir le rachat de ses parts sociales.
- **Solution b.** Mélanie étant gérante associée, désignée en dehors des statuts, sa révocation sera décidée à l'unanimité des autres associés (puisque tel est le souhait des associés), mais sans entraîner pour autant la dissolution de la société.
- **Solution c.** Les associés ayant désigné comme gérant un non associé, Max Bernier, celui-ci pourra être révoqué selon les modalités prévues par les statuts, c'est-à-dire à l'unanimité, puisque c'est le souhait des associés.

4 Cas : Imprimerie Perrault

Compétence attendue

Schématiser et **analyser** le fonctionnement de la SNC

Décryptage des compétences

Pour la SNC, le candidat devra être capable de vérifier dans quels cas et à quelles conditions les créanciers de la société pourront exiger le paiement de leurs créances par les associés eux-mêmes sur leur patrimoine propre.

Expliquez le recours dont la société Conte dispose et précisez-en les modalités.

Quel recours peut exercer le créancier d'une SNC contre ses associés ?

Règles juridiques. Les associés d'une SNC ont une obligation indéfinie et solidaire aux dettes sociales. Les créanciers doivent au préalable poursuivre la société par acte d'huissier. Si la société ne paye pas dans les huit jours et ne propose pas au créancier de garanties, celui-ci pourra alors demander paiement aux associés.

Ceux-ci sont tenus de payer les dettes sociales sans limitation de montant, et indépendamment de l'apport qu'ils ont effectué.

L'obligation étant solidaire, le créancier peut réclamer paiement de l'intégralité de la somme due à l'un des associés. L'associé qui a payé le créancier dispose ensuite d'un recours contre la société et contre les autres associés.

Application. La société Conte doit tout d'abord s'adresser à un huissier pour réclamer paiement à la SNC Imprimerie Perrault. La SNC n'étant pas en capacité de régler les 64 000 € dans les 8 jours et ne pouvant offrir de garantie réelle, puisqu'elle n'est propriétaire ni de ses locaux ni de son matériel, la société Conte pourra agir contre les associés. Or, Pierre et Louise March étant très peu solvables, la société Conte peut réclamer paiement des 64 000 € à Vincent Bar qui sera tenu de régler cette somme.

Vincent pourrait ensuite se retourner contre la société et contre les autres associés. Ce dernier recours a peu de chance d'aboutir compte tenu de la situation financière de Pierre et Louise.

5 Cas : Paul et Virginie Loisirs

Compétences attendues

- **Analyser** les conditions et les conséquences d'une transformation pour la SNC
- **Analyser** les causes et les conséquences d'une dissolution spécifiques à la SNC

Décryptage des compétences

Pour la SNC, le candidat devra définir les conditions permettant à une personne de devenir associé. Il devra distinguer les différentes modalités permettant aux associés de prendre une décision collective.

Analysez les conséquences du décès de Paul pour la SNC.

Quelles sont les conséquences du décès d'un associé de SNC ?

Règles juridiques. En principe, la société en Nom Collectif est dissoute par le décès d'un associé. Toutefois les statuts peuvent prévoir la continuation de la société entre les associés survivants, le conjoint et les héritiers de l'associé décédé.

S'il s'agit d'un héritier mineur, la société devra être transformée dans un délai d'un an à compter du décès en société en commandite dans laquelle le mineur sera associé commanditaire et les autres associés, commandités. À défaut de transformation dans le délai, la société sera dissoute.

Application. Le décès de Paul n'entraîne pas dissolution de la société, en application de l'article 10 des statuts. Or Paul laisse comme héritier Lucas, qui est mineur non émancipé. Il faudra donc procéder à la transformation de la SNC en société en commandite avant le mois de janvier suivant. La nouvelle société en commandite comptera trois associés : Virginie et Pierre associés commandités, commerçants, et Lucas, associé commanditaire, non commerçant.

La transformation devra faire l'objet d'une décision collective prise à la majorité des voix des associés conformément à l'article 7 des statuts. Virginie et Pierre pourront donc prendre cette décision.

En l'absence d'une telle décision, la société serait dissoute, ce qui ne serait pas du tout avantageux pour les associés, la société réalisant des bénéfices et Virginie souhaitant poursuivre l'activité.

6 Cas : Surf In

Compétences attendues

- **Repérer** dans les statuts d'une SNC les clauses non conformes et les corriger
- **Schématiser** et **analyser** le fonctionnement de la SNC

Décryptage des compétences

Pour la SNC, le candidat devra être capable de vérifier :

- si la société est engagée par des actes des dirigeants passés dans des circonstances variées ; les circonstances et les conditions dans lesquelles un dirigeant peut perdre ses fonctions ;
- si une cession de droits sociaux peut être limitée ou empêchée ;
- dans quels cas et à quelles conditions les créanciers de la société pourront exiger le paiement de leurs créances par les associés eux-mêmes sur leur patrimoine propre.

Il devra distinguer les différentes modalités permettant aux associés de prendre une décision collective.

Le candidat doit être capable de rédiger les clauses citées en respectant les règles impératives propres à chaque société.

Identifiez les clauses non conformes et corrigez-les.

- **Article 9. Augmentation du capital social**

Le gérant peut effectuer tout acte de gestion dans l'intérêt de la société. Les actes qui excèdent les pouvoirs du gérant sont de la compétence des associés. Or l'augmentation du capital n'est pas une décision de gestion. Elle échappe à la compétence du gérant et devra donc être décidée par les associés, selon les règles de majorité fixées par les statuts ou à défaut à l'unanimité.

Rédaction correcte de la clause :
« Le capital social peut être augmenté en une ou plusieurs fois, par décision collective des associés. »

- **Article 14. Droits et obligations attachés aux parts sociales**

Tout associé de SNC a bien la qualité de commerçant. Par contre, il est tenu des dettes sociales indéfiniment et solidairement. Son engagement s'étend au-delà du montant de son apport.

Rédaction correcte de la clause :
« Les associés ont tous la qualité de commerçant et répondent des dettes sociales vis-à-vis des tiers indéfiniment et solidairement. »

- **Article 17. Cession des parts sociales**

Toute cession de parts sociales doit effectivement être autorisée par les autres associés. Par contre, si l'agrément est refusé, l'associé cédant n'a pas droit au rachat de ses parts sociales (il reste « prisonnier » de la société). De ce point de vue, la SNC présente donc un caractère extrêmement fermé, puisqu'un associé qui veut quitter la société ne peut le faire que si les autres associés sont d'accord pour lui rendre sa liberté.

Rédaction correcte de la clause :
« En cas de refus d'agrément, l'associé cédant reste propriétaire des parts qui devaient être cédées. »

- **Article 18. Nomination et révocation du gérant**

Le gérant associé désigné dans les statuts ne peut être révoqué qu'à l'unanimité des autres associés. Les statuts ne peuvent déroger à cette règle en prévoyant une majorité différente.

Rédaction correcte de la clause
« La révocation du gérant ne peut être décidée qu'à l'unanimité des autres associés. »

- **Article 19. Pouvoirs de la gérance**

Le gérant n'engage la société que par les actes entrant dans l'objet social.

Rédaction correcte de la clause
« Dans ses rapports avec les tiers, le gérant agissant au nom de la Société, a pouvoir de passer seul tous actes entrant dans l'objet social. »

- **Article 22. Décisions collectives**

Les associés ne peuvent pas prendre toutes leurs décisions par voie de consultation écrite. La tenue d'une assemblée est obligatoire dans deux cas : pour l'approbation des comptes annuels et si un associé en fait la demande.

Rédaction correcte de la clause
« Les décisions collectives sont prises en assemblée générale ou par consultation écrite des associés. La réunion d'une assemblée générale est obligatoire pour l'approbation annuelle des comptes et pour toutes autres décisions si l'un des associés le demande. »

Préparer l'épreuve

7 Situation pratique : SNC Protect

Compétences attendues
- **Schématiser** et **analyser** le fonctionnement de la SNC
- **Rédiger** des clauses spécifiques des statuts

Décryptage des compétences

Pour la SNC, le candidat devra être capable de vérifier :
- si une personne remplit les conditions de fond et de forme pour occuper des mandats sociaux ;
- les circonstances et les conditions dans lesquelles un dirigeant peut perdre ses fonctions ;
- si la société est engagée par des actes des dirigeants passés dans des circonstances variées ;
- si la responsabilité civile du dirigeant peut être engagée, que ce soit par un tiers, des associés ou la société elle-même. Le candidat devra être capable de conseiller les personnes ayant subi un préjudice pour mener une action visant à réparer ce préjudice.

Le candidat doit être capable de rédiger les clauses citées en respectant les règles impératives propres à chaque société.

1. Exposez le régime applicable à la rémunération de Kévin.

Quel est le régime juridique applicable à la rémunération versée au gérant d'une SNC ?

Règles juridiques. Dans la SNC, la rémunération du gérant suit un régime différent selon qu'il s'agit d'un gérant associé ou non associé.

- Sur le plan fiscal, le gérant associé est imposé à l'impôt sur le revenu dans la catégorie correspondant à l'activité de la société.

- Sur le plan social, sa rémunération est soumise au régime de cotisation des indépendants. Dans tous les cas, il ne bénéficie pas de l'assurance chômage.

Application. Kévin, gérant associé, verra donc sa rémunération imposée à l'impôt sur le revenu dans la catégorie des BIC, l'activité de la société étant commerciale. Sur le plan social, il cotisera au régime des indépendants et ne pourra bénéficier l'assurance chômage.

2. Déterminez si la conclusion d'un contrat de travail entre Kévin et la SNC Protect est possible.

Le cumul d'un contrat de travail avec les fonctions de gérant d'une SNC est-il possible ?

Règles juridiques. Dans une SNC, le cumul des fonctions de gérant avec un contrat de travail n'est possible que si le gérant n'est pas associé. En effet, la jurisprudence a jugé incompatible la qualité de salarié avec celle de commerçant et avec l'engagement indéfini et solidaire aux dettes sociales d'un associé de SNC.

Application. En l'espèce, Kévin étant gérant associé, il ne peut donc pas conclure de contrat de travail avec la société Protect.

3. Analysez les conséquences de la décision prise par Kévin pour la SNC Protect.

Par quels actes le gérant engage-t-il la société ?

Règles juridiques. Dans les rapports avec les tiers, le gérant engage la société par tout acte entrant dans l'objet social. Seuls les actes dépassant celui-ci peuvent être remis en cause. C'est pourquoi, lors de la rédaction des statuts, il est recommandé de rédiger précisément la clause relative à l'objet social pour délimiter clairement les pouvoirs du gérant.

Application. L'objet social de la SNC Protect tel qu'il figure à l'article 4 des statuts vise de façon large toutes prestations de surveillance et de sécurité. L'acte passé par Kevin entre effectivement dans l'objet social, car il concerne bien une activité de surveillance, même si les moyens employés sont différents de l'activité initiale.

4. Rédigez la clause correspondante.

De quelle manière les pouvoirs du gérant de la SNC peuvent-ils être limités ?

Règles juridiques. Dans ses rapports avec les associés, le gérant peut accomplir tout acte de gestion dans l'intérêt de la société. Toutefois, les statuts peuvent contenir des clauses limitant ces pouvoirs. Ces clauses restent inopposables aux tiers.

Application. On peut proposer d'insérer dans les statuts la clause suivante :

« Dans les rapports entre associés, le gérant peut accomplir tous les actes de gestion dans l'intérêt de la Société. Toutefois, et sans que cette clause puisse être opposée aux tiers, tout acte d'un montant de plus de 20 000 € ne pourra être conclu par le gérant sans avoir été autorisé au préalable par une décision prise par un ou plusieurs associés représentant les deux tiers des parts sociales, conformément à l'article 10 des statuts. »

5. Précisez les conséquences du non-respect d'une telle clause par Kévin.

Quelles sont les conséquences de la violation par le gérant d'une clause statutaire limitant ses pouvoirs ?

Règles juridiques. Lorsque le gérant conclut au nom de la société un acte excédant les pouvoirs qui lui sont attribués en vertu d'une clause limitative insérée dans les statuts, il engage sa responsabilité vis-à-vis de la société, si cet acte entraîne un préjudice pour la société. Il engage aussi sa responsabilité vis-à-vis des associés, si ceux-ci subissent un préjudice à titre personnel.

Dans les rapports avec les tiers, la société est engagée par un acte excédant les pouvoirs attribués au gérant, car les clauses limitatives des pouvoirs sont inopposables aux tiers. Par ailleurs, la violation des statuts peut constituer un juste motif de révocation.

Application. Si Kévin conclut au nom de la société un acte excédant la somme de 20 000 € sans voir obtenu auparavant l'accord d'Albert et de René, il s'expose à la mise en œuvre de sa responsabilité si cet acte occasionne à la société un préjudice. Il pourrait aussi être révoqué, car le non-respect des statuts remettrait en cause la confiance que lui portent les autres associés.

8 Situation pratique : Saran

Compétence attendue

Justifier le choix de la société en nom collectif dans une situation donnée

En tenant compte des exigences de votre client, justifiez le choix de la SNC et présentez les risques liés à cette forme sociétaire.

La création d'une SNC pour développer le projet d'Alain et Éric Saran peut être envisagée. Afin de répondre à leurs exigences, les statuts devront comprendre certaines clauses particulières.

Gestion de la société. Si Alain et Éric ne nomment aucun gérant, alors tous les deux seront gérants. Chaque gérant a en principe le pouvoir d'engager seul la société, mais Alain et Éric peuvent insérer dans les statuts une clause limitant leurs pouvoirs en imposant que toute décision sera prise par les deux gérants ensemble. De cette manière, chaque décision de gestion sera prise d'un commun accord. Il faut toutefois attirer l'attention sur le fait que cette clause sera inopposable aux tiers. Si l'un des frères passe un acte seul, celui-ci engagera la société.

Décisions collectives. La loi impose la tenue d'une assemblée pour l'approbation des comptes annuels ou si un associé le demande. Alain et Éric devront donc tenir une assemblée une fois par an pour approuver les comptes. Dans tous les autres cas, les statuts peuvent prévoir deux autres modes de décisions : consultation écrite ou signature d'un acte par les associés, ce qui serait particulièrement adapté au cas des frères Saran.

En dehors des décisions pour lesquelles la loi requiert l'unanimité, les associés déterminent librement les règles de majorité. Les statuts peuvent donc prévoir que toute décision sera prise à l'unanimité.

Cession de PS. Toute cession de parts sociales d'une SNC est nécessairement soumise à agrément à l'unanimité des associés. Si l'un des frères veut vendre ses parts, il ne pourra le faire sans l'accord de l'autre.

Décès d'un associé. En principe, la société prend fin, mais Alain et Éric peuvent prévoir dans les statuts qu'en cas de décès de l'un d'eux, la société continuera avec les héritiers.

Risques. Les associés d'une SNC sont tenus d'une obligation aux dettes sociales indéfinie et solidaire. Par conséquent, si, après vaine mise en demeure de la société, celle-ci ne paye pas dans les 8 jours, tout créancier pourra réclamer paiement de l'intégralité de la créance à l'un ou l'autre des associés qui en répond sur l'ensemble de son patrimoine.

Alain pourrait effectivement devoir régler les dettes de la société en cas de non-paiement, sans limitation de montant. Ses biens personnels pourraient être saisis, notamment les biens communs acquis depuis son mariage (Alain et Claire s'étant mariés sans contrat sont soumis au régime légal de communauté). Alain disposerait toutefois d'un recours contre son frère pour la part lui incombant (à proportion de sa participation au capital).

1 Les perspectives de la SA REBO

1. *Précisez les conditions de mise en oeuvre des deux modes de financement envisagés pour le projet de délocalisation de la production en Asie.*

À quelles conditions l'émission d'obligations et l'augmentation de capital par apport en numéraire peuvent-elles être réalisées ?

Règles juridiques. L'émission d'obligations n'est possible que si le capital est entièrement libéré et si la société a établi deux bilans régulièrement approuvés.

L'augmentation de capital par apport en numéraire suppose que le capital ait été entièrement libéré et que l'AGE se prononce également sur un projet de résolution relatif à la réalisation d'une augmentation de capital réservée aux salariés dans le cadre d'un plan d'épargne d'entreprise.

Application. En l'espèce, les conditions sont réunies pour l'émission d'obligations. En effet, la SA a été créée en 1990, le capital est donc nécessairement libéré et elle a établi plus de deux bilans approuvés par les actionnaires. Pour l'augmentation de capital, la condition de libération du capital est remplie, mais il faudra également que l'AGE se prononce sur un projet de résolution relatif à la réalisation d'une augmentation de capital réservée aux salariés.

2. *Déterminez laquelle de ces solutions serait adoptée si les deux décisions étaient soumises au vote des organes compétents.*

Quels sont les organes compétents pour décider l'émission d'obligations et l'augmentation de capital par apport en numéraire ?

Règles juridiques. L'émission d'obligations relève de la compétence du CA. Celui-ci délibère à la majorité des voix des administrateurs présents ou représentés. Chaque administrateur dispose d'une voix. La voix du PCA est prépondérante en cas de partage de voix.

La décision d'augmenter le capital relève de la compétence de l'AGE statuant à la majorité des deux tiers des voix des actions ayant droit de vote. L'AGE peut toutefois accorder délégation au CA pour décider ou pour réaliser l'opération.

Application. En l'espèce, Jacques Bongrand, PCA, peut soumettre l'émission d'obligations au vote du CA. Mais, étant seul favorable à cette opération, la décision ne pourra pas être adoptée, les 2 autres administrateurs y étant opposés. L'augmentation de capital peut être décidée en AGE, si tous les actionnaires, hormis Jacques Bongrand, votent en ce sens car ils représentent plus des deux tiers des voix.

3. *Analysez la procédure à mettre en oeuvre afin de conclure le contrat de bail avec la SCI HOME.*

À quelle procédure de contrôle doit être soumis un contrat de bail conclu entre une SA et une autre société dont le gérant est aussi le PCA ?

Règles juridiques. Une convention conclue entre la SA et une autre entreprise dont le gérant est également administrateur de la SA doit être soumise à contrôle. Le mandataire social concerné doit informer le CA du projet de convention. Le CA autorise ou non la convention, l'intéressé ne prenant pas part au vote. Une fois autorisée, la convention est conclue par le DG, représentant légal de la société. La convention doit ensuite être soumise au vote de l'AGO, qui statue sur rapport spécial rédigé par le CAC s'il en existe un ou le PCA. L'intéressé ne vote pas et ses actions ne sont pas prises en compte pour le calcul du quorum et de la majorité.

Application. En l'espèce, le contrat de bail serait conclu entre la SA et la SCI HOME, sachant que Jacques Bongrand administrateur de la SA est également gérant de la SCI. Jacques Bongrand doit soumettre le projet au vote du CA, mais ne peut pas voter. Si le CA autorise la convention, le DG pourra conclure le contrat de bail au nom de la société. L'AGO devra ensuite voter l'approbation ou non de ce contrat, Jacques Bongrand ne pouvant pas voter et ses actions n'étant pas décomptées pour le quorum et la majorité.

4. *Identifiez le recours que la SA REBO peut exercer pour obtenir le paiement de la somme due par la SNC GAMIL.*

Quel recours un créancier peut-il exercer en cas de non-paiement par une SNC débitrice ?

Règles juridiques., Les associés d'une SNC ont une obligation indéfinie et solidaire aux dettes sociales.

Les créanciers doivent au préalable poursuivre la société par acte d'huissier. Si la société ne paye pas dans les 8 jours et ne propose pas au créancier de garanties, celui-ci pourra alors demander paiement aux associés. Ceux-ci sont tenus de payer les dettes sociales sans limitation de montant, et indépendamment de l'apport qu'ils ont effectué. L'obligation étant solidaire, le créancier peut réclamer paiement de l'intégralité de la somme due à l'un des associés.

Application. En l'espèce, la SA REBO doit adresser une mise en demeure par acte d'huissier à la SNC GAMIL. Si celle-ci ne paye pas dans les 8 jours et ne constitue pas de garanties à son profit, la SA REBO pourra réclamer paiement aux associés. Elle peut réclamer paiement de l'intégralité de la facture à la SA PENAULT, dont la solvabilité est supérieure à celle de Bernard Veber, associé personne physique. La SA PENAULT peut ensuite exercer un recours contre la SNC GAMIL. Si la SNC ne peut rembourser la SA PENAULT, celle-ci peut se retourner contre Bernard Veber.

5. *Analysez les conditions de la transformation de la SA AROX en SAS.*

Quelles sont les conditions relatives à la transformation d'une SA en SAS ?

Règles juridiques. Toute décision de transformation d'une SA suppose que la SA ait deux ans d'existence et ait approuvé les bilans de deux exercices. Pour une transformation en SAS, la décision doit être prise à l'unanimité des actionnaires.

Application. En l'espèce, la SA REBO ayant été créée en 1990, elle a plus de deux ans d'existence et a approuvé plus de deux bilans. Par ailleurs, les actionnaires cédants (familles Bongrand et Renouard) désirant se retirer de la SA et la SA AROX souhaitant acheter leurs actions, l'unanimité sera acquise pour voter la transformation en SAS.

6. *Exposez les avantages que cette nouvelle forme sociale présenterait pour la société AROX.*

Quels sont les avantages de la SAS ?

Règles juridiques. La SA devant compter au minimum deux actionnaires, la réunion de toutes les actions en une seule main ouvre la possibilité à tout intéressé de demander la dissolution, si la situation n'est pas régularisée dans un délai d'un an. La régularisation peut résulter de la transformation de la SA en une forme sociale admettant un seul associé.

La SAS peut ne compter qu'un seul associé. Cette forme sociale est adaptée en cas de détention de la totalité du capital par une personne morale actionnaire, dont la SAS est la filiale à 100 %.

L'associé unique exerce les pouvoirs reconnus aux associés d'une SAS pluripersonnelle. Il peut se désigner lui-même président

La SAS est une forme sociale présentant une grande souplesse. Hormis la désignation d'un président, représentant légal de la société, personne physique ou personne morale, l'organisation de la direction est librement fixée par les statuts.

Application. En l'espèce, la SA AROX est prête à acquérir la totalité des actions des 6 autres actionnaires, membres des familles Bongrand et Renouard, qui souhaitent tous se retirer de la société. Ce rachat entraînera toutefois la réunion de toutes les actions en une seule main. Il est donc nécessaire de régulariser la situation en transformant la SA REBO en SAS. Celle-ci comportera un actionnaire unique la SA AROX, qui peut se désigner elle-même en tant que président de la SAS. Ainsi la SA AROX exercera un contrôle total de la société REBO.

2 Les associés de la SA Technord

7. Déterminez si Daphné Renouard peut participer à la prochaine assemblée de la SARL Technord.

Quelles sont les modalités de transmission des parts sociales au décès d'un associé dans une SARL ?

Règles juridiques. Selon l'article L. 223-13 du Code de commerce (document 4), la transmission des parts sociales au décès d'un associé d'une SARL est en principe libre. Toutefois, les statuts peuvent prévoir une clause d'agrément. Dans ce cas, la procédure d'agrément prévue par la loi pour la cession de parts sociales à un tiers s'applique. L'agrément devra être accordé à la majorité des associés en nombre représentant plus de la moitié des parts sociales. Selon l'article L. 223-14 (document 5), en cas de refus d'agrément, l'associé qui a acquis ses parts par succession a droit au rachat de ses parts par les associés, par un tiers agréé ou par la société. À défaut de rachat dans un délai de 3 mois à compter du refus d'agrément, celui-ci est réputé accordé.

Tout associé a le droit de participer aux décisions collectives et de voter en assemblée.

Selon l'arrêt de la Cour de cassation du 3 mai 2018 (document 3), si les statuts de la SARL contiennent une clause d'agrément, l'héritier d'un associé doit solliciter l'agrément. En cas de refus, il ne devient lui-même associé, qu'à l'expiration du délai de 3 mois, si ses parts n'ont pas été rachetées. Tant que ce délai n'est pas expiré, l'héritier ne peut donc participer aux assemblées, ni demander la nullité des décisions prises.

Application. En l'espèce, en application de l'article 15 des statuts de la société Technord (document 2), Daphné Renouard doit solliciter l'agrément des autres associés, Léopold et Gaston Marchand. Gaston Marchand, gérant, devra convoquer une assemblée dans un délai de 8 jours. Les associés étant opposés à l'entrée de Daphné Renouard dans la société, ils lui refuseront vraisemblablement l'agrément. Les associés devraient alors, dans un délai de 3 mois, racheter les parts de Daphné ou les faire racheter par la société. Or, ils ne disposent pas des fonds nécessaires. Faute de rachat des parts par les associés dans ce délai, Daphné Renouard pourrait se prévaloir de l'agrément. Elle ne pourrait néanmoins pas participer à l'AG à venir dans les 2 mois, car elle n'aurait pas encore la qualité d'associé.

CHAPITRE 13

L'économie sociale et solidaire et les associations

Évaluer les savoirs

1 Quiz

1. Vrai. Toutefois, il manque les personnes morales de droit privé à condition qu'elles répondent à certaines conditions.

2. Vrai. À condition de respecter des conditions : un but poursuivi autre que celui de partage des bénéfices, une gouvernance démocratique et une gestion conforme à des principes (les bénéfices sont consacrés au maintien et au développement de l'activité économique et les réserves sont impartageables).

3. Faux. Sont considérées comme poursuivant une utilité sociale, les entreprises dont l'objet satisfait au moins à l'une des trois conditions suivantes :

- avoir pour objectif d'apporter un soutien à des personnes en situation de fragilité ;
- avoir pour objectif de contribuer à la lutte contre les exclusions et les inégalités sous diverses formes ;
- concourir au développement durable, à la transition énergétique et à la solidarité internationale.

4. Vrai. Les sociétaires sont des personnes physiques ou morales. Une association peut faire des bénéfices. Elle ne peut pas les partager.

5. Faux

- Mineur : tout mineur âgé de moins de 16 ans peut participer à la constitution d'une association, sous réserve d'un accord préalable de son représentant légal.
- Majeur en tutelle : il sera représenté par son tuteur.
- Personne morale : elle peut être membre dès lors que la décision d'adhérer a été prise par l'organe statutairement compétent au sein de la personne morale adhérente et que l'objet de l'association est compatible avec celui de la personne morale adhérente.

6. Faux. Il existe trois catégories d'association : déclarées, non déclarées et déclarées d'utilités publiques. Les associations non déclarées ne sont pas des personnes ; ce sont des contrats.

7. Faux. Les sociétaires ont des droits qui sont déterminés par le contrat d'association et dont certains sont garantis (ex. : confidentialité de l'appartenance) et des obligations (ex. : effectuer un apport).

8. Vrai. L'organisation de l'association renvoie systématiquement au contrat. Toutefois, il existe certaines exceptions (ex. : la déclaration à la préfecture doit identifier le nom des administrateurs).

9. Faux. Les associations déclarées bénéficient de la « petite personnalité juridique ». Elles peuvent intenter des actions en justice, recevoir des dons manuels et de dons d'établissement d'utilité publique, acquérir à titre onéreux, posséder et administrer les cotisations de leurs membres, leur local et les immeubles strictement nécessaires à l'accomplissement de leur but associatif. Les associations déclarées d'utilité publique bénéficient de la « grande personnalité juridique ». Elles peuvent faire tous les actes de la vie civile qui ne sont pas interdits par leurs statuts. Elles peuvent recevoir des libéralités (dons et legs).

10. Faux. Lors de la dissolution, sur décision de l'assemblée générale, les membres reprennent leurs apports. L'excèdent net de l'actif sur le passif, appelé boni de liquidation, est dévolu conformément aux statuts. Dans le silence de ceux-ci, c'est l'assemblée générale qui prend la décision d'attribution. Les sociétaires ne paient pas les dette de l'association avec leurs ressources personnelles.

❷ Asso'DCG

Indiquez si le banquier peut faire droit à la demande de Léo. Justifiez votre réponse.

Les pouvoirs des dirigeants d'une association sont délimités par le contrat associatif. Toute personne qui conclut un contrat avec une association doit prendre des précautions. D'une part, elle doit vérifier la qualité de celui qui se prétend le représentant de la personne morale. Par ailleurs, elle doit vérifier les pouvoirs de cette personne.

Application. En l'espèce, on peut raisonnablement penser que le banquier refusera d'ouvrir un compte au nom de l'association. Il demandera divers documents, notamment :

- un exemplaire des statuts certifiés conforme par le représentant de l'association ;
- une copie du récépissé de déclaration d'association à la préfecture ;
- une copie de l'avis de constitution publiée au *JORF* ;
- un extrait du procès-verbal de l'assemblée générale d'association à l'issue de laquelle les responsables du compte ont été désignés ;
- différents documents liés à l'identité et à la domiciliation des responsables du compte.

Maîtriser les compétences

❸ Cas : Expert Business Intelligence

Compétences attendues

- **Caractériser** l'ESS
- **Mettre en évidence**, à partir d'une documentation, l'importance croissante de l'ESS et son encadrement par la loi

1. Identifiez les racines historiques de l'ESS et montrez en quoi elles permettent de caractériser ce secteur.

Les racines de l'ESS renvoient à des mouvements sociaux ayant promu la devise « Liberté Egalité Fraternité », le slogan coopératif « Un pour tous, tous pour un » et des modes de production et de consommation luttant pour plus de justice, de démocratie et de sécurité. Ces racines permettent d'expliquer les principes sur lesquels repose l'ESS, à savoir : la recherche d'autres buts que le profit et une gouvernance démocratique.

2. Présentez les principes de l'ESS.

L'ESS repose essentiellement sur trois principes :

- Le but poursuivi. Il est différent de celui des entreprises capitalistes dont l'objectif est le partage des bénéfices. Les entreprises de l'ESS poursuivent une utilité sociale. Elles satisfont à l'un des objectifs suivants : apporter un soutien à des personnes en difficultés ; contribuer à la lutte contre les inégalités et les exclusions ; concourir au développement durable, la transition énergétique ou la solidarité internationale.
- La gouvernance démocratique. Les statuts prévoient des mécanismes d'information et de participation de nombreuses personnes : associés, salariés et parties prenantes aux réalisations de l'entreprise.
- La gestion conforme à de principes privilégiant le maintien et le développement de l'entreprise.

3. Précisez les rôles actuels et à venir pour l'ESS.

Actuellement, l'ESS représente plus de 45 millions de bénéficiaires, 15 millions de bénévoles et 10 % de l'emploi salarié. Elle a donc un rôle économique et social important dans la société. C'est une économie qui montre le chemin pour demain, vers une économie durable et responsable, positionnée autour des territoires et des habitants. C'est un secteur porteur de croissance et d'emplois.

4. Commentez le document 2.

Le schéma montre la cohabitation de modèles d'entreprise. À l'opposition entre « entreprises classiques » (caractérisées par la gouvernance actionnariale associée au modèle économique lucratif) et « entreprises de l'ESS » (caractérisées par une gouvernance démocratique associée à une lucrativité limitée) s'est ajouté un « modèle hybride » qui combine les composantes des modèles précédents pour mener à bien leurs projets économiques (ex. : groupes d'insertion par l'activité économique).

5. Déterminez le rôle que la loi de 2014 a joué en matière d'ESS.

La loi de 2014 a donné un cadre à l'ESS. Elle a défini le principe et le champ de l'ESS, a abordé son organisation et son développement ainsi que des notions relatives à l'utilité sociale et à l'innovation sociale.

4 Cas : Agir pour l'Environnement

Compétence attendue

Identifier les principes généraux régissant les associations

1. Montrez que l'association Agir pour l'Environnement respecte la définition du contrat d'association.

Règles juridiques. La loi de 1901 définit l'association comme la convention par laquelle deux ou plusieurs personnes mettent en commun, d'une façon permanente, des biens, leurs connaissances ou leur activité dans un but autre que de dégager des bénéfices.

Application. L'association Agir pour l'Environnement a divers objets :

- la protection de l'environnement et des équilibres fondamentaux de la biosphère ;
- l'aménagement harmonieux et équilibré du territoire et de l'urbanisme ;
- la lutte contre toutes les formes de pollution et de nuisances ;
- le respect de réglementations dans le domaine de l'environnement ;

– l'information des citoyens en matière d'environnement.

Ces buts sont conformes aux objectifs du droit des associations.

2. Identifiez intérêt de l'article 1.

L'article 1 présente deux intérêts. D'une part, il rappelle les textes applicables aux associations. D'autre part, il indique le nom (le titre) de l'association.

3. Précisez qui dirige l'association.

Règles juridiques. Liberté.

Application. L'association est dirigée par un conseil d'administration comprenant : un(e) président(e), un(e) secrétaire et un(e) trésorier(ère).

4. Vérifiez la légalité des articles 6 et 11.

Règles juridiques. La loi de 1901 est libérale du point de vue organisationnel : elle prévoit une assemblée et des dirigeants. L'assemblée se réunit lors de l'attribution des biens quand celle-ci n'est pas réglée par les statuts et pour trancher les questions les plus importantes (ex : augmentation de l'engagement des sociétaires). Les dirigeants détiennent le pouvoir exécutif. Ils gèrent l'association et la représentent. Une personne doit assurer le rôle de représentants à l'égard des tiers.

Application. L'article 6 des statuts de l'association Agir pour l'Environnement prévoit des dirigeants, en l'occurrence, il s'agit des membres du conseil d'administration.

L'article 11 indique la composition de l'assemblée des sociétaires ainsi que les attributions de cette instance.

5. Contrôlez la légalité du rôle de l'assemblée générale.

Règles juridiques. La loi a peu formalisé les pouvoirs de l'assemblée.

Application. L'article 11 détaille les règles relatives :

- à la composition de l'assemblée ;
- à l'ingénierie des réunions : périodicité, mode de convocation, ordre du jour,
- au rôle de cette instance : adoption du budget, approbation des comptes, remplacement de la moitié des membres du conseil.

Préparer l'épreuve

5 Situation pratique : le club Gymnamique

Compétences attendues

- **Déterminer** les conséquences de l'exercice par une association d'une activité économique
- **Identifier** une structure juridique adaptée à une activité donnée

1. Étudiez la possibilité pour Oriane Delgado et ses amies de créer une association portant leur projet.

La loi de 1901 définit l'association comme la convention par laquelle deux ou plusieurs personnes mettent en commun, d'une façon permanente, des biens, leurs connaissances ou leur activité dans un but autre que de dégager des bénéfices.

Au cas d'espèce, l'association regroupe quelques amis pour faire du sport et acquérir diverses machines pour s'entretenir. Les amies vont mettre en commun des biens pour exercer des activités qui ne sont pas lucratives.

2. Précisez si la forme associative est adaptée aux pratiques développées par le club Gymnamique.

Une association peut dégager des bénéfices mais ils ne peuvent pas être répartis entre ses membres. Si les bénéfices sont distribués, l'association n'a pas une gestion désintéressée car il y a recherche de profits, c'est-à-dire d'avantages pécuniaires pour les membres.

En espèce, les fondatrices se partagent les bénéfices. L'association n'a pas une gestion désintéressée.

3. Déterminez si le club Gymnamique peut être poursuivi pour paracommercialisme.

Le paracommercialisme est par définition un acte de concurrence déloyale qui consiste pour une association, à se livrer à une activité commerciale sans le mentionner dans ses statuts et/ou sans en supporter les charges fiscales et sociales correspondantes.

En l'espèce, l'association se comporte comme le ferait un commerçant mais sans en supporter les charges fiscales et sociales. Un tel comportement encourt la qualification de para commercialisme et les sanctions attachées à la concurrence déloyale.

CHAPITRE 14

L'économie sociale et solidaire et la sociét[e] coopérative

Évaluer les savoirs

1 Quiz

1. Vrai. Le droit des coopératives postule que le coopérateur apporte, outre le numéraire, sa clientèle et une part de son activité professionnelle.

2. Faux. Les coopérateurs sont des personnes physiques ou morales.

3. Faux. Pour faciliter le développement des coopératives, le législateur a autorisé des exceptions à l'exclusivisme. Afin de rendre compatible les valeurs de la coopération et les contraintes du financement par des tiers, la loi a limité le nombre de voix dont peuvent disposer les non-coopérateurs. Le pourcentage de voix dont dispose ces personnes est limité à 49 %.

4. Vrai. Ce principe est d'inspiration démocratique. Il induit une liberté d'adhésion et de retrait.

5. Faux. L'excèdent d'exploitation est affecté prioritairement à la constitution d'un fonds de réserve. Ce fonds est impartageable. Par exception, les statuts peuvent déroger à cette interdiction.

6. Faux. Il s'agit de notions différentes. La première traduit la volonté des associés de collaborer sur un pied d'égalité au succès de l'œuvre commune. La seconde se définit comme un affectio societatis renforcé. En doctrine, la notion fait l'objet de nombreuses controverses.

7. Faux. Le montant des coopératives constituées sous la forme de SA est de 18 500 €.

8. Faux. Dans les coopératives le réviseur est obligatoire. C'est une forme de d'audit propre aux coopératives. Le CAC est propre au droit commun de la société dont la coopérative a adopté la forme ; ex. : la SA.

9. Faux. Les coopératives ne vendent pas aux prix de revient. Elles appliquent une marge de sécurité qui, en fin d'exercice, permet de dégager un excédent d'exploitation.

10. Faux. Il est versé uniquement si un excédent d'exploitation a été dégagé.

2 Biofructos

Indiquez si l'entrée de Mounir Djelbi dans la coopérative Biofructos est possible.

Une coopérative peut-elle admettre un associé non coopérateur ?

Règles juridiques. En principe, la coopérative repose sur le principe de la « double qualité ». En pratique, chaque participant entretient avec la coopérative deux liens : il est, à la fois, associé et client ou fournisseur ou salarié. Par exception, la loi a admis qu'une personne tierce pouvait intégrer la société sans être coopérateur.

Application. En l'espèce, Thomas Fructus peut intégrer Biofructo.

Maîtriser les compétences

3 Cas : Éthiquable

Compétence attendue

Identifier les principes généraux régissant les coopératives

1. Vérifiez que la Scop Éthiquable respecte les principes du droit de la coopération (la méthodologie du cas pratique n'est pas exigée).

Quels sont les principes du droit coopératif ?

Règles juridiques. Les coopératives obéissent à cinq principes :

- **Le principe de la double qualité.** Selon ce principe, pour qu'une société soit une coopérative, il faut que chaque participant entretienne avec la coopérative un double lien :
  - un rapport social commun à toutes les sociétés (le coopérateur est un associé) ;
  - une relation contractuelle (le coopérateur est un client ou un fournisseur ou un salarié).

  Dans la Scop Éthiquable, 50 des 85 salariés sont des sociétaires. Le principe de la double qualité est vérifié.
- **Le principe de la gestion démocratique.** Les coopérateurs ne sont pas des associés ; ce sont des pairs. En conséquence, la coopérative obéit au principe « un homme, une voix ». Dans la Scop Éthiquable, chaque associé dispose du même droit de vote quels que soient son poste et ses responsabilités dans l'entreprise. De plus, les grandes décisions stratégiques sont prises par l'ensemble des sociétaires. Il en est de même quand il s'agit d'admettre un salarié comme sociétaire (après une période de 2 ans). Le principe de la gestion démocratique est respecté.
- **Le principe de la « porte ouverte ».** Ce principe vise à faciliter l'entrée et la sortie des sociétaires de la coopérative. Dans la Scop Ethiquable, nous ne savons pas si ce principe est respecté.
- **Le but non lucratif.** Dans les sociétés coopératives, la recherche du service rendu prévaut sur la recherche du profit. La motivation de ces entreprises est la satisfaction des besoins personnels ou professionnels des membres de la coopérative. Dans la Scop Éthiquable, ce principe se traduit par une répartition équitable des excédents de gestion en trois fractions : une part pour l'entreprise, une part pour les salariés et une part pour les sociétaires. Le principe du but non lucratif est respecté.
- **L'impartageabilité des réserves.** Les excédents réalisés par la coopérative sont incorporés aux réserves. Par ailleurs, les réserves ne peuvent pas être partagées entre les coopérateurs.

Application. Dans la Scop Éthiquable, la part de l'entreprise constitue les réserves impartageables de la Scop. Le principe de l'impartageabilité des réserves est respecté.

2. Montrez qu'Éthiquable est une entreprise de l'ESS.

Règles juridiques. L'économie sociale et solidaire (ESS) repose sur des principes (➥ chapitre 13) :

- le but poursuivi autre que le partage des bénéfices ;
- une gouvernance démocratique ;
- une gestion conforme aux principes de l'ESS : des bénéfices distribuables majoritairement consacrés à l'objectif de maintien et de développement de l'activité économique ; des réserves obligatoires impartageables.

Application. Dans la Scop Éthiquable :
- le but poursuivi est autre que le partage des bénéfices car l'objectif de l'entreprise est le développement du commerce équitable ;
- la gouvernance est démocratique car chaque associé dispose du même droit de vote quels que soient son poste et ses responsabilités dans l'entreprise ;
- la gestion est conforme aux principes de l'ESS : les fonds de réserves sont impartageables.

Par ailleurs, l'entreprise est agréée « Entreprise solidaire d'utilité sociale » (ESUS).

3. Déterminez dans quelle mesure audit et révision font double emploi.

Audit et révision ne font pas double emploi car ils poursuivent des buts non strictement identiques. L'audit a pour objectif d'émettre une opinion sur la sincérité des états financiers d'une entreprise et de valider la pertinence de l'information financière délivrée aux actionnaires. En revanche, la révision a pour objectif d'émettre une opinion sur le respect des règles relatives à la coopération et à apprécier la gestion de la coopérative.

4. Montrez le rôle joué par l'*affectio cooperatis* chez Éthiquable.

Règles juridiques. L'*affectio cooperatis* peut être défini comme un affectio societatis renforcé. Il évoque le lien concret entre les associés coopérateurs et la volonté partagé de collaborer activement à la réussite de l'entreprise coopérative.

Application. Dans la Scop Éthiquable, l'*affectio cooperatis* se lit, notamment :
- dans le processus décisionnel : chaque associé dispose du même droit de vote quels que soient son poste et ses responsabilités dans l'entreprise ;
- dans les réserves : elles constituent le patrimoine commun de la Scop ; elles sont impartageables ; elles se transmettent de génération en génération de salariés.

Préparer l'épreuve

❹ Situation pratique : La Matinale du Jardin

Compétence attendue

Identifier une structure juridique adaptée à une situation donnée

1. Dressez la liste des arguments montrant que la coopérative est adaptée aux besoins des membres auxquels Gaëlle et Édouard la destinent.

Selon la loi la coopérative est un groupement de personnes poursuivant des buts économiques, sociaux et éducatifs communs au moyen d'une entreprise dont le fonctionnement est démocratique et collectif.

Gaëlle Drommond et Edouard Ruel proposent de créer la Matinale du Jardin. À cette fin, ils envisagent de contacter divers producteurs de leur département. La coopérative poursuivra plusieurs buts, notamment l'amélioration de la commercialisation, la mise en commun des expériences et des connaissances pour renforcer l'impact des producteurs locaux, diminuer les coûts et accroître la gamme produite. La coopérative devra répondre à des exigences en termes de gestion collective et démocratique. Le cas ne fournit pas d'information sur cette question.

2. Vérifiez la légalité des clauses proposées (la méthodologie du cas pratique n'est pas exigée).

a. Capital

Le capital de la coopérative peut être variable, ce qui facilite l'entrée et la sortie des associés. En présence d'associés non coopérateurs il est divisé en deux fractions distinguant les apports des associés coopérateurs et ceux des associés non coopérateurs. La clause est valide.

b. Parts sociales

En contrepartie des apports les associés reçoivent des parts sociales. Elles sont obligatoirement nominatives. La loi est muette quant au montant nominal de ces parts.

La loi a prévu que les apports en numéraire devaient être libérés d'au moins un quart à la souscription et le reste dans les cinq ans de la souscription.

La clause est valide.

c. Intérêts des parts sociales

Le dividende est strictement interdit en société coopérative. L'intérêt statutaire ne peut pas être fixé librement. Il est réglementé. Depuis la loi du 9 décembre 2016 dite « Sapin II » le taux d'intérêt maximum est déterminé par référence à « la moyenne sur les trois années civiles précédent la date de l'assemblée générale, du taux moyen de rendement des obligations des sociétés privées, majoré de deux points ». La clause est invalide.

d. Administration

La clause comporte deux phrases. La première est relative au CA. Elle est conforme au droit des sociétés coopératives car la loi prévoit que les administrateurs sont désignés au maximum pour 6 ans.

La deuxième est relative au poids de chaque associé. Gaëlle et Edouard proposent d'instaurer la proportionnalité entre la fraction de capital détenu et le nombre de voix. Cette clause est conforme au droit commun des sociétés, plus particulièrement à celui des SA et SARL mais elle n'est pas conforme à l'esprit du droit des coopératives. La clause est valide mais on peut penser que d'autres associés réussiront à imposer une clause plus en adéquation avec les coopératives.

e. Rémunération des administrateurs

En principe, les fonctions sont gratuites. Toutefois, devant la complexité des problèmes rencontrés, elles peuvent être rémunérées. La somme sera fixée par l'assemblée générale. La clause est valide.

f. Responsabilité des administrateurs

Les administrateurs sont responsables selon le droit commun. Envers les tiers les administrateurs sont responsables en cas de fautes séparables des fonctions et qui leur sont personnellement imputables. Envers les associés, la responsabilité des dirigeants est engagée pour faute commise dans leur gestion, violation des lois et règlements ainsi qu'en cas de manquements aux règles statutaires. La clause qui limite la responsabilité à la faute détachable des fonctions est invalide.

g. Liquidation et dévolution des excédents

En cas de dissolution, l'excédent n'est pas partageable. Il devra être versé à d'autres coopératives ou entreprises de l'ESS. La clause est invalide.

3. Contrôlez la légalité de la clause de variabilité du capital.

Règles juridiques. La clause de variabilité du capital a pour objet de faciliter l'entrée et la sortie des sociétaires.

Application. Le banquier ne peut donc pas s'en inquiéter. Elle est conforme à l'esprit de la coopérative. Par ailleurs, le banquier sera invité à regarder les fonds de réserve qui sont impartageables.

❶ Rédaction d'une note et étude de situations pratiques

1. *Rédigez une note d'une vingtaine de lignes synthétisant les principes du droit coopératif.*

La coopération est une réponse à des besoins sociaux et repose sur l'existence de groupes qui s'organisent pour y faire face. Elle obéit à des principes :

- **Le principe de la double qualité.** Selon ce principe, pour qu'une société soit une coopérative, il faut que chaque participant entretienne avec la coopérative un double lien :
  – un rapport social commun à toutes les sociétés (le coopérateur est un associé) ;
  – une relation contractuelle (le coopérateur est un client ou un fournisseur ou un salarié).
- **Le principe de la gestion démocratique.** Les coopérateurs ne sont pas des associés ; ce sont des pairs. En conséquence, la coopérative obéit au principe « un homme, une voix ».
- **Le principe de la « porte ouverte ».** Ce principe vise à faciliter l'entrée et la sortie des sociétaires de la coopérative.
- **Le but non lucratif.** Dans les sociétés coopératives, la recherche du service rendu prévaut sur la recherche du profit. La motivation de ces entreprises est la satisfaction des besoins personnels ou professionnels des membres de la coopérative.
- **L'impartageabilité des réserves.** Les excédents réalisés par la coopérative sont incorporés aux réserves. Par ailleurs, les réserves ne peuvent pas être partagées entre les coopérateurs.

2. *Vérifiez la légalité du projet soumis à Thomas Lacaze.*

Aux termes de la loi la coopérative est un groupement de personnes poursuivant des buts économiques, sociaux et éducatifs communs au moyen d'une entreprise dont le fonctionnement est démocratique et collectif.

Au cas d'espèce le projet soumis à Thomas Lacaze a pour objet de fournir aux seuls associés coopérateurs et pour l'usage exclusif de leurs exploitations divers services visés à l'article 2. Le projet est légal et parfaitement conforme au droit des coopératives.

3. *Justifiez l'intérêt de la création d'une SA à capital variable.*

Le capital variable permet de faciliter l'entrée et la sortie d'associés avec un minimum de contraintes. Les statuts fixent alors un capital minimum irréductible et un capital autorisé, au-delà duquel toute augmentation relève de la compétence de l'AGE.

4. *Expliquez la clause 8-3.*

La clause 8-3 pose que « nul ne peut demeurer associé coopérateur s'il n'est pas lié par un engagement d'activité ». Cette clause suppose que tout membre de la coopérative entretient avec celle-ci deux liens : une relation sociétaire (le coopérateur est un associé) et une relation contractuelle (le coopérateur est un salarié, un fournisseur ou un client). Cette exigence correspond au principe de la « double qualité », un des principes de base du droit coopératif.

5. *Analysez la clause 8-6 et statuez sur son avenir.*

Cette clause met à la charge du coopérateur n'ayant pas respecté tout ou partie de ses engagements une participation aux frais fixes restant à la charge de la collectivité des associés coopérateurs. Elle prévoit une exception en cas de « force majeure ».

En faveur de cette clause on peut soutenir qu'un coopérateur qui s'engage doit respecter ses engagements. À l'inverse, on peut s'interroger sur les raisons qui amènent un sociétaire à ne pas respecter ses engagements : un différend l'oppose-t-il à la coopérative ? Quel en est l'origine ? Les difficultés sont-elles d'origine financières ? ou liées à une mauvaise récolte ? Dans ces derniers cas, obliger le coopérateur à respecter ses engagements financiers ne pourrait qu'accroître ses difficultés. En conséquence, on peut conserver le principe tout en affinant les cas de mise en œuvre de la clause ou en créant un mécanisme permettant à un coopérateur de ne pas respecter ses engagements en cas de difficultés avérées.

6. *Vérifiez la légalité de la clause 12.*

L'*affectio cooperatis* induit la possibilité d'exclure un associé qui fait obstacle, par son comportement, à la bonne exécution du contrat de coopération. Par ailleurs, la loi portant statut de la coopération admet qu'un sociétaire puisse être exclu. Encore faut-il que les droits de la défense soient respectés (liste des cas autorisant l'exclusion ; possibilité par l'exclu de se faire entendre avant toute décision) et que le remboursement de ses apports soit prévu.

En l'espèce, la clause présente de graves lacunes : la liste des cas d'exclusion n'est pas indiquée de façon exhaustive ; les droits de la défense ne sont pas prévus et l'indemnisation de l'exclu est ignorée. La clause n'est pas légale.

7. *Complétez la clause 12 afin de la rendre plus opérationnelle.*

N.B. : Diverses solutions sont possibles. La solution présentée ci-dessous combine les règles visées par l'article R. 523-5 du Code rural et de la pêche maritime. Elles ont été modifiées à la marge pour introduire le respect du droit de la personne visée par l'exclusion à être entendue.

L'exclusion d'un associé coopérateur peut être prononcée par le conseil d'administration pour des raisons graves, notamment si l'associé coopérateur a été condamné à une peine criminelle, s'il a nui sérieusement ou tenté de nuire à la société par des actes injustifiés ou s'il a falsifié les produits qu'il a apportés à la coopérative.

Le conseil d'administration ne peut délibérer valablement sur cette exclusion qu'à la condition de réunir le quorum des deux tiers de ses membres et de se prononcer à la majorité des deux tiers des voix des administrateurs présents.

Le conseil d'administration se prononce après avoir dûment entendu la personne visée par l'exclusion.

La décision d'exclusion peut faire l'objet d'un recours devant l'assemblée générale dans les deux ans qui suivent la date de notification à l'intéressé.

L'associé coopérateur exclu bénéficie du remboursement de ses parts dans les conditions prévues à l'article R. 523-5 du Code rural et de la pêche maritime, après déduction éventuelle des pénalités prévues par les statuts ou le règlement intérieur de la société.

Complément

Article R. 523-5 Code rural et de la pêche maritime

La démission en fin de période d'engagement, l'exclusion, la radiation ou le retrait de l'associé coopérateur en cours d'engagement d'activité avec l'accord du conseil d'administration entraîne la perte de la qualité d'associé coopérateur. Cette perte de qualité donne lieu à l'annulation de ses parts sociales, à défaut de transfert de celles-ci.

Leur remboursement a lieu dans les conditions suivantes :

1° L'associé coopérateur a droit au remboursement de ses parts de capital social à leur valeur nominale. Toutefois, si les statuts le prévoient, il reçoit un montant déterminé par application du deuxième alinéa de l'article 18 de la loi n° 47-1775 du 10 septembre 1947 portant statut de la coopération, de l'article L. 523-1 ou des troisième à cinquième alinéas de l'article L. 523-7 ;

2° Le montant du remboursement est réduit dans l'hypothèse et selon les modalités visées à l'article L. 523-2-1 ;

3° Dans tous les cas, le remboursement est opéré sans préjudice des intérêts dus sur ces parts, des dividendes dus aux porteurs de ces parts et des ristournes qui peuvent revenir à l'intéressé ;

4° Le remboursement des parts annulées souscrites ou acquises dans le cadre de l'engagement prévu au a) de l'article L. 521-3, doit être compensé par la constitution d'une réserve prélevée sur le résultat. La dotation à cette réserve est égale au montant de ces parts remboursées pendant l'exercice diminué, le cas échéant, des nouvelles parts souscrites pendant cette période ;

5° Le conseil se prononce sur le remboursement et fixe l'époque à laquelle le paiement de ces sommes pourra être fait, compte tenu des dispositions de l'article R. 522-4 ;

6° Dans tous les cas, le délai de remboursement ne pourra dépasser la durée de cinq ans ;

7° Tout membre qui cesse de faire partie de la société à un titre quelconque reste tenu pendant cinq ans et pour sa part, telle qu'elle est déterminée par l'article R. 526-3, envers ses coassociés coopérateurs et envers les tiers, de toutes les dettes sociales existantes au moment de sa sortie.

8. Expliquez l'article 29-2.

Cet article détermine les pouvoirs du conseil d'administration. L'article pose un principe et une limite. En principe le conseil d'administration a les pouvoirs les plus étendus pour gérer les affaires sociales et pourvoir à tous les intérêts sociaux. Cette référence aux intérêts sociaux montre que le conseil d'administration ne peut pas gérer la coopérative selon son bon plaisir mais que ces choix doivent être guidés par la préservation et le développement de l'intérêt de la coopérative. La fin de l'article sert à borner le pouvoir du conseil. Il doit respecter les pouvoirs et attributions dévolus par la loi et le règlement à l'assemblée générale.

9. Dans l'hypothèse où un tel événement surviendrait dans la coopérative de Benoît Lacaze, indiquez si cette dernière devrait payer la facture et si le dirigeant pourrait être remis en cause.

Quelle est l'étendue du pouvoir de gestion de l'administrateur ?

Règles juridiques. Dans une coopérative agricole, sous forme de SA, une option est ouverte aux coopérateurs : choisir la méthode française avec un CA ou la méthode germanique avec un directoire et un conseil de surveillance. En se limitant au premier cas, il convient de rappeler que le CA est réglé par les articles L. 225-17 et s. du Code de commerce et que ses fonctions sont explicitées par l'article L. 225-35 du même code. L'alinéa 2 pose que « dans les rapports avec les tiers, la société est engagée même par les actes du CA qui ne relèvent pas de l'objet social, à moins qu'elle ne prouve que le tiers savait que l'acte dépassait cet objet ou qu'il ne pouvait l'ignorer compte tenu des circonstances, étant exclu que la seule publication des statuts suffise à constituer cette preuve ».

Application. En l'espèce la société est engagée et doit payer la facture sauf à satisfaire à l'exception prévue par l'article L. 225-35 du Code de commerce.

Un dirigeant qui commet un acte contraire à l'intérêt social peut-il être mis en cause ?

Règles juridiques. Le dirigeant doit agir dans l'intérêt social. Tout acte s'analysant en une violation de cet intérêt social permet de mettre en cause le dirigeant et de le sanctionner. Au titre des sanctions on peut envisager une révocation mais aussi la mise en jeu de ses responsabilités civile et pénale.

Application. En l'espèce, l'acquisition de biens pour un usage personnel est un acte contraire à l'intérêt social. Le dirigeant encourt une révocation et une mise en cause de ses responsabilités civile et pénale.

❷ Commentaire de document

1. Formulez le problème juridique.

Dans le silence des statuts à quelle condition de majorité doit-on prendre une décision relative à l'admission des sociétaires ?

2. Expliquez comment il a été réglé et analysez la solution de la Cour de cassation.

La cour d'appel avait décidé que la modification des statuts ayant pour effet de permettre l'exclusion d'un adhérent sans motif disciplinaire et sans possibilité d'être entendu aurait dû, en vertu du principe de l'intangibilité des conventions et à défaut de dispositions statutaires ou légales, être décidée à l'unanimité des membres participants.

Cette décision a été cassée au motif que seule la décision d'augmenter les engagements des sociétaires doit être prise à l'unanimité.

La décision de la cour d'appel est cassée aux visas des articles 1134 du Code civil, dans sa rédaction antérieure à l'ordonnance du 10 février 2016, et 1er de la loi du 1er juillet 1901. Aux termes du 1er de ces textes « les conventions légalement formées tiennent lieu de loi à ceux qui les ont faites ». Aux termes du second de ces textes « l'association est la convention par laquelle deux ou plusieurs personnes mettent en commun, d'une façon permanente, leurs connaissances ou leur activité dans un but autre que de partager des bénéfices. Elle est régie, quant à sa validité, par les principes généraux du droit applicables aux contrats et obligations ».

La loi de 1901 se limite à quelques articles. Elle laisse une large place aux sociétaires pour s'organiser. À l'occasion de l'arrêt rendu le 11 février 2017 la Cour de cassation a posé le principe suivant : « dans le silence des statuts d'une association, seules les modifications statutaires ayant pour effet d'augmenter les engagements des associés doivent être adoptées à l'unanimité ». En l'espèce, la décision ne concernait pas l'augmentation des engagements des sociétaires mais une procédure d'admission. La modification pouvait donc être décidée en écartant le recours à l'unanimité. En l'occurrence, la décision de la cour d'appel ne pouvait être que cassé.

CHAPITRE 15

La société en commandite par actions (SCA)

Évaluer les savoirs

1 Quiz

1. Faux. Les SCA associent des commandités, responsables indéfiniment et solidairement, et des commanditaires.

2. Faux. La SCA a de nombreux rôles. Elle permet de dissocier le capital et le pouvoir. Elle peut être utilisée pour organiser la succession d'une personne et transmettre la direction à des personnes n'ayant pas apporté de capital.

3. Vrai. Elle permet d'associer, au sein d'une même structure, des managers et des détenteurs du capital.

4. Faux. Les commandités peuvent aussi être des personnes morales.

5. Faux. Dans les SCA le montant minimal du capital social est de 37 000 €.

6. Faux. Un commanditaire ne peut pas être gérant.

7. Faux. Le périmètre du CS est plus large que celui du CAC. Il ne se limite pas au contrôle de la régularité et de la sincérité de l'information comptable et financière. Il s'étend au-delà car le CS doit émettre un jugement sur la conduite des affaires sociales.

8. Faux. La désignation du CAC dépend de deux critères. Le premier critère est celui des seuils. Le CAC est obligatoire dans les SCA si deux des trois seuils suivants sont dépassés à la clôture d'un exercice social : 4 millions d'euros de bilan ; 8 millions d'euros de CA et 50 salariés. Le second critère est celui des EIP (sociétés cotées, établissements de crédit et entreprise d'assurance). Dans les EIP, le CAC est obligatoire.

9. Faux. La loi exige un minimum de trois membres.

10. Faux. Les conventions réglementées concernent les contrats intervenants, directement ou par personne interposée, entre la société et l'un de ses gérants, l'un des membres du CS, l'un de ses actionnaires disposant d'une fraction des droits de vote supérieure à 10 % ou, s'il s'agit d'une société actionnaire, la société la contrôlant au sens de l'article L. 233-3 du Code de commerce.

2 Burotech

Identifiez la précaution requise par la conclusion du contrat.

Règles juridiques. Les conventions réglementées concernent les contrats intervenants, directement ou par personne interposée, entre la société et l'un de ses gérants, l'un des membres du CS, l'un de ses actionnaires disposant d'une fraction des droits de vote supérieure à 10 % ou, s'il s'agit d'une société actionnaire, la société la contrôlant au sens de l'article L. 233-3 du Code de commerce. Dans la SCA, l'autorisation préalable est donnée par le CS. Le président du CS informe le CAC, s'il existe, des conventions conclues. Par exception, les conventions courantes qui sont conclues à des conditions normales échappent à cette procédure.

Application. En l'espèce, le contrat relatif à la location d'un hangar est conclu entre la société et son gérant. Il est soumis à la procédure des conventions réglementées sauf si les conditions des conventions libres sont remplies.

Maîtriser les compétences

3 Cas : Solupro

Compétence attendue

Identifier l'utilité des SCA dans des situations spécifiques

Expliquez si la SCA peut répondre au projet d'Antoine, Igor et Kévin.

Règles juridiques. La SCA permet de dissocier complètement la gestion et la détention du capital. Elle convient parfaitement à un projet associant une personne, un commandité, qui a des idées mais peu, voire pas de moyen à des personnes, les commanditaires, qui ont des ressources mais une volonté réduite de s'investir matériellement dans un projet commercial, industriel ou d'une tout autre nature.

Application. En l'espèce, Igor et Kévin pourront financer le projet d'Antoine. Ils endosseront le rôle de commanditaire. Antoine, unique commandité, pourra développer Solupro. Toutefois, dans une SCA un CS d'au moins trois personnes est obligatoire. En conséquence la recherche d'un troisième commanditaire est une nécessité.

4 Cas : Les Parapluies de Cherbourg

Compétence attendue

Mettre en évidence les principales règles de fonctionnement de la SCA

Mettez en évidence, pour Jean-Yves Chassan, les règles de fonctionnement de la société en commandite par actions en répondant aux questions ci-après (la méthodologie du cas pratique n'est pas exigée).

1. Article 10.1

a. Que pensez-vous du premier alinéa ? Faudrait-il le compléter ?

Le premier alinéa pose que « la société est administrée par un ou plusieurs gérants ». Cet article est imprécis. Il n'indique pas qui décidera de recourir à un ou plusieurs gérants. Par ailleurs, dans une SCA, un commanditaire ne peut pas être gérant. Il convient de le dire et de préciser le nombre de gérants.

b. L'alinéa 3 entoure la nomination du gérant de diverses protections. Identifiez-les et montrez-en l'intérêt.

L'alinéa 3 entoure la nomination du gérant de trois protections :

- Le gérant est nommé par l'assemblée générale sur proposition de l'associé commandité. Cette clause oblige les deux blocs d'associés à coopérer pour choisir le gérant.
- Avant la nomination du gérant, le conseil de surveillance sera consulté. On peut penser que le conseil de surveillance rendra un avis qui, au surplus, sera communiqué à l'ensemble des actionnaires.

- La candidature sera présentée par le président de la gérance. On peut penser qu'il refusera de présenter un candidat qui ne lui paraîtra pas présenter les caractéristiques nécessaires à l'exercice des fonctions de gérant. Le but de cette procédure est de créer un équilibre entre les deux blocs d'associés de manière à identifier une personne satisfaisant les uns et les autres.

c. L'alinéa 4 est-il conforme à la loi ? Quel intérêt cela représente-t-il de limiter la durée des fonctions de gérant ?

La loi renvoie aux statuts pour déterminer la durée du mandat de gérant. L'alinéa 4 est donc conforme à la loi. En limitant la durée du mandat à 4 ans, les statuts obligent les associés à dresser un bilan de l'activité passée du gérant et à réfléchir au choix de la personne pour les années à venir.

d. Quel intérêt l'alinéa 5 présente-t-il ?

L'alinéa 5 induit la même logique que l'alinéa 3, savoir trouver une personne, représentant un point d'équilibre entre les deux blocs d'associés. En pratique, la proposition de renouvellement sera faite par l'associé commandité non gérant. Elle sera présentée au CS qui aura un délai pour étudier la candidature. In fine, la décision sera prise par la collectivité des associés.

e. L'alinéa 6 fixe l'âge maximum du gérant à 72 ans. Cette disposition peut-elle être qualifiée de « discriminatoire » ?

La loi pose que les statuts de la SCA peuvent prévoir une limite d'âge. À défaut, elle est de 65 ans (Code de commerce, art. L. 226-3 al. 1). Les statuts de la SCA Les Parapluies de Cherbourg prévoient un âge maximum de 72 ans pour le gérant. Il n'y a pas de texte relatif à la discrimination relativement à l'âge en droit des sociétés.

2. Article 10.3

a. Existe-t-il une contradiction entre les alinéas 2 et 3 ?

Aux termes de la loi, les gérants sont investis des pouvoirs les plus étendus pour agir en toute circonstance au nom de la société (Code de commerce, art. L. 226-7 al. 1). L'alinéa 3 ne dit rien d'autre. *In fine*, il écarte de la compétence des gérants le lancement d'un emprunt obligataire et renvoie, pour le surplus, à l'alinéa 4.

L'alinéa 4 a pour objectif de rationaliser le fonctionnement du conseil de gérance en typant les fonctions et en déterminant les limites des pouvoirs des différents gérants. Cet alinéa a un rôle purement interne. Il s'agit d'éviter les frictions et susceptibilités des ego.

Par ailleurs, il doit être combiné avec la loi qui pose que la société est engagée à l'égard des tiers même si les actes accomplis dépassent l'objet social à moins qu'elle ne prouve que le tiers savait que l'acte dépassait l'objet ou qu'il ne pouvait pas l'ignorer compte tenu des circonstances. La seule publication des statuts est insuffisante à administrer cette preuve (Code de commerce, art. L. 226-7 al. 2). En cas de pluralité de gérants, chacun d'eux peut agir séparément et l'opposition formée par un gérant aux actes d'un autre gérant est sans effet à l'égard des tiers, à moins qu'il ne soit établi qu'ils en ont eu connaissance (Code de commerce, art. L. 226-7 al. 4).

b. Partagez-vous le choix de l'alinéa 4 ? Justifiez votre réponse.

L'alinéa 4 confie deux missions au président de la gérance : une mission d'animation et d'orientation du travail des gérants et le pouvoir ultime de décision. Ces deux missions sont le gage d'une certaine efficacité, notamment la seconde dans la mesure ou le nombre de gérants pourrait être pair, ce qui conduirait à un blocage du processus de décision quotidien.

c. Quel est l'intérêt de l'alinéa 5 ?

L'alinéa 5 organise la circulation de l'information entre les gérants, d'une part, le CS et, d'autre part, l'associé commandité non gérant. Cette circulation s'explique par le rôle et la place joués par cette instance et cette personne. Dans la SCA, le CS a pour mission de vérifier la régularité de l'information comptable et financière et de porter un jugement sur la conduite des affaires sociales, notamment sur l'opportunité des décisions de gestion. Cette mission suppose de l'information précise et régulière. D'où l'alinéa 5. L'analyse est un peu différente en ce qui concerne l'associé commandité non gérant. Pour lui, l'information est primordiale compte tenu de sa responsabilité indéfinie et solidaire. L'information doit lui permette d'agir vite afin de réduire les risques.

3. Article 15

a. Quel est le rôle du conseil de surveillance ? Sa composition est-elle conforme à la loi ?

Dans la SCA, le CS a pour mission de vérifier la régularité de l'information comptable et financière et de porter un jugement sur la conduite des affaires sociales, notamment sur l'opportunité des décisions de gestion.

La loi prévoit que le conseil de surveillance doit être composé d'au moins trois membres. Ces personnes doivent être des commanditaires. Les statuts de la SCA Les parapluies de Cherbourg prévoient trois au moins et dix membres au plus. Ces personnes sont choisies exclusivement parmi les actionnaires non commandités. Les statuts sont conformes à la loi.

b. Justifiez le dernier alinéa de l'article 15.

La loi a établi une « muraille » entre les commandités et les commanditaires. Il est donc parfaitement logique que les premiers ne participent pas à la désignation des membres du conseil de surveillance (L. 226-4, al. 3).

c. Rédigez l'article relatif au conseil de surveillance en vous inspirant du droit des SA.

« L'assemblée générale nomme, dans les conditions fixées par les statuts, un conseil de surveillance composé de trois actionnaires au moins.

Le conseil de surveillance est composé en recherchant une représentation équilibrée des femmes et des hommes.

À peine de nullité de sa nomination, un associé commandité ne peut pas être membre du conseil de surveillance.

Les associés ayant la qualité de commandité ne peuvent pas participer à la désignation des membres du conseil de surveillance. »

Préparer l'épreuve

5 Commentaire de document : Château Yquem

Compétence attendue

Mettre en évidence les principales règles de fonctionnement de la SCA

1. Identifiez le problème posé par cette affaire.

Une clause statutaire peut-elle priver un associé de son droit de vote ?

2. Précisez comment le problème a été réglé par la Cour de cassation.

La Cour de cassation a cassé partiellement l'arrêt rendu par la Cour d'appel de Bordeaux. À cette occasion elle a considéré que les statuts qui instituaient, pour certains associés, une suppression du droit de vote non prévue par la loi s'analysait en une violation de l'article 1844 du Code civil.

3. Analysez la portée de l'arrêt.

L'arrêt de la Cour d'appel de Bordeaux est cassé au visa des alinéas 1 et 2 de l'article 1844.

Le premier de ces alinéas pose un principe aux termes duquel « tout associé a le droit de participer aux décisions collectives ». La Cour de cassation, sous le visa de l'article 1844, a ajouté « et de voter ». Les deux notions, participation et vote, ne sont pas réductibles l'une à l'autre. La séquence de la Cour de cassation incite à deux affirmations pas nécessairement compatibles. Le droit de participer aux décisions collectives induit celui de recevoir de l'information, celui de se rendre aux différentes assemblées et celui de poser des questions. Induit-il automatiquement celui de voter ? Rien n'est moins sûr. D'autant plus que l'affirmation de la Cour de cassation rend incertaine l'application de l'alinéa 3 du même texte. Selon celui-ci « si une part est grevée d'un usufruit [...], le droit de vote appartient au nu-propriétaire, sauf pour les décisions concernant l'affectation des bénéfices où il est réservé à l'usufruitier ». En matière d'usufruit, le nu-propriétaire est donc évincé de la prise des décisions relatives à l'affectation du bénéfice. Il participe à l'assemblée générale d'approbation des comptes mais ne vote pas lors de l'affectation du résultat.

CHAPITRE 16 Les sociétés agricoles

Évaluer les savoirs

1 Quiz

1. Faux. Le GAEC est une société agricole. Il est constitué d'au moins 2 associés, personnes physiques majeures. Il a pour objet de permettre la réalisation d'un travail en commun dans des conditions comparables à celles existant dans les exploitations familiales.

2. Faux. Le montant minimum du capital social du GAEC est à 1500 euros. Le capital social est fixe ou variable. Il est divisé en parts sociales d'une valeur minimale de 7,50 euros.

3. Faux. Le GAEC total est celui qui a pour objet la mise en commun par ses associés de l'ensemble de leurs activités agricoles. Le GAEC total peut compléter ses activités agricoles par nature par la mise en commun d'autres activités agricoles par rattachement ou par détermination de la loi.

4. Faux. L'agrément est délivré par l'autorité préfectorale après vérification de : la conformité du groupement aux dispositions légales ; la qualité de chefs d'exploitation des associés ; l'adéquation de la dimension de l'exploitation au nombre d'associés et l'effectivité du travail en commun.

L'agrément peut être retiré en cas de non-respect de ces principes.

5. Faux. Tout dépend des dettes :

- pour les dettes contractuelles du groupement et sauf exceptions statutaires : elle est limitée à deux fois la fraction du capital détenue par l'associé ;
- pour les dettes extracontractuelles du groupement : la responsabilité est indéfinie et proportionnelle.

6. Vrai. L'EARL est une société dont l'objet est l'exercice d'activités réputées agricoles. Le ou les gérants sont désignés par les associés parmi les exploitants.

7. Faux. Le ou les gérants sont désignés par les associés parmi les exploitants.

8. Faux. La responsabilité est limitée aux apports et il n'y a pas d'obligation aux dettes.

9. Faux. Le capital minimum doit être d'au moins 7 500 €.

10. Faux. Le droit de vote est proportionnel au nombre de parts détenues.

2 Les Poulettes

Commentez la situation.

Règles juridiques. L'EARL est dissoute pour des causes relevant du droit commun et pour des causes spéciales. Parmi les causes générales on peut citer la dissolution volontaire, par accord des associés, ou bien encore la mésentente à condition qu'elle aboutisse à la paralysie de la société.

Application. En l'espèce, les associés peuvent décider de dissoudre ou demander au juge de prononcer la dissolution à condition que celui qui demande la dissolution pour mésentente ne soit pas à l'origine de celle-ci.

Maîtriser les compétences

❸ Cas : GAEC Le Lait de là-bas

Compétences attendues
- **Identifier** l'utilité des groupements agricoles
- **Mettre en évidence** les principales règles de fonctionnement de ces groupements

1. Dans l'hypothèse où Elvire et Pascale choisiraient le GAEC, déterminez si elles seraient obligées de mettre en commun la totalité de leur activité. Indiquez si l'activité de tourisme à la ferme développée par Elvire pourrait être intégrée au GAEC.

La loi autorise la création de deux types de GAEC : le GAEC total et le GAEC partiel. Le premier a pour objet la mise en commun par ses associés de la totalité de leurs activités agricoles. Le second autorise la mise en commun d'une partie des activités des agriculteurs. Le GAEC partiel présente un inconvénient : il ne permet pas de compléter l'activité par nature par des activités par rattachement ou détermination de la loi.

Au cas d'espèce, les associés peuvent créer un GAEC partiel mais Elvire ne pourra pas y inclure son activité de tourisme à la ferme.

2. Précisez si la personne actuellement salariée de la ferme d'Elvire pourrait être membre du GAEC.

Le GAEC est une société agricole. Il regroupe des associés. Les salariés ne sont pas des associés. Au cas d'espèce, Elvire ne pourra pas introduire son salarié dans la société.

3. Elvire et Pascale se posent des questions relatives à un conflit qui entraînerait l'exclusion de l'une d'entre elles.

a. Expliquez la première phrase de l'article 22.

L'article 22 dresse la liste des cas d'exclusion d'un associé : la faillite personnelle (sanction judiciaire de nature civile et professionnelle qui interdit à un entrepreneur individuel ou un dirigeant de diriger, gérer, administrer ou contrôler une entreprise) et la liquidation des biens d'un associé.

b. Rappelez ce qu'est un motif grave et légitime d'exclusion.

Les associés ont souhaité introduire cette clause dans les statuts du GAEC. S'ils la mettent en œuvre le juge pourrait être amené à vérifier la validité de cette clause. Le terme « grave » indique que le motif d'exclusion doit être sérieux, comporter des suites fâcheuses ou dangereuses (ex. : un membre du GAEC n'exploite plus son exploitation agricole). Le terme « légitime » fait référence à ce qui est reconnu en droit. Il permet d'écarter des motifs discriminatoires ou peu sérieux ou traduisant une certaine malveillance.

c. Complétez l'article 22 de telle sorte que les droits de la défense soient parfaitement respectés en cas d'exclusion.

Il faut compléter l'article 22 en respectant les principes suivants :
- énoncer les motifs d'exclusion en étant suffisamment précis et en respectant l'intérêt de la société ;
- désigner l'organe social chargé de décider de l'exclusion. Cet organe est généralement l'assemblée des associés statuant à majorité qualifiée. L'associé exclu ne doit pas être privé de son droit de vote ;

- organiser une procédure contradictoire ;
- enfin, préciser les conditions auxquelles les droits sociaux de l'associé exclu lui seront rachetés ; l'associé exclu a droit au remboursement de ses parts et le rachat doit être fait soit par les autres associés, soit par un tiers agréé, soit par la société elle-même.

FOCUS **La clause d'exclusion : modèle**

« La faillite personnelle et la liquidation des biens d'un associé entraînent son exclusion, sauf la faculté réservée aux autres de décider à l'unanimité la dissolution du groupement par anticipation. En outre, tout associé peut être exclu pour un motif grave et légitime par décision unanime des autres associés.
La décision d'exclusion sera prise par l'assemblée des associés à la majorité des deux tiers de la totalité des voix. La personne contre laquelle la procédure d'exclusion est mise en œuvre vote. Avant que l'assemblée ne se prononce, cette dernière personne aura la possibilité de faire entendre ses arguments.
L'exclusion s'accompagne d'une indemnisation. Le prix de cession est fixé d'un commun accord entre les parties. À défaut d'accord, il est procédé à une expertise dans les conditions de l'article 1843-4 du Code civil, aux frais de la société. »

d. Expliquez pourquoi le préfet doit être informé de l'exclusion.

Le préfet doit être informé de l'exclusion car la constitution du GAEC est soumise à une formalité particulière : l'obtention d'un agrément préfectoral. Cet agrément suppose le respect de certaines conditions, notamment la qualité de chef d'exploitation des associés. Il peut être retiré. En conséquence le préfet doit être averti des modifications affectant le GAEC.

e. Identifiez les publicités à accomplir en cas d'exclusion.

Les publicités en cas d'exclusion d'un associé du GAEC concernent l'information du préfet et la mise à jour du RCS.

4. Expliquez et justifiez l'article 23.

Explication. L'article 23, 1° al. 1er concerne la dissolution du GAEC. Il est dissous automatiquement à l'arrivée du terme. Toutefois, le droit des structures sociétaires étant un droit souple, il est possible de proroger le GAEC un an avant l'arrivée du terme. L'alinéa 2 du même article pose que le GAEC ne peut pas comporter un seul associé. Si d'aventure tel finissait par être le cas, il faudrait que l'associé restant agrée un nouvel entrant dans le délai d'un an.

Justification. Le 1er alinéa relève d'une police administrative. Il convient d'obliger les associés à décider de l'avenir du groupement. Le deuxième trouve sa justification dans le fait que le GAEC a pour objectif de développer la coopération entre ses membres. La loi n'a pas prévu de GAEC unipersonnel.

5. Déterminez si le fournisseur peut se retourner contre les associés du GAEC.

Tant pour les dettes contractuelles que pour les dettes non contractuelles du groupement, un créancier impayé peut intenter une action en paiement contre les associés après avoir préalablement et vainement poursuivi le groupement.

❹ Cas : Zoé & Co.

Compétence attendue

Mettre en évidence les principales règles de fonctionnement de ces groupements

1. Précisez si Zoé, Hector et leurs comparses peuvent créer une structure agricole.

Des personnes qui élèvent des poules pour vendre des œufs peuvent-elles développer leur activité dans le cadre d'une structure agricole ?

Règles juridiques. L'élevage des poules pour vendre les œufs est une activité civile. Cette solution a été adoptée par la Cour de cassation, dans son arrêt du 11 avril 1995. Dans cette affaire la Cour régulatrice a constaté que la production d'œufs était l'activité principale de la personne alors même qu'elle achetait des quantités importantes d'aliments pour les poules. Elle a constaté que la personne ne procédait pas à des achats en vue de la revente et a écarté le qualificatif d'acte de commerce.

Application. En l'espèce, Zoé et Hector peuvent créer une structure agricole.

2. Présentez, sous la forme d'un arbre de décision, la procédure devant conduire à l'adoption de la forme sociale adaptée à la situation de ces personnes.

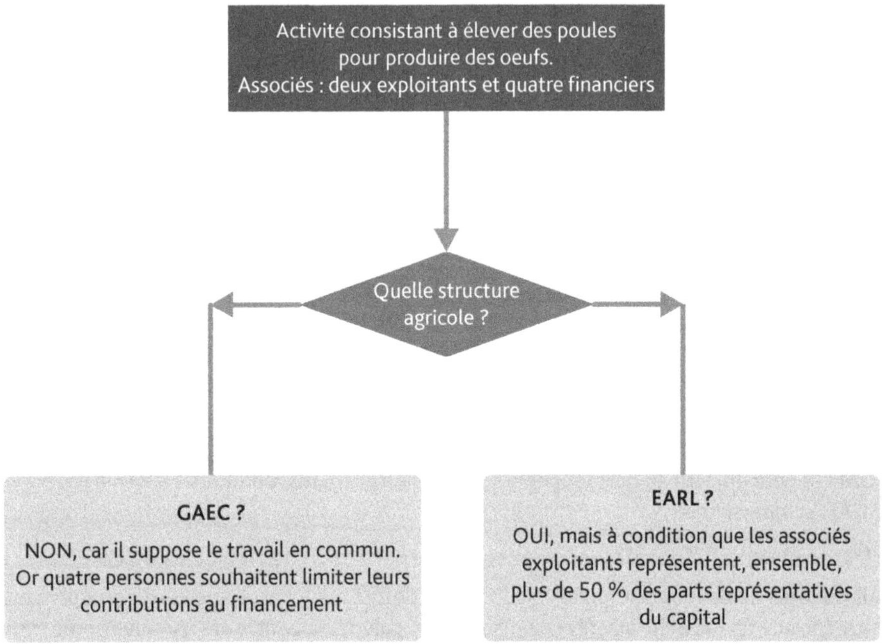

Préparer l'épreuve

5 Commentaire de document : GAEC et dissolution

Compétence attendue

Mettre en évidence les principales règles de fonctionnement des groupements agricoles

1. Identifiez le problème posé par l'arrêt et la solution.

L'objet social d'un GAEC est-il l'exploitation en commun ?

2. Analysez et commentez l'argumentation de la Cour de cassation.

La cour d'appel avait considéré que l'objet social d'un GAEC est l'exploitation en commun. Dès lors, en cas de cessation de cette activité par retrait d'un associé, elle avait prononcé la dissolution de la société. Telle n'est pas l'opinion de la Cour de cassation qui a considéré que « la perte de sa qualité d'associé par M. Hervé X... ne faisait pas par elle-même obstacle à ce que l'activité constituant l'objet du GAEC fût réalisée par le travail en commun de plusieurs associés, de sorte qu'elle n'avait pas pour conséquence l'extinction de cet objet et n'impliquait donc pas la dissolution de la société… ». Dans cet arrêt, la Cour de cassation pose que l'objet d'un GAEC est l'exploitation d'une activité agricole par nature et considère que l'obligation de travail en commun n'est qu'une modalité de mise en œuvre imposée par le régime particulier de cette forme de société civile.

CHAPITRE 17

Les sociétés d'exercice libéral (SEL

Évaluer les savoirs

1 Quiz

1. Faux. Il existe quatre groupes de professionnels libéraux : les titulaires de charges et offices ; les professions organisées en ordres professionnels ; les professions réglementées et les autres professions libérales.

2. Faux. La loi a reconnu à certains professionnels libéraux la possibilité d'exercer leurs professions dans le cadre de sociétés commerciales de droit commun (ex. : experts-comptables, CAC).

3. Faux. La structure permet aux professionnels d'exercer leur profession.

4. Vrai. Il s'agit de l'interprofessionnalité capitalistique (une SEL ouvre son capital à des personnes n'exerçant pas leur profession à l'intérieur de la société) et de l'interprofessionnalité d'exercice (dans la société plusieurs personnes exercent des professions différentes).

5. Faux. La SELAFA est une SEL à forme anonyme. Elle comprend au moins deux actionnaires.

6. Faux. Longtemps la loi a exigé que les professionnels déteniennent la moitié du capital social et des droits de vote. Cette règle existe encore, sous une forme édulcorée, dans les entreprises du secteur de la santé.

7. Faux. Pour obtenir la personnalité morale ; la SEL se soumet à deux types de formalités : l'obtention d'un agrément (selon les cas par l'ordre ou le garde des Sceaux) et une immatriculation au RCS.

8. Faux. Seuls les professionnels exerçant au sein de la société prennent part aux délibérations quand la convention en cause porte sur les conditions dans lesquelles ils y exercent leur profession.

9. Faux. Les décrets propres aux diverses professions peuvent prévoir des cas permettant l'exclusion. Elle est décidée à une majorité renforcée et la personne ne prend pas part au vote.

10. Faux. La dissolution d'une SEL relève de la compétence des associés. Il n'y a pas d'autorisation à demander à l'ordre dont elle dépend.

2 SELAFA Riber

1. Indiquez si ces cinq personnes peuvent créer une SELAFA.

Quelles sont professions paramédicales autorisées à créer une SEL pour exercer en commun leur activité ?

Règles juridiques. Dans ce domaine le principe est qu'un texte doit autoriser la constitution d'une SEL pour l'exercice en commun des professions mentionnées par le cas.

L'article R. 4381-8 du Code de la santé publique pose que « les dispositions de la présente section régissent les sociétés constituées en application du titre Ier de la loi n° 90-1258 du 31 décembre 1990 relative à l'exercice sous forme de sociétés des professions libérales et dont l'objet social est l'exercice en commun de l'une des professions suivantes :

1° Infirmier ou infirmière ;

2° Masseur-kinésithérapeute ;

3° Pédicure-podologue ;
4° Orthophoniste ;
5° Orthoptiste ;
6° Diététicien. »

Par ailleurs, la loi autorise d'autres personnes sous diverses conditions à participer au capital de la société. Tel est le cas, pendant un délai de 10 ans, pour les personnes physiques qui, ayant cessé toute activité professionnelle, ont exercé cette ou ces professions au sein de la société.

Application. En l'espèce, les kinésithérapeutes et l'infirmière peuvent constituer une SEL pour l'exercice en commun de leur profession. Tel ne sera pas le cas pour Paul, l'ancien infirmier libéral.

2. Précisez si Paul peut être membre du conseil d'administration. Justifiez votre réponse.

Un tiers peut-il être membre du CA d'une SELAFA ?

Règle juridique. Jusqu'à la loi du 6 août 2015, les principaux dirigeants de la société étaient choisis parmi les professionnels en exercice dans la société. La loi prévoit désormais que le conseil d'administration ou le conseil de surveillance de la société doit comprendre au moins un membre, en exercice au sein de la société, de la profession constituant l'objet social de la société.

Application. En l'espèce, Paul peut être membre du CA.

Maîtriser les compétences

❸ Cas : Quinte et Pence

Compétences attendues

- **Identifier** l'utilité de la SEL
- **Mettre** en évidence les principales règles de fonctionnement de ce groupement

1. Expliquez l'expression « exercer en libéral ».

Exercer en libéral veut dire exercer une profession libérale. L'exercice libéral présente les caractéristiques suivantes :

- activité de nature généralement civile ;
- réalisation de prestations principalement intellectuelles, techniques ou de soins ;
- mise en œuvre de qualifications professionnelles appropriées ;
- respect de principes éthiques ou d'une déontologie professionnelle.

2. Commentez le conseil de l'expert-comptable. Présentez à Pierre et Karolyne les avantages et inconvénients de l'exercice en SELARL.

Créer un cabinet d'infirmerie médicale dans un « désert médical » est, *a priori*, une bonne idée. On peut raisonnablement penser qu'ils ne manqueront pas de travail.

- **Avantages**

- montant du capital social fixé par les statuts ; absence de minimum légal ;
- possibilité de faire des apports en industrie si les statuts le permettent ;

- responsabilité limitée au montant des apports ;
- possibilité d'exercice en société unipersonnelle ;
- contrôle de la structure par les professionnels en exercice ;
- possibilité de choisir le régime fiscal le plus avantageux : IR ou IS.

• **Inconvénients**

- respecter le formalisme du droit des sociétés ;
- se conformer à certaines règles commerciales : tenir une comptabilité, être soumis au droit des procédures collectives ; respecter les règles de publicité du RCS ; être assujetti à l'impôt sur les sociétés sauf SELARL soumises à l'IR ;
- solidarité de la société pour les actes professionnels accomplis par les infirmiers ;
- frais de constitution.

3. Identifiez les formalités à respecter si les infirmiers suivent le conseil donné.

Les principales formalités à respecter sont :

- la rédaction des statuts ;
- la publication d'un avis de constitution dans un journal d'annonces légales ;
- le dépôt des fonds dans les caisses d'une banque, d'un notaire ou de la CDC ;
- le dépôt de documents au CFE : l'imprimé M0, les statuts, etc. ;
- l'immatriculation au greffe ;
- la demande d'inscription au tableau de l'ordre national des infirmiers.

4. Vérifiez la légalité de chaque clause du contrat.

Article 1. Cet article mentionne la forme juridique de la société et les textes qui la régissent. Il est conforme à la loi.

Article 2. Cet article identifie l'objet de la société. Il rappelle que les actes infirmiers ne peuvent être faits que par du personnel autorisé. Cette dernière mention est protectrice des personnes qui utilisent les services de la société. Il est conforme à la loi.

Article 3. L'article précise la dénomination sociale. Il est suivi de l'expression SELARL, de la profession exercée et du montant du capital social.

Article 4. Cet article identifie les détenteurs du capital social de la SELARL. Il est détenu à hauteur de 80 % par les deux associés infirmiers et pour le reste par la financière médicale. La question est de savoir si cette fraction détenue par une personne n'exerçant pas le métier d'infirmier dans la société est possible. La réponse est positive. Cette fraction doit être limitée à un quart (Code de la santé publique, art. R. 4381-14). La Financière médicale possède 20 % du capital de la SELARL. L'article est conforme à la loi.

Article 27. Cet article comporte deux alinéas :

- Le premier rappelle le droit des associés de participer à la gestion et aux bénéfices. Le principe de proportionnalité est rappelé. L'alinéa n'appelle pas de commentaires particuliers. Il est conforme à la loi.
- Le second pose que les associés, personnes physiques, supportent les pertes au double de leurs apports. Or, en SELARL les associés supportent les pertes à concurrence de leurs apports. De plus, il pose que la Financière médicale ne supporte pas les pertes. En écartant la contribution aux pertes de la Financière médicale, il s'analyse en une clause léonine qui encourt la nullité absolue.

Article 47. Le premier alinéa de cet article pose que la Financière nomme le dirigeant. Dans ce cas, on constate que tous les associés contribuent à la gestion. Il existe donc une contradiction entre les articles 27 et 47. Par ailleurs, participer à la gestion est un droit de l'associé.

Cet article n'est pas conforme à la loi. Le second alinéa organise la gestion des pouvoirs du gérant dans la société, il dépouille les associés de tous les pouvoirs conférés par la loi. Il n'est pas conforme à la loi.

Article 60. Cet article soumet la cession de parts sociales à un agrément. La loi prévoit que ce dernier doit être donné à la majorité en nombre des associés, représentant au moins la moitié des parts sociales. On peut exiger une majorité renforcée sans aller jusqu'à l'unanimité. Il ne semble pas que le droit de veto ait une base légale dans la SARL. Cet article n'est que partiellement conforme à la loi (doute sur le droit de veto et absence de référence à la majorité des associés).

5. Déterminez comment Pierre et Karolyne pourront sortir de la SEL.

Pour sortir de la SELARL, les associés devront vendre leurs parts sociales. Le cédant devra obtenir l'agrément des associés. Les conditions seront différentes si la cession est réalisée au profit d'un tiers ou d'un associé. Dans le premier cas, on peut penser que le juge appliquera la loi (majorité en nombre des associés, représentant au moins la moitié des parts sociales). Dans le second cas, la loi prévoit que les statuts peuvent réduire les conditions de majorité. Dans les deux cas, le doute sur la clause de veto perdure.

Préparer l'épreuve

4 Situation pratique : cabinet KLC

Compétence attendue

Mettre en évidence les principales règles de fonctionnement des SEL

1. Développez un argumentaire juridique établissant le bien-fondé de la décision envisagée par Anne et Hélène.

Deux familles d'arguments peuvent être développées : ceux fondés sur l'opportunité et ceux reposant sur un texte.

Arguments d'opportunité

Le comportement de Laetitia pose problème : elle se désintéresse du cabinet, annule des rendez-vous, se montre désagréable envers les clientes et a décommandé une émission de télévision au dernier moment. Elle crée un trouble, voire une mésentente qui toutefois ne conduit pas à la paralysie de la société.

Arguments textuels

Dans une société les associés doivent coopérer, sur un pied d'égalité, au succès de l'œuvre commune. Peut-on dire que Laetitia coopère encore ?

La société a prévu une clause d'exclusion quand « l'associé contrevient aux règles de fonctionnement de la SELARL ». Peut-on considérer que Laetitia contrevient auxdites règles ?

2. Vérifiez la validité de la clause d'exclusion.

Quand une clause d'exclusion est-elle licite ?

Règles juridiques. La clause est licite si les conditions suivantes sont réunies :

- énumération des causes d'exclusion. Les décrets qui organisent le régime juridique de nombreuses SEL prévoient l'entrave aux règles de fonctionnement ;

- respect des droits de la défense qui passe notamment par le fait que la personne doit pouvoir être entendue ;
- indemnisation de la personne exclue. Toutefois, la clause ne prévoit pas comment seront évaluées les parts sociales.

Application. En l'espèce, la clause remplit ces trois contraintes. Elle est valide. La valeur des parts sera déterminée par un expert.

3. Imaginez la riposte que Laetitia pourrait envisager.

Laetitia peut imaginer plusieurs ripostes :

- contester la validité de la clause d'exclusion. La clause ne prévoit pas la méthode d'indemnisation de l'exclu ;
- contester la cause d'exclusion. Peut-on dire que le désintérêt entrave le fonctionnement de la société ?
- demander la dissolution de la société pour mésentente : encore faut-il que la personne qui demande l'exclusion ne soit pas à l'origine de la mésentente.

CHAPITRE 18 Les sociétés civiles

Évaluer les savoirs

1 Quiz

1. Vrai. Lorsque, au décès d'une personne physique, il existe plusieurs héritiers, ceux-ci sont en indivision sur l'ensemble de la succession. Dans cette institution, tout acte qui ne relève pas de l'exploitation normale des biens indivis doit être décidé à l'unanimité des indivisaires, ce qui peut conduire à des situations de blocage défavorable au bien. Tel n'est pas le cas en SCI car ce qui tombe en indivision ce n'est pas le bien mais les parts sociales attribuées en contrepartie de l'apport.

2. Vrai. Bien que les membres d'une société civile soient responsables indéfiniment des dettes sociales, les praticiens considèrent généralement qu'un mineur même non émancipé peut être associé d'une SCI.

3. Vrai. Les sociétés civiles sont marquées par un fort *intuitu personae*. Par exception, l'agrément n'est pas requis quand la cession est consentie à un membre de la famille.

4. Faux. Dans les SCI les associés ont une obligation indéfinie et conjointe aux dettes. Elle s'exerce après que les créanciers ont poursuivi préalablement et vainement la personne morale.

5. Faux. La SCP a pour objectif de permettre à des personnes physiques exerçant une même profession libérale réglementée d'exercer en commun leur activité.

6. Faux. Dans leurs rapports avec les tiers, les pouvoirs du gérant sont, en principe, délimités par les statuts. Par exception, en cas de silence de ceux-ci, il accomplit les actes de gestion que demande l'intérêt social de la société. Dans leurs rapports avec les tiers, le gérant engage la société par tout acte entrant dans l'objet social.

7. Faux. Les gérants de SCP engagent leur responsabilité envers la société et les tiers pour les infractions aux lois et règlements, la violation des statuts et les fautes commises dans l'exercice de leurs pouvoirs de gestion.

Envers les tiers, la responsabilité des gérants est limitée aux fautes détachables des fonctions et qui lui sont personnellement imputables.

8. Faux. Les statuts d'une SCP doivent être déposés auprès de l'instance professionnelle qui encadre la profession et auprès du RCS.

9. Vrai. La SCM n'exerce pas la profession elle-même. Elle fournit des prestations de services ou des moyens matériels aux membres de la SCM.

10. Vrai. La SCM permet à plusieurs personnes de se regrouper et de limiter les frais d'exploitation d'un cabinet de groupe tout en permettant aux membres de conserver leur indépendance.

2 SCM maritime

Analysez ce projet au regard des motivations des pêcheurs et de sa légalité.

Des marins-pêcheurs peuvent-ils créer une SCM.

Règles juridiques. Une SCM peut être créée entre des personnes physiques ou morales exerçant des professions libérales. La SCM permet à ces personnes de se regrouper pour limiter leurs frais d'exploitation. Elle permet aussi aux professionnels de garder leur indépendance.

Application. En l'espèce, des marins-pêcheurs n'exercent pas une profession libérale. Ils ne peuvent pas créer une SCM.

Maîtriser les compétences

3 Cas : Les écrivains associés

Compétences attendues

- **Schématiser** et **analyser** les règles de fonctionnement
- **Rédiger** des clauses spécifiques
- **Repérer** des clauses non conformes et les **corriger**

1. Vérifiez la validité des conditions de constitution de cette société.

Quelles sont les conditions de constitution d'une société civile de droit commun ?

Règles juridiques. Il convient de respecter le droit commun des contrats (capacité, consentement ainsi que contenu licite et certain) et le droit spécial des sociétés (des personnes, des apports, des éléments intentionnels et une participation au résultat). La société civile présente quelques points originaux : l'objet doit être civil, la loi n'exige aucun capital minimum, le capital peut être variable et les associés doivent être au moins deux. Les conditions de forme sont celles de toute société.

2. Contrôlez la conformité de la clause au droit des sociétés civiles et précisez s'il est possible de révoquer un gérant de société civile en l'absence de clause relative à sa révocation.

Le cas pose deux questions : les statuts d'une société civile peuvent-ils prévoir l'exclusion d'un associé ? Peut-on révoquer un gérant en l'absence de clause relative à sa révocation dans les statuts ?

- **Statuts**

Règles juridiques. L'exclusion d'un associé. Les sociétés civiles sont conclues intuitu personae. En conséquence, l'exclusion d'un associé est parfaitement envisageable, notamment en cas de mésentente perturbant le fonctionnement de l'entreprise ou faute de gestion.

Application. En l'espèce, les statuts de la société civile Les écrivains associés peuvent prévoir une clause d'exclusion d'un associé.

- **Révocation**

Règles juridiques. La révocation d'un gérant. La loi a prévu la révocation du gérant par une décision des associés représentant plus de la moitié des parts sociales (article 1851, al. 1er Code civil). Le gérant, s'il est associé, peut participer au vote sur sa révocation.

Application. En l'espèce, même si les statuts n'ont rien prévu à cet effet, les associés peuvent révoquer le gérant.

3. Identifiez la procédure à mettre en œuvre pour modifier les statuts de la société.

Quelle est la procédure de modification des statuts d'une société civile ?

Règles juridiques. Dans une société civile les décisions sont prises, en principe, à l'unanimité. Les statuts peuvent écarter cette règle au profit de celle de la majorité. Un tel choix évite tout blocage de la société.

Application. En l'espèce, si les statuts sont silencieux, la modification statutaire interviendra par décision unanime des associés.

4. Expliquez si l'on peut exclure un associé d'une société civile. Dans l'affirmative, précisez à quelles conditions. Dans la négative, précisez les raisons.

Comme indiqué à la question 2, l'exclusion d'un associé d'une société civile est parfaitement envisageable compte tenu du caractère intuitu personae de cette société. Encore faut-il que certaines conditions soient respectées, notamment les raisons de l'exclusion, la procédure à respecter et l'indemnisation de l'exclu.

5. Proposez un projet de clause d'exclusion à soumettre aux associés.

Un associé peut être exclu :

- quand est prononcée contre lui une condamnation judiciaire ;
- quand il contrevient aux règles de fonctionnement de la société civile ;
- quand il fait concurrence à la société civile Les écrivains associés.

L'exclusion est décidée par les associés à la majorité des parts sociales. L'associé dont l'exclusion est envisagée prend part au vote. Préalablement, il est entendu.

Les droits de la personne exclue sont achetés par un acquéreur agréé. À défaut, ils sont acquis par la société qui doit réduire son capital social.

6. Émettez des suggestions pour assurer la pérennité de la société.

Il convient de modifier les statuts afin de prévoir qu'en cas de décès d'un associé, la société poursuit son activité avec les survivants. Une telle modification requiert l'unanimité des associés sauf si les statuts ont prévu un recours à la majorité simple ou qualifiée.

4 Cas : SCI Frioul

Compétence attendue

Identifier l'utilité de la SCI dans des situations spécifiques et **mettre en évidence** les principales règles de fonctionnement des SCI

1. Vérifiez l'exactitude de la première phrase du texte.

La loi laisse une large marge de manœuvre aux associés pour s'organiser dans la société civile. On trouve un bon exemple dans la gérance : il est possible d'avoir un ou plusieurs gérants ; celui-ci peut être une personne morale. Une même marge de manœuvre se retrouve au niveau des droits de vote : en principe, chaque associé dispose d'un droit de vote mais les statuts peuvent prévoir que le nombre de droits de vote est proportionnel au capital détenu.

2. Identifiez les situations présentées par le texte et permettant de mettre en place une SCI.

- Cas de mise en place d'une SCI :
- parents désirant faire une donation à leurs enfants tout en souhaitant garder le contrôle de leur patrimoine immobilier ;
- couple en « union libre » et souhaitant sécuriser la personne survivante ;
- conserver un bien dans le « giron familial » après le décès des parents ;
- transmettre un gros patrimoine immobilier sans payer beaucoup d'impôts.

3. Vérifiez si ce choix est judicieux et s'il comporte des risques.

Ce choix est judicieux car en cas de difficultés de la société de sécurité informatique, la SCI ne sera pas touchée. Elle présente des risques : les associés sont responsables indéfiniment et conjointement, ils ont une obligation aux dettes.

4. Identifiez les inconvénients de la SCI.

Les inconvénients de la SCI sont :

- la SCI est une société, elle a un coût : rédiger les statuts, tenir la comptabilité, réunir l'assemblée générale ;
- la SCI peut conduire à des situations de blocage (ex. : gérant grabataire) ;
- l'assujettissement éventuel à l'IFI.

5 Cas : SCP d'avocats

Compétence attendue

Identifier l'utilité de la SCP dans des situations spécifiques et **mettre en évidence** les principales règles de fonctionnement des SCP

1. Justifiez la création de la SCP en l'espèce.

La SCP a pour objectif de permettre à des personnes physiques exerçant une même profession libérale réglementée d'exercer en commun leur activité.

2. Précisez l'objet de l'avis publié dans la *Gazette Nord-Pas-de-Calais*.

La SCP informe les tiers d'un changement de dénomination sociale et de la nomination d'un cogérant.

3. Expliquez pourquoi le gérant de cette société est un avocat.

Les associés d'une SCP sont des personnes physiques qui exercent leur profession dans la société. Le gérant est donc un avocat. La loi organise l'indépendance des associés.

4. Précisez pourquoi la décision relatée par l'avis a été prise à la majorité extraordinaire.

La réunion d'une assemblée extraordinaire s'explique par l'objet de l'assemblée, savoir la modification des statuts.

5. Dans l'hypothèse où l'un de ces avocats donnerait un mauvais conseil entraînant une mise en cause de sa responsabilité civile, déterminez si ses confrères seraient eux aussi concernés par cette mise en cause.

Dans une SCP, chaque associé accomplit personnellement les actes professionnels. Il en répond personnellement. La société est solidaire de l'avocat.

Préparer l'épreuve

6 Commentaire de documents : SCM de médecins

Compétence attendue

Mettre en évidence les principales règles de fonctionnement des SCM

Présentez une note exposant le problème juridique posé successivement à la cour d'appel de Toulouse et à la Cour de cassation, ainsi que les solutions retenues et leurs conséquentes pratiques.

Ces arrêts posent la question suivante : le départ à la retraite d'un médecin associé d'une société civile de moyen est-il une cause légale de dissolution de la société ?

Les circonstances de la cause étaient les suivantes. Une SCM était constituée entre deux médecins seulement. L'un avait décidé de prendre sa retraite et de cesser totalement l'exercice de la médecine. Il avait demandé la dissolution de la société. Dans ces circonstances qu'allait-il advenir de la société, alors même que l'autre associé poursuivait l'exercice de sa profession dans ladite structure ?

Les premiers juges avaient fait droit à la demande de dissolution. La cour d'appel de Toulouse, dans un arrêt en date du 28 février 2008, avait confirmé la position desdits juges. L'argumentation de la juridiction d'appel était la suivante. Aux termes de l'article 1844-7-2 du Code civil, la société prend fin par la réalisation ou l'extinction de son objet. Aux termes de l'article 2 des statuts de la SCM, celle-ci a pour objet de « faciliter l'exercice de la profession de ses membres par la mise en commun de tous moyens ... sans pouvoir assumer elle-même aucune des missions des rhumatologues ». De la confrontation de la loi et des statuts, la cour d'appel concluait que le départ à la retraite d'un des deux associés rendait la société sans objet et la condamnait à la dissolution.

Les conséquences de la décision de la cour d'appel sont liées à la dissolution qui entraînera la liquidation. L'associé restant devra rechercher un partenaire et recréer une société.

La Cour de cassation, dans un arrêt du 15 septembre 2009, casse l'arrêt des juges toulousains. Elle pose que « la SCM avait pour objet statutaire de faciliter l'exercice de la profession de ses membres par la mise en commun de tous les moyens matériels nécessaires, ce dont il résultait que la cessation de l'activité de l'un de ses membres n'avait pas pour conséquence l'extinction de son objet et n'impliquait pas sa dissolution ».

La décision de la Cour de cassation a d'importantes conséquences pratiques. La société ne peut pas être dissoute. L'associé qui a pris sa retraite se retrouve « prisonnier » avec ses parts sociales. La seule porte de sortie semble être alors la vente de ses parts sociales, ce qui suppose qu'il recherche un associé qui sera agréé par l'associé restant. Si cette personne n'est pas agréée, l'associé devra acheter les parts ou les faire acheter par un associé agréé. S'il les achète, il se retrouvera associé unique de la SCM. Or, celle-ci est nécessairement pluripersonnelle. La société devra donc être liquidée.

CHAPITRE 19

Le groupement d'intérê économique (GIE)

Évaluer les savoirs

1 Quiz

1. Faux. Le GIE vise à réaliser des bénéfices pour ses membres.

2. Faux. L'activité du GIE doit se rattacher à l'activité économique de ses membres. En conséquence l'objet peut être civil ou commercial.

3. Faux. Le législateur renvoie au droit des contrats dans de nombreuses circonstances.

4. Faux. Le GIE est une structure de coopération.

5. Vrai. Le caractère du GIE est triple :

- Économique : l'ordonnance de 1967 prévoit qu'il a pour but « de faciliter ou de développer l'activité économique de ses membres ou de faciliter les résultats de cette activité ».
- Auxiliaire : le GIE ne peut pas être créé ex nihilo. Son activité doit se rattacher à l'activité de ses membres.
- Intéressé : si des personnes créent un GIE c'est pour des raisons lucratives mais cette structure ne réalise pas de bénéfices pour elle-même mais pour ses membres.

6. Faux. Certes les apports en industrie sont autorisés dans le capital social mais ils n'entrent pas dans la composition de celui-ci. Cette impossibilité est partagée par le droit de toutes les structures.

7. Faux. Pour la création d'une société la rédaction d'une annonce au JAL est obligatoire. Tel n'est pas le cas pour le GIE.

8. Vrai. L'exclusion est possible si les conditions suivantes sont réunies :

- le motif est sérieux ;
- il est établi après une procédure contradictoire ;
- la procédure d'exclusion est respectée et protège les droits de la défense.

9. Vrai. Ils sont responsables individuellement ou solidairement envers les tiers et le groupement en cas d'infraction aux lois et règlements applicables aux GIE, violation des contrats ou faute de gestion.

2 GIE Gromarché

Commentez chaque phrase du document.

Nous sommes une dizaine de commerçants en fruits et légumes et nous avons décidé de créer un GIE pour acheter nos produits en plus grande quantité.	Le GIE a pour objectif « de faciliter ou de développer l'activité économique de ses membres, d'améliorer ou d'accroître les résultats de cette activité ». Le GIE est adapté au projet.
Comme nos moyens sont limités nous souhaitons constituer une structure sans apport en capital	Le GIE peut être créé avec ou sans capital. Le GIE est adapté au projet.

Nous souhaitons que la responsabilité de chaque membre soit limitée à 1 000 €.	Dans un GIE les membres sont tenus solidairement et indéfiniment aux dettes. Il n'est pas possible de limiter la responsabilité à 1 000 €. Pour limiter la responsabilité, il faudrait créer une structure sociétaire à responsabilité limitée.
Nous n'envisageons pas d'immatriculer notre GIE ni de nommer des dirigeants car toutes nos décisions seront prises à l'unanimité.	Le GIE doit être immatriculé sinon il n'a pas la personnalité juridique. À sa tête se trouve nécessairement un administrateur, personne physique ou morale. Toutefois, la loi ne réglemente pas les pouvoirs des administrateurs. Il appartient au contrat, à défaut à l'assemblée, de borner les pouvoirs de personnes chargées de l'administration.
Nous n'envisageons pas de rédiger des statuts	Il faut rédiger des statuts. Il est possible de les rédiger *a minima* et de les compléter par un règlement intérieur.

Maîtriser les compétences

❸ Cas : GIE Galvanoplast

Compétences attendues

- **Identifier** l'utilité du GIE dans des situations spécifiques
- **Mettre en évidence** les principales règles de fonctionnement du GIE

1. Commentez chaque clause afin d'en vérifier la légalité.

- **Article 1.** Il précise que le groupement est constitué de personnes physiques ou morales et indique l'appellation du groupement. L'article introduit également un filtre à l'entrée. Aux termes de l'article L. 251-9 du Code de commerce, « le groupement, au cours de son existence, peut accepter de nouveaux membres dans les conditions fixées par le contrat constitutif ». Cette clause est conforme aux prescriptions du Code de commerce. Toutefois, les membres pourraient envisager de compléter les statuts en identifiant les conditions exigées pour l'intégration d'un nouveau membre.
- **Article 2.** Il définit l'objet du groupement comme étant « apporter une assistance technique et des conseils ». Cet article insiste sur l'aspect auxiliaire du groupement. Cette clause est parfaitement licite.
- **Article 5.** Il concerne la durée du groupement. Celui-ci est créé sans limitation de durée. Comme la loi ne prévoit ni durée minimale ni durée maximale, le GIE est constitué de façon parfaitement licite.
- **Article 6.3.** Il est consacré aux apports et à la détermination du capital social. Il pose le problème de l'apport en industrie. Celui-ci est parfaitement licite mais il n'entre pas dans la composition du capital social.
- **Article 6.4.** Il est consacré à l'apport en industrie réalisé par une associée. Il est défini puis évalué et intégré au capital social. Comme nous venons de le voir, l'apport ne peut jamais faire partie du capital social. La dernière phrase de l'article 6.4 est illicite.

- **Article 10.** Il est consacré aux parts. En contrepartie de leurs apports, les membres reçoivent des parts qui ne peuvent pas être divisée. Les parts ne peuvent pas être représentées par des titres négociales mais par des parts sociales dont la cession peut être soumise à un agrément.
- **Article 18.** Il délimite les pouvoirs du conseil d'administration. Certes la loi n'a pas prévu spécifiquement la création de cette instance. Mais, outre que le groupement est administré par une ou plusieurs personnes (Code de commerce, art. L. 251-11), la loi a aussi laissé aux membres une large marge d'organisation. On peut donc penser que les administrateurs regroupés constituent le CA.

Le même article 18 prévoit que le CA a « des pouvoirs les plus étendus pour agir, en toute circonstances, au nom du groupement ». Il peut même engager ce dernier au-delà de son objet statutaire. Cette dernière partie n'est pas conforme à la loi (Code de commerce, art. L. 251-11 al. 2). En effet, aux termes de celle-ci, dans les relations avec les tiers les administrateurs engagent le GIE dans la limite de l'objet social. Il convient de respecter impérativement cette limite car les membres du groupement sont tenus des dettes sur leur propre patrimoine. Il s'ensuit la nécessité de délimiter strictement l'objet du groupement.

- **Article 19.** Il délimite les pouvoirs du président du CA et encourt approximativement les mêmes critiques que l'article précédent. Le dernier alinéa est consacré au cas de l'administrateur. Il délimite sa responsabilité et organise sa révocation. Sur cette dernière question on peut douter de la clarté du dernier alinéa de l'article 19. Est-ce le conseil qui décide de la révocation ? Est-ce le conseil qui donne l'autorisation à l'assemblée de révoquer l'administrateur ? De plus, on peut soutenir que l'organe qui nomme est aussi celui qui révoque. Or, dans un GIE les décisions se prennent à l'unanimité. L'administrateur serait donc irrévocable. Toutefois, cette règle n'est pas d'ordre public et, la bonne administration du GIE, conduit aussi à l'écarter.

2. Certaines clauses sont en contradiction avec l'ordonnance relative au GIE. Rectifiez-les.

Cinq articles doivent être modifiés pour se conformer à l'ordonnance régissant les GIE.

- **Article 6.3. Répartition des apports**

Apports en numéraire	6 000 000 €
Apports en nature	600 000 €
Total capital social	120 000 €

- **Article 6.4 Apports en industrie**

Cyrielle Defacques apporte au groupement son expérience, ses connaissances techniques et professionnelles dans le secteur de la galvanoplastie. À cet effet, et pendant toute la durée du groupement, Mme Defacques s'oblige à lui consacrer le temps nécessaire à la réalisation de son objet ainsi que l'exclusivité de son activité dans le domaine correspondant. En contrepartie de son apport, les associés décident d'attribuer à Mme Defacques *x* parts sociales. Ces parts ne sont pas valorisées. Elles sont incessibles.

- **Article 10. Parts sociales**

Les droits des membres résultent exclusivement du présent contrat, des actes modificatifs dont il fera l'objet et de cessions de parts régulièrement effectuées.

En contrepartie de leurs apports les membres reçoivent des parts sociales. Ces parts sont indivisibles à l'égard du groupement qui ne reconnaît qu'un seul titulaire pour chacune.

Les parts sont représentées par des titres cessibles dont la cession est soumise à agrément

- **Article 18. Pouvoirs du conseil d'administration**

Le conseil d'administration est investi des pouvoirs nécessaires à la mise en œuvre de l'objet statutaire. Il les exerce en respectant strictement l'objet statutaire et sous réserve des pouvoirs qui sont attribués par la loi et le présent contrat aux assemblées générales.

- **Article 19. Pouvoirs du président et des administrateurs**

Le président du conseil d'administration assure, sous sa responsabilité, la direction générale du groupement.

Il représente le groupement dans ses rapports avec ses membres et avec les tiers.

Il est investi des pouvoirs nécessaires à la mise en œuvre de l'objet statutaire. Il les exerce en respectant strictement l'objet statutaire et sous réserve des pouvoirs qui sont attribués par la loi et le présent contrat aux assemblées générales. [...]

Dans l'hypothèse où un administrateur viendrait à dépasser les limites de son mandat, sa responsabilité personnelle serait engagée vis-à-vis du groupement et des autres membres, nonobstant la mise en œuvre de toute procédure de révocation. Toutefois, la révocation est décidée sur renvoi de la majorité des trois cinquièmes du CA par l'assemblée. Celle-ci statue à la majorité des suffrages exprimés.

3. Déterminez si ces contrats sont valides.

Règles juridiques. Le cas pose deux questions :

- À quelles conditions un contrat conclu par un administrateur est-il valide ?
- Le GIE est-il soumis à la réglementation relative aux conventions réglementées ?

L'administrateur engage le groupement par tous les actes qui entrent dans son objet statutaire. Les limites statutaires sont inopposables aux tiers. Par ailleurs, la loi est muette sur la conclusion de contrat entre le GIE et ses membres. Si les statuts sont muets, il faut en déduire que la conclusion de tels contrats est libre.

Application. En l'espèce, en admettant que les contrats entrent dans l'objet statutaire, ils sont valides et engagent le GIE.

4. Commentez ce projet.

Ce cas pose deux problèmes :

- faut-il soumette les actes accomplis par M. Sire à l'assemblée des membres ?
- faut-il, pour l'avenir, modifier les statuts afin de mieux appréhender la gestion des conflits d'intérêts dans le GIE ?

Sur le premier problème, il semble que les deux opposants n'aient pas les moyens d'aller plus loin. Si on considère que l'article 19, dernier alinéa, soumet tout renvoi d'un membre du conseil à l'assemblée à une autorisation des administrateurs, le vote de la motion de soutien interdit d'y penser. En effet, 13 personnes sur 15 ont soutenu M. Sire.

Sur le deuxième problème, rien n'interdit aux membres du GIE de régler les conflits d'intérêts en rédigeant les clauses adéquates.

Préparer l'épreuve

4 Commentaire de document : GIE C9

Compétence attendue

Mettre en évidence les principales règles de fonctionnement du GIE

1. Identifiez le problème posé à la Cour de cassation.

Quels sont les droits financiers, plus particulièrement aux réserves, d'un membre exclu ou se retirant d'un GIE ?

2. Expliquez et commentez la décision de la Cour de cassation.

La Cour de cassation a cassé l'arrêt rendu par une Cour d'appel qui avait reconnu que les sommes figurant dans le compte de réserves sont la propriété des membres du GIE et ne peuvent pas leur être retirés.

Cette décision est prise au visa de l'article L. 251-1 du Code de commerce. La Cour reconnaît qu'un GIE peut mettre les bénéfices qu'il réalise en réserve et qu'à défaut de clause statutaire ou de décision d'assemblée, le membre exclu ou retrayant ne peut pas obtenir le remboursement de sa part dans les réserves régulièrement constituées.

3. Dans une courte note (30 lignes maximum), présentez les principes retenus par la loi et la jurisprudence dans le domaine du présent arrêt.

La réponse est ici volontairement plus détaillée que ce qui est attendu à l'examen.

Cet arrêt présente deux enseignements :

- **Un GIE peut-il mettre les bénéfices qu'il réalise en réserve ?** Aux termes de la loi l'objet du GIE présente trois caractères : un caractère économique, auxiliaire et intéressé. La loi pose que le GIE a pour objet de faciliter ou de développer l'activité économique de ses membres, d'améliorer ou d'accroître les résultats de cette activité. Il s'ensuit que le groupement peut réaliser des bénéfices qui sont destinés à ses membres. Toutefois, la loi n'interdit pas que le GIE mette en réserve une partie des bénéfices réalisés. Dans son arrêt du 19 janvier 2016 la Cour régulatrice pose « qu'il résulte de ce texte (L. 251-1 C. com.) que si le but du groupement d'intérêt économique n'est pas de réaliser des bénéfices pour lui-même, cette règle ne fait pas obstacle à ce que tout ou partie des résultats provenant de ses activités soit mis en réserve dans les comptes du groupement pour les besoins de la réalisation de son objet légal ».
- **Un associé exclu ou retrayant a-t-il droit aux réserves ?** La cour d'appel avait répondu positivement à cette question. Elle avait développé trois arguments. Le premier affirmait que les sommes figurant au compte de réserve étaient la propriété des membres du groupement. Un tel argument qui ne tient pas compte de la personnalité morale ne peut pas être approuvé. Le deuxième affirmait que le GIE ne pouvait pas garder les bénéfices mis en réserve car l'objet de ce groupement ne lui permet pas de faire des bénéfices pour lui-même. Un tel argument ne peut pas non plus être approuvé sinon il reviendrait à condamner toute notion d'investissement et de développement dont les membres ont vocation à profiter. Le troisième argument consistait à constater que les statuts n'avaient pas interdit le droit au paiement de l'associé exclu ou retrayant des sommes mises en réserve. Ce dernier argument est validé par la Cour de cassation qui inclut à son raisonnement une décision d'assemblée. On sait que l'ordonnance de 1967 a laissé aux membres du GIE une large marge de manœuvre. La cour d'appel et la haute juridiction confortent cette position. Après avoir rejeté l'argumentation de la cour d'appel, les juges de cassation

posent que celui qui se retire ne peut pas obtenir le remboursement de sa part dans les réserves régulièrement constituées. Cette décision amène à s'interroger. Quel membre de GIE pourrait accepter de mettre une fraction du résultat en réserve sachant qu'en cas d'exclusion ou de retrait il sera exclu de toute distribution ? Une telle décision n'est-elle pas un handicap pour le développement des GIE ? Puisqu'il n'est pas possible pour le membre exclu ou retrayant d'obtenir le remboursement de sa part dans les réserves régulièrement constituées, ne faut-il pas en tenir compte dans la valorisation des parts sociales ?

❶ Rédaction d'une note et étude d'une situation pratique

1. Rédigez une note d'une vingtaine de lignes présentant les utilités de la SCI.

La SCI est une société civile (art. 1832). Elle est généralement utilisée pour des opérations de construction, de commercialisation ou de gestion d'immeubles. Cette forme juridique présente de nombreux avantages, notamment optimiser un investissement et protéger un patrimoine.

Optimiser un investissement. Comme l'enseigne une doctrine célèbre (Cozian, Deboissy et Viandier) la société est une technique d'organisation du partenariat. À cette fin la SCI permet à plusieurs personnes de réaliser un investissement immobilier important dépassant les capacités financières de chacune d'entre elles. Du point de vue financier, la SCI, comme toutes les sociétés civiles, est une forme juridique souple qui peut être financée par divers moyens (apports, versement en compte courant et recours à l'emprunt).

Protéger un patrimoine. À suivre la même doctrine la société est aussi une technique d'organisation du patrimoine. La SCI permet une division du patrimoine. Celui qui apporte un bien immobilier à une société en perd la propriété. Ses créanciers ne pourront pas le saisir sauf si la société a été constituée pour échapper à leur légitime courroux (problème connu sous le nom de « fraude paulienne »). Les créanciers pourront saisir des parts de SCI. Mais la vente forcée de ces parts est aléatoire car le marché est très fermé.

En matière familiale, la SCI pourra également être utilisée pour gérer les biens de concubins ou d'un majeur protégé.

En matière de succession c'est un excellent outil. En effet, quand une personne décède ses biens tombent en indivision. Ils forment une masse sans que l'on puisse distinguer la part de chacun des héritiers et légataires. Or, la gestion de l'indivision obéit à de lourdes contraintes, notamment en termes de majorité à obtenir pour prendre les décisions. Une telle situation peut conduire au blocage. Si le défunt a pris la précaution d'organiser sa succession en constituant une SCI, les parts de sociétés tombent en indivision et non pas les immeubles eux-mêmes. Souvent, la personne qui décède est le gérant de la SCI. Si elle a pris le soin d'organiser sa suppléance en cas de décès, la SCI peut continuer de fonctionner normalement.

On peut également recourir à la SCI dans les affaires pour séparer les actifs immobiliers des actifs commerciaux.

2. Précisez à quelles conditions Marine Ducamp sera élue.

Quelles sont les conditions de la nomination du gérant de SCI ?

Règles juridiques. La SCI est gérée par une ou plusieurs personnes, physiques ou morales, associées ou tiers. Les gérants sont nommés par les statuts ou par un acte distinct (acte sous signature privée ou notarié, annexé aux statuts et signé par tous les associés) ou par une décision des associés. Dans cette dernière occurrence, le gérant est nommé par des associés représentant plus de la moitié des parts sociales. Dans le silence des statuts, et sauf s'il en a été décidé autrement par les associés, le gérant est nommé pour la durée de vie de la société.

Au cas d'espèce les associés doivent se réunir pour nommer le gérant. Marine Ducamp est la seule candidate. Le nombre total de parts sociales est de 10 000. La majorité est de 10 000/2 + 1, soit 5 001 parts sociales. Marine détient 4 000 parts sociales. Il faut qu'un ou des autres associés lui apportent le complément.

3. Déterminez si Anaïs peut conserver sa qualité d'associé. Précisez s'il en serait de même si elle était placée sous un autre régime de protection.

À quelles conditions un majeur placé sous un régime de protection peut-il être associé dans une SCI ?

Règles juridiques. Il existe trois principaux régimes de protection des majeurs protégés :

- Sous sauvegarde de justice, le majeur protégé se comporte comme le ferait une personne ne bénéficiant pas d'un régime de protection. Toutefois, les actes qu'il accomplit peuvent être réduits pour excès ou rescinder pour lésion.
- Le majeur en curatelle peut être associé dans une SCI ; il sera assisté par son curateur dans l'exercice de ses droits d'associé.
- Le majeur en tutelle peut être associé dans une SCI. Le tuteur exercera au nom du tutélaire divers actes d'administration (ex. : exercice du droit de vote aux assemblées sauf exception, souscription à une augmentation de capital).

Application. En l'espèce, Anaïs pourra rester associée. Pour la mise en œuvre de ses droits d'associé, elle sera assistée par son curateur ou représentée par son tuteur.

4. Dans l'hypothèse où Marine Ducamp s'entêterait et achèterait les oeuvres d'art, identifiez les actions possibles pour les associés.

Comment les pouvoirs du gérant sont-ils délimités ?

Règles juridiques. Nous examinerons successivement les pouvoirs du gérant dans ses rapports avec les tiers et les associés :

- Dans les rapports entre associés, le gérant peut accomplir tous les actes de gestion que demande l'intérêt de la société.
- Dans les rapports avec les tiers, le gérant engage la société par les actes entrant dans l'objet social. En cas de pluralité de gérant, chacun détient séparément tous les pouvoirs. L'opposition formée par un gérant aux actes d'un autre gérant est sans effet sauf quand il est prouvé que le tiers a eu connaissance de l'opposition avant la conclusion du contrat (ex. : envoi d'une LRAR).

Application. En l'espèce, l'achat d'œuvres d'art ne rentre certainement pas dans l'objet social de la SCI. Toutefois, on constate que les objets sociaux sont parfois rédigés de façon exagérément extensive et peuvent parfois couvrir des hypothèses originales. Tel ne semble pas être le cas dans cette affaire.

5. Commentez la décision de l'artisan.

Les associés d'une SCI ont-ils une obligation aux dettes ?

Règles juridiques. Les associés d'une SCI ont une obligation aux dettes. Cette exigence est posée à l'article 1857 du Code civil. Elle fait l'objet d'un strict encadrement.

L'associé est tenu indéfiniment. En conséquence, sa contribution peut dépasser le montant de son apport.

L'associé est tenu conjointement à la société. Un créancier ne peut pas réclamer à l'associé de la SCI la totalité de la dette de la société. Sa contribution est limitée à une fraction proportionnelle à la part qu'il détient dans le capital de la société. Les clauses statutaires peuvent librement fixer la contribution de chacun des associés au passif social. Elles sont inopposables aux tiers.

L'associé est tenu subsidiairement. Un créancier ne peut réclamer le paiement d'une dette à l'associé d'une SCI que s'il a préalablement et vainement poursuivi la personne morale. En pratique, il a mis en œuvre contre la société des mesures d'exécution forcée. Elles ont échoué.

Application. En l'espèce, l'artisan peut se retourner contre la Banque de Corse et la Financière Henry. Il pourra leur demander 10 % et 20 % de sa facture. Il ne sera donc pas totalement payé. Au préalable, le problème de la réparation mal réalisée devra être tranché.

6. Déterminez à quelles conditions Amandine Vicq peut céder ses parts sociales.

Quelle procédure un associé doit-il respecter pour céder ses parts sociales de SCI ?

Règles juridiques. Un associé qui entend céder ses parts sociales doit obtenir un agrément de tous les associés. Par exception, l'agrément n'est pas requis quand la cession est consentie à un membre de la famille (ascendant et descendant). Les statuts peuvent dispenser d'agrément une cession à un autre associé ou au conjoint. Les statuts peuvent stipuler que l'agrément sera donné à la majorité ou par le gérant.

La procédure à suivre est la suivante. Le cédant notifie le projet de cession à la société et aux associés. Elle s'accompagne d'une demande d'agrément. Les associés se prononcent sur l'agrément :

- Si l'agrément est refusé, le cédant bénéficie d'une obligation de rachat. Les parts sociales sont rachetées par un (des) associé(s), un (des) tiers agréé(s) ou la société. Dans ce dernier cas elles seront annulées et le capital diminuera proportionnellement.
- Si l'agrément est accordé, un acte de cession sera établi.

Ensuite, la cession sera rendue opposable à la société et aux tiers. L'opposabilité à la société est obtenue en satisfaisant aux obligations de l'article 1690 du Code civil (signification à la société par acte d'huissier ou acceptation de la société dans un acte authentique ; l'opposabilité est également possible par le dépôt d'un original de l'acte de cession au siège contre remise par le gérant d'une attestation de dépôt). L'opposabilité aux tiers nécessite en plus un dépôt au RCS de l'acte de cession.

Application. En l'espèce, Amandine Vicq devra suivre la procédure rappelée ci-dessus.

7. Identifiez la procédure à respecter par Marine Ducamp pour conclure le contrat avec la SARL PRO.

Quelle procédure faut-il respecter pour conclure une convention réglementée dans une SCI ?

Règles juridiques. Les conventions passées entre le gérant (ou une autre société dans laquelle il a des intérêts) et la SCI sont soumises à la procédure des conventions réglementées. Le commissaire aux comptes s'il existe, sinon le gérant, établit un rapport soumis à l'approbation de l'assemblée. La loi n'interdit pas le gérant de voter. Toutefois, il serait prudent qu'il s'abstînt. Si le rapport n'est pas approuvé les conventions ne sont pas frappées de nullité. Les effets négatifs pour la société peuvent être mis à la charge du gérant.

Application. En l'espèce, le contrat est conclu entre la SCI et la SARL PRO. Marine Ducamp est à la fois associé et gérante de la SCI et associé de la SARL PRO. Le contrat est soumis à la procédure des conventions réglementées.

8. Étudiez les conditions de la révocation de Marine Ducamp.

Dans quelle condition peut-on révoquer le gérant d'une SCI ?

Règles juridiques. La révocation du gérant de la SCI est décidée par des associés représentant plus de la moitié des parts sociales. Si la décision est prise sans justes motifs, il peut être indemnisé. Les statuts peuvent écarter toute indemnisation.

Application. En l'espèce, la décision de révocation sera prise par des associés représentant plus de 5 000 parts sociales. La Financière Henry devra trouver des alliés représentant 3 001 parts sociales.

2 Commentaire de document

1. Identifiez le problème juridique posé par cette affaire.

À quelle condition peut-on dissoudre une SCI de façon anticipée ?

2. Expliquez comment il a été réglé.

La Cour de cassation a rejeté le pourvoi et a considéré que la cour d'appel de Basse-Terre avait légalement justifié sa position. Celle-ci avait constaté que la demande de dissolution se justifiait par la mésentente entre associés, paralysant le fonctionnement de la société.

3. Analysez la solution de la Cour de cassation.

L'article 1844-7 (5°) envisage deux cas exemplatifs de justes motifs de dissolution anticipée prononcée par le tribunal : l'inexécution de ses obligations par un associé et la mésentente entre associés paralysant le fonctionnement de la société. Les juges se montrent généralement très exigeants pour prononcer la dissolution : la société doit souffrir d'une réelle paralysie de son activité économique. Lorsque la mésentente empêche seulement le fonctionnement régulier des organes sociaux menaçant d'un péril imminent la société, la solution réside plutôt dans la désignation d'un administrateur provisoire.

La Cour de cassation refuse la dissolution quand l'initiative est prise par l'associé à l'origine de la mésentente mais l'accepte quand la mésentente, avérée, ne peut pas être imputée à un associé en particulier.

Dans notre affaire, la mésentente avait bien abouti à la paralysie : « M. Y avait engagé des actions judiciaires contre son associé » ; « le gérant avait signé seul un "compromis de vente" du terrain, propriété de la SCI, obligeant l'autre associé à former opposition, alors que les statuts prévoyaient que les actes d'achat et de vente d'immeuble devaient recueillir l'accord préalable de la collectivité des associés » et enfin « il n'était justifié d'aucune prise de décision collective ordinaire ». Toutes ces circonstances illustraient l'état de paralysie de la société.

CHAPITRE 20

L'entreprise en difficulté : les procédures de prévention

Évaluer les savoirs

1 Quiz

1. Vrai. La notion d'entreprise en difficulté s'étend aux entreprises qui ne sont pas encore en cessation des paiements, mais qui rencontrent des difficultés qui pourraient l'y conduire.

2. Faux. Une entreprise est en cessation des paiements si son passif exigible est supérieur à son actif disponible.

3. Vrai. Les immobilisations ne sont pas réalisables immédiatement donc ne font pas partie de l'actif disponible.

4. Faux. Seul le représentant de l'entreprise en difficulté peut demander la nomination d'un mandataire *ad hoc*.

5. Faux. La procédure n'est pas publique et le mandataire *ad hoc* a une obligation de confidentialité.

6. Vrai. À condition qu'elle soit en cessation des paiements depuis 45 jours au plus tard.

7. Faux. Le chef d'entreprise conserve son pouvoir de gestion. Le conciliateur ne doit pas intervenir dans la gestion.

8. Vrai. Les créanciers conservent le droit d'agir individuellement contre l'entreprise.

9. Faux. La demande de constatation de l'accord doit être présentée ensemble par l'entreprise et par les créanciers signataires.

10. Vrai. En cas d'accord homologué, les créanciers qui ont apporté de la trésorerie ou des biens à l'entreprise pourront être payés en priorité si une procédure collective est ouverte par la suite.

2 Exercice Pax

Indiquez, en justifiant vos réponses, si les opérations suivantes relèvent de la mission d'André Pax.

Licenciement d'un salarié	Non	Pouvoir du gérant
Organisation d'une réunion entre Jean Omer et le représentant de la société Bart, l'un des fournisseurs auquel la SARL Omer doit 12 000 €	Oui	Animation de la négociation entre l'entreprise et ses créanciers
Consultation de la banque du Sud, créancière d'un emprunt de 100 000 € accordé à la SARL Omer, sur une possible cession de la société par un repreneur américain	Oui	Sur demande de l'entreprise, si une cession est envisagée, préparation de celle-ci par le conciliateur

Interview donnée au journal local sur la situation de la SARL Omer	Non	Obligation de confidentialité
Action en justice, au nom de la SARL Omer, contre un de ses clients pour recouvrer une créance de 5 000 €	Non	Pouvoir du gérant, représentant légal de la société
Demande à Jean Omer de communication de l'état des dettes échues à l'ouverture de la procédure	Oui	Possibilité pour le conciliateur d'obtenir toute information nécessaire à sa mission
Signature d'un accord avec les créanciers de la SARL Omer	Non	Gérant, seule personne pouvant engager la société Mission du conciliateur : faciliter la signature de l'accord

Maîtriser les compétences

3 Cas : Biotif

Compétence attendue

Caractériser la notion de cessation des paiements

Caractérisez la situation de Léa Mann.

Quels sont les éléments constitutifs de la cessation des paiements ?

Règles juridiques. La cessation des paiements correspond à l'impossibilité pour une entreprise de faire face à son passif exigible au moyen de son actif disponible.

Le passif exigible comprend l'ensemble des dettes échues et impayées à l'exception des dettes impayées pour lesquelles le créancier a accordé un délai de paiement supplémentaire.

L'actif disponible comprend l'ensemble des sommes immédiatement réalisables : soldes créditeurs des comptes bancaires, sommes en caisse. S'y ajoutent les réserves de crédit, notamment les découverts bancaires autorisés.

Application. À la date du 25 avril, le passif exigible de Léa s'élève à 2 800 € répartis comme suit : URSSAF (900 €) + loyer d'avril (1 500 €) + échéance du prêt (400 €). La facture du fournisseur HAIR NATUR n'est pas prise en compte car, bien qu'arrivée à échéance le 10 avril, elle fait l'objet d'un délai de paiement supplémentaire accordé par le fournisseur.

La dette correspondant au salaire de la coiffeuse n'est pas exigible puisqu'elle arrivera à échéance à la fin du mois d'avril.

L'actif exigible s'élève à 800 € répartis comme suit : solde créditeur du compte à la banque du Sud (200 €) + en caisse (100 €) + découvert bancaire autorisé (500 €).

Par conséquent, Léa est dans l'impossibilité de faire face à son passif exigible avec son actif disponible. Elle est donc en cessation des paiements.

4 Cas : Le Bois Vosgien

Compétence attendue

Différencier le mandat *ad hoc* de la conciliation

Décryptage des compétences

Le candidat devra être capable, à partir d'un contexte fictif ou réel, de déterminer les procédures de prévention ou de traitement envisageables. Il devra :
- identifier l'objet de chaque procédure et le rôle des principaux intervenants ;
- décrire brièvement le déroulement des procédures adéquates, ainsi que leurs issues possibles.

Distinguez les conséquences, pour la SARL LBV, d'un accord conclu à l'issue de la procédure de mandat *ad hoc* et d'un accord de conciliation.

Quelles sont les conséquences de l'accord conclu par un créancier avec l'entreprise en difficulté dans le cadre d'une procédure de mandat *ad hoc* et dans le cadre d'une procédure de conciliation ?

Règles juridiques. Dans le cadre d'un mandat *ad hoc*, le mandataire a pour mission d'aider l'entreprise à résoudre les difficultés rencontrées et notamment d'animer la négociation avec ses créanciers pour obtenir des délais de paiement. Les négociations sont libres et les créanciers ne sont pas tenus d'accepter les propositions qui leur sont faites. Si un accord est conclu, celui-ci engage les créanciers signataires. En cas d'inexécution, les règles de droit commun des contrats s'appliquent.

Dans le cas d'une procédure de conciliation, l'accord est également soumis au droit commun des contrats. Mais il peut être constaté ou homologué par le juge pour lui faire produire des effets supplémentaires.

Pendant la durée de l'accord, les créanciers signataires ne pourront agir en justice contre l'entreprise débitrice et toute action en cours sera interrompue.

Si le créancier réclame paiement d'une créance non visée par l'accord, le débiteur peut demander au juge un délai de paiement.

En cas d'accord homologué, si, pendant la procédure, le créancier fournit à l'entreprise de nouveaux biens ou services, il pourra bénéficier du privilège de conciliation en cas d'ouverture ultérieure d'une procédure collective.

Application. Si la SARL LBV conclut un accord avec la SA Maison Nature, dans le cadre d'un mandat *ad hoc*, celui-ci l'engage et devra être respecté. En cas d'inexécution, la SARL LBV pourra mettre en œuvre les moyens prévus par le droit commun des contrats (résolution, action en responsabilité contractuelle).

Si la SARL LBV conclut un accord avec la SAS Bois Habitat, dans le cadre d'une procédure de conciliation, et que celui-ci est constaté ou homologué, elle ne pourra pas agir en justice contre l'entreprise pendant toute la durée de l'accord. Si elle réclame paiement d'une autre créance à SAS Bois Habitat, celui-ci pourra demander au juge un délai de paiement.

Enfin, si l'accord est homologué, et que la SARL LBV continue à fournir son client en bois, elle pourrait bénéficier pour les créances correspondantes d'un privilège de conciliation en cas d'aggravation de la situation de la SAS Bois Habitat et d'ouverture d'une procédure collective.

Préparer l'épreuve

5 Situation pratique : confidence pour confidence

Compétences attendues
- **Schématiser** les procédures applicables en fonction du degré de difficulté
- **Différencier** le mandat *ad hoc* de la conciliation

À l'aide du dossier documentaire, précisez, dans une note structurée à l'attention de votre futur manager, la portée de l'obligation prévue à l'article L. 611-15 du Code de commerce. Montrez en quoi le non-respect de cette obligation peut influer sur le résultat d'une procédure de mandat *ad hoc* ou de conciliation.

- **Portée de l'obligation de confidentialité**

L'article L. 611-15 du Code de commerce prévoit une obligation de confidentialité pour le mandataire *ad hoc*, le conciliateur et plus largement pour toute personne qui a connaissance de ces procédures.

La Cour de cassation fait une interprétation extensive de ce texte puisqu'elle considère que cette obligation s'applique aussi à la presse et justifie une restriction à la liberté d'expression. La Cour de cassation admet toutefois une dérogation si l'information divulguée est nécessaire pour informer le public sur un sujet d'intérêt général. Par conséquent, si un organe de presse a des informations concernant ce type de procédure, il ne doit pas les publier, sous peine de sanction sauf si cela concerne un débat d'intérêt général. C'est le cas du magazine *Challenges* qui a publié des informations concernant un groupe de sociétés placé sous mandat *ad hoc*. Le magazine, condamné en première instance, a fait appel de cette décision, car il estime que la question est d'intérêt général, s'agissant d'un groupe international, représentant des enjeux économiques très importants. La Cour de cassation casse l'arrêt rendu par la cour d'appel car celle-ci n'a pas recherché si les informations diffusées relevaient d'un débat d'intérêt général.

- **Conséquences du non-respect de l'obligation de confidentialité.**

Le mandat *ad hoc* comme la conciliation se caractérisent par leur discrétion. La nomination du mandataire *ad hoc*, comme celle du conciliateur ne sont pas publiées. Seule l'entreprise qui en a demandé l'ouverture, le mandataire *ad hoc* ou le conciliateur et les créanciers engagés dans les négociations en sont informés.

Les tiers (autres créanciers, concurrents) n'ont pas connaissance de la procédure donc des difficultés rencontrées par l'entreprise, ce qui garantit une plus grande efficacité des négociations, les parties n'étant pas influencées par des pressions extérieures.

Le fait de divulguer des informations concernant les difficultés de l'entreprise et l'avancée des négociations peut empêcher les parties de trouver un accord et accroître les difficultés de l'entreprise, ses partenaires pouvant renoncer à poursuivre leurs relations, de crainte que l'entreprise ne se retrouve en cessation des paiements.

6 Situation pratique : Alma

Compétences attendues

- **Caractériser** la notion de cessation des paiements
- **Différencier** le mandat *ad hoc* de la conciliation
- **Schématiser** les procédures applicables en fonction du degré de difficulté

1. Identifiez la procédure adaptée pour résoudre les difficultés de la SA Alma et précisez les modalités de sa mise en œuvre.

Quelle pourrait être la procédure adaptée lorsque le dirigeant de l'entreprise ne parvient pas à trouver le financement nécessaire ?

Règles juridiques. Le mandat *ad hoc* peut être mis en œuvre pour résoudre une difficulté de toute nature. Le représentant de l'entreprise adresse une demande écrite et motivée au président du tribunal de commerce (compétent pour une entreprise ayant une activité commerciale).

Le président du tribunal de commerce nomme un mandataire *ad hoc* et fixe sa mission précise ainsi que la durée de celle-ci. Le dirigeant de l'entreprise conserve la maîtrise de la gestion. La procédure ne fait l'objet d'aucune publicité, la désignation du mandataire *ad hoc* ainsi que l'accord éventuellement trouvé restant confidentiels.

Application. En l'espèce, la SA Alma rencontre une difficulté préoccupante puisque le dirigeant n'a pas pu convaincre les banques partenaires de lui accorder le crédit supplémentaire indispensable au lancement de sa nouvelle activité.

Le dirigeant de la SA Alma peut demander au président du tribunal de commerce (la SA ayant une activité commerciale), la nomination d'un mandataire *ad hoc* avec pour mission la négociation d'un crédit avec les banques. La discrétion sera totale, tant au moment de la nomination, qu'au niveau des négociations et d'un éventuel accord. Par ailleurs, la procédure est peu contraignante.

2. Déterminez quelle autre procédure pourrait être mise en œuvre et à quelles conditions.

Quelle procédure peut être mise en œuvre par une entreprise qui rencontre des difficultés et qui est en cessation des paiements depuis 45 jours au plus tard ?

Règles juridiques. La procédure de conciliation peut être ouverte pour toute entreprise qui rencontre une difficulté juridique, économique ou financière, réelle ou prévisible et qui n'est pas en cessation des paiements ou depuis 45 jours au plus tard, et qui n'a pas déjà fait l'objet d'une conciliation au cours des trois mois précédents. Le représentant de l'entreprise demande au président du tribunal la nomination d'un conciliateur qui aura pour mission de favoriser la conclusion d'un accord entre l'entreprise et ses principaux contractants.

Application. En l'espèce, la SA Alma est en situation de cessation des paiements. Elle ne parvient pas à faire face à son passif exigible (échéances de ses deux emprunts, soit plusieurs dizaines de milliers d'euros) avec son actif disponible (trésorerie de plusieurs milliers d'euros).

La cessation des paiements datant de moins de 45 jours (début janvier), le dirigeant peut donc demander l'ouverture d'une procédure de conciliation.

3. Précisez les conséquences de l'homologation de l'accord pour chacun des créanciers.

Quels sont les effets juridiques d'un accord homologué dans le cadre d'une procédure de conciliation ?

Règles juridiques. Lorsqu'un accord est trouvé dans le cadre d'une procédure de conciliation, l'entreprise peut demander sa constatation ou son homologation au juge. Les effets sont les suivants. Toute action en justice individuelle est interdite, toute action en cours est interrompue. Si l'entreprise se voit réclamer paiement d'une dette non visée par l'accord, elle peut demander au juge un délai de paiement. Tout créancier qui accepte de fournir à l'entreprise de nouveaux biens ou services ou d'apporter de la trésorerie peut bénéficier d'un privilège de conciliation en cas d'ouverture ultérieure d'une procédure collective. Il pourra être payé en priorité avant tous les autres créanciers, à l'exception des salariés.

Application. En l'espèce, le dirigeant de la SA Alma a demandé l'homologation de l'accord, ce qui implique les conséquences suivantes :

- L'action en justice engagée par la banque LOR courant janvier est interrompue.
- La SA Alma peut demander au juge un délai de paiement pour le règlement des loyers impayés.
- La société Optix, qui a fourni à la SA Alma des biens après homologation de l'accord, bénéficiera d'un privilège de conciliation en cas d'ouverture d'une procédure collective, si la situation de la SA Alma venait à s'aggraver.

CHAPITRE 21 L'entreprise en difficulté : les procédures de traitement

Évaluer les savoirs

1 Quiz

1. Vrai. L'absence de cessation des paiements est une condition d'ouverture de la procédure de sauvegarde.

2. Faux. L'administrateur judiciaire est chargé d'une mission de surveillance de la gestion par le dirigeant, ou au plus d'une mission d'assistance.

3. Faux. Les créanciers postérieurs privilégiés (créances nées après le jugement d'ouverture, utiles à l'activité ou à la procédure) sont en principe payés à l'échéance de leur créance.

4. Vrai. Chaque créancier doit dire s'il accepte ou refuse les propositions du plan le concernant.

5. Faux. Les délais de paiement sont arrêtés par le tribunal.

6. Vrai. La procédure de redressement judiciaire peut être ouverte à la demande de l'entreprise, d'un créancier, du procureur de la république ou sur décision du tribunal.

7. Vrai. Il s'agit d'une des mesures pouvant être décidée si l'entreprise n'est pas en mesure de se redresser par elle-même.

8. Vrai. Le liquidateur procède à la cession sur autorisation du juge-commissaire.

9. Vrai. C'est le liquidateur qui le représente et exerce ses droits à sa place.

10. Faux. La clôture peut intervenir pour insuffisance d'actif, les créanciers ne pouvant pas être intégralement remboursés.

2 SARL Micropièces

Selon la nature et la date de leur créance, qualifiez juridiquement les créanciers ci-après en justifiant votre réponse.

Cotisations dues à l'Urssaf au titre du mois de février N (échéance : 15/02/N)	Créancier postérieur privilégié	Créance née après le jugement d'ouverture : cotisations sociales liées à l'activité au cours de la période d'observation
Facture de la société NordAcier pour la livraison de 2 tonnes d'inox (échéance : 1/11/N–1)	Créancier antérieur	Créance née avant le jugement d'ouverture
À la suite à la décision du conseil de prud'hommes du 10/2/N, indemnité due à Léo Tardi, ancien salarié avec qui la SARL Micropièces était en litige	Créancier postérieur non privilégié	Créance née après le jugement d'ouverture mais sans lien avec l'activité

Honoraires du 1er trimestre de Me Jules Lemarchand, administrateur judiciaire (échéance : 30/04/N)	Créancier postérieur privilégié	Créance née après le jugement d'ouverture et correspondant aux frais de procédure
Prime d'assurance du 1er semestre N du camion de la société due à l'assureur Betaplus (échéance : 15/01/N)	Créancier postérieur privilégié	Créance née après le jugement d'ouverture et correspondant à l'activité au cours de la période d'observation

Maîtriser les compétences

❸ Cas : SPA et Compagnie

Compétences attendues

- **Présenter** les acteurs des procédures collectives
- **Schématiser** les procédures applicables en fonction du degré de la difficulté rencontrée

Décryptage des compétences

Le candidat devra être capable, à partir d'un contexte fictif ou réel, de déterminer quelles procédures de prévention ou de traitement sont envisageables.
Il devra identifier l'objet de chaque procédure et le rôle des principaux intervenants. Il devra décrire brièvement le déroulement des procédures adéquates, ainsi que leurs issues possibles.

1. Présentez les missions respectives de Me Thomas Levert et de Me Pierre Harmon.

Thomas Levert est administrateur judiciaire. Il est chargé dans ce cas d'assister le gérant de la SARL SPA et COMPAGNIE dans tous les actes de gestion. Il devra donc cosigner avec le gérant les actes. Il aidera également le gérant à élaborer le bilan économique et social préparatoire à l'élaboration du plan.

Pierre Harmon est mandataire judiciaire. Il est chargé de représenter les créanciers. Ceux-ci doivent notamment déclarer auprès de lui leurs créances, qu'il vérifie ensuite avant de les transmettre au juge- commissaire pour admission ou rejet.

2. Expliquez la différence entre les dates du jugement d'ouverture et de la cessation des paiements. Évaluez les conséquences juridiques de cette situation.

Le jugement d'ouverture fixe la date de la cessation des paiements. Elle correspond en principe à la date du jugement d'ouverture. Mais le tribunal peut retenir une autre date, antérieure au plus de 18 mois. Ici, la date retenue est le 16 avril 2017, soit 18 mois avant le jugement d'ouverture du 16 octobre 2018.

Les actes passés au cours de cette période (appelée « période suspecte ») peuvent être annulés par le juge s'ils ont eu pour effet de diminuer l'actif de l'entreprise. Le tribunal pourra donc examiner les actes passés par la SARL SPA et Compagnie depuis le 16 avril 2017 pour vérifier s'ils n'ont pas eu pour effet d'en réduire l'actif.

4 Cas : Textilor

Compétence attendue

Identifier les conditions d'engagement d'une procédure collective

Décryptage des compétences

Le candidat devra être capable, à partir d'un contexte fictif ou réel, de déterminer quelles procédures de prévention ou de traitement sont envisageables.

Il devra identifier l'objet de chaque procédure et le rôle des principaux intervenants. Il devra décrire brièvement le déroulement des procédures adéquates, ainsi que leurs issues possibles.

Identifiez la procédure applicable à la société Textilor. Précisez les démarches à effectuer par le président de Textilor.

Quelle est la procédure applicable à une entreprise en cessation des paiements mais dont le redressement est encore possible ? À qui appartient l'initiative de cette procédure ?

Règles juridiques. La procédure de redressement judiciaire concerne toute entreprise qui se trouve en cessation des paiements mais dont le redressement est encore possible. La cessation des paiements est caractérisée par l'impossibilité pour l'entreprise de faire face à son passif exigible (dettes échues) avec son actif disponible (sommes en banque et caisse).

Le représentant de l'entreprise doit dans les 45 jours suivant la constatation de la cessation des paiements demander l'ouverture de la procédure de redressement judiciaire au tribunal de commerce (s'agissant d'une entreprise ayant une activité commerciale). À défaut, il pourrait être sanctionné par une interdiction de gérer.

Application. La SAS Textilor est en cessation des paiements depuis la fin du mois dernier. Son passif exigible (dettes échues de 150 000 €) est inférieur à son actif disponible (20 000 € solde du compte bancaire). Mais son redressement peut être envisagé si le contexte économique s'améliore et si l'entreprise trouve de nouveaux marchés. La procédure adaptée est donc le redressement judiciaire. Le président de Textilor doit dans les 45 jours suivant la cessation des paiements, soit au plus tard à la mi-mai, demander au tribunal de commerce l'ouverture de la procédure.

5 Cas : Bio Léon

Compétences attendues

- **Schématiser** les procédures applicables en fonction du degré de la difficulté rencontrée
- **Déterminer** l'issue d'une procédure collective

1. Déterminez si Léon Armand peut réaliser cette opération.

Le dirigeant d'une société en liquidation judiciaire peut-il lui-même vendre un élément d'actif et payer un créancier ?

Règles juridiques. Dès le jugement d'ouverture, le dirigeant de la personne morale ne peut plus passer d'actes d'administration et de disposition sur l'ensemble du patrimoine. Il est représenté par le liquidateur qui exerce ses droits à sa place (sanction par l'inopposabilité de l'acte). Les biens sont cédés par le liquidateur, après autorisation du juge-commissaire. Les créanciers ne peuvent être payés directement. Ils seront payés par le liquidateur après réalisation des actifs.

Application. Léon Armand ne peut vendre lui-même la camionnette. La cession sera réalisée par le liquidateur après autorisation du juge-commissaire. Par ailleurs, Léon Armand ne peut pas payer directement le loyer à son ami, René Bart.

2. Déterminez l'issue de la procédure pour Paul Moraud.

Quels sont les droits d'un créancier chirographaire en cas de clôture pour insuffisance d'actif ?

Règles juridiques. Le liquidateur répartit le prix de vente des actifs entre les créanciers selon un ordre déterminé, les créanciers chirographaires étant payés les derniers, au prorata de leurs créances si les fonds sont insuffisants.

En cas de clôture pour insuffisance d'actif, les créanciers qui n'ont pas été réglés intégralement ne peuvent plus agir contre l'entreprise.

Application. Paul Moraud est un créancier de la société. Le prix de cession des actifs étant insuffisant pour payer l'ensemble des créanciers, la liquidation judiciaire sera clôturée pour insuffisance d'actif. Les salariés seront payés d'abord au titre de leur superprivilège. Le solde sera réparti entre les autres créanciers chirographaires au prorata de leurs créances. Paul Moraud ne sera donc pas intégralement payé et ne pourra plus agir contre la SASU Bio Léon.

Préparer l'épreuve

6 Commentaire de document : Marc Béro

Compétences attendues

- **Schématiser** les procédures applicables en fonction du degré de la difficulté rencontrée
- **Présenter** les acteurs des procédures collectives

1. Caractérisez la situation de Marc Béro à l'ouverture de la procédure de sauvegarde.

Marc Béro ne se trouvait pas en cessation des paiements mais rencontrait des difficultés qu'il ne pouvait surmonter seul (baisse de sa clientèle malgré ses efforts pour la fidéliser).

2. Expliquez le déroulement de la procédure entre le jugement du 2 juin et celui du 2 décembre, du point de vue de l'entreprise et du point de vue des créanciers.

Le jugement du 2 juin marque le début de la période d'observation. Au cours de cette période, l'entreprise poursuit son activité et Marc Béro exerce lui-même la gestion. En effet, l'entreprise de Marc Béro est en dessous des seuils rendant la nomination d'un administrateur judiciaire obligatoire.

Les créanciers dont les créances sont nées avant le 2 juin ont déclaré leur créance au mandataire judiciaire, qui les a vérifiées. Les créances ont ensuite été admises par le juge-commissaire. Les créances nées après le 2 juin correspondant à l'activité de l'entreprise (fourniture de marchandises ou de service) ont en principe été payées à leur date d'échéance.

3. Schématisez les étapes préalables à l'adoption du plan de sauvegarde.

Marc Béro a préparé un projet de plan de redressement en proposant des mesures permettant la poursuite de l'activité et le règlement des créanciers (propositions de délais et remises). Les créanciers ont été consultés individuellement et ont exprimé leur accord ou leur refus.

4. Présentez le rôle de Me Sylvie Rouand.

Me Sylvie Rouand, commissaire à l'exécution du plan a pour mission de veiller à la bonne exécution du plan de redressement. Elle reçoit le paiement de chaque annuité et répartit les fonds entre les créanciers.

5. Indiquez les conséquences d'un éventuel défaut de règlement de la troisième annuité par Marc Béro.

Si Marc Béro ne règle pas l'une des annuités, le tribunal peut prononcer la résolution du plan de redressement. S'il constate par ailleurs que l'entreprise est en cessation des paiements et que le redressement n'est plus possible, il pourra convertir la procédure en liquidation judiciaire.

7 Commentaire document : GrosBill

Compétences attendues

- **Identifier** les conditions d'engagement d'une procédure collective
- **Présenter** les acteurs des procédures collectives
- **Schématiser** les procédures applicables en fonction du degré de la difficulté rencontrée
- **Déterminer** l'issue d'une procédure collective

1. Identifiez la procédure initialement ouverte à l'égard de GrosBill et caractérisez la situation de l'entreprise à l'ouverture.

Grosbill a fait l'objet d'une procédure de sauvegarde en 2017. Elle rencontre alors des difficultés qu'elle ne parvient pas à surmonter en raison d'un marché très concurrentiel et d'une stratégie hésitante. Mais elle n'est pas encore en cessation des paiements.

2. Présentez le contenu du plan adopté à l'issue de cette procédure.

Un plan de sauvegarde a été adopté prévoyant une réorganisation de l'entreprise (fermeture de 6 magasins sur 9, licenciement de 107 personnes, 37 emplois seulement maintenus, abandon d'une partie de l'activité, nouvelle offre : reprise d'un ancien ordinateur pour l'achat d'un neuf). Le plan comprend aussi des remises de dettes négociées par le dirigeant avec ses créanciers.

3. Identifiez la seconde procédure ouverte et justifiez sa mise en œuvre.

Une procédure de redressement judiciaire a été ouverte à l'égard de GrosBill le 1er octobre 2018 car la situation de l'entreprise s'est aggravée (cessation des paiements) et le plan de sauvegarde ne peut être exécuté.

4. Précisez l'objectif de cette procédure.

L'objectif est la cession totale de l'entreprise à un repreneur qui va poursuivre l'activité et maintenir les emplois.

5. Présentez les rôles de Florent Hunsinger et Christophe Thevenot.

Il s'agit des administrateurs judiciaires. Ils ont pour mission d'assister le dirigeant dans la gestion de l'entreprise (ou de le représenter, selon la décision prise par le tribunal). Ils réalisent le bilan économique et social de l'entreprise qui sera transmis au tribunal et aident le dirigeant à élaborer le plan de redressement.

1 Le choix d'une procédure adaptée

1. *Identifiez la procédure qui pourrait permettre à la SA XLOG de trouver un terrain d'entente avec Crédilor.*

Quelle procédure permet à une entreprise en difficulté de négocier avec ses créanciers ?

Règles juridiques. Une entreprise rencontrant des difficultés peut demander en justice l'aide d'un conciliateur pour négocier avec ses principaux partenaires.

Application. En l'espèce, La SA XLOG pourrait demander l'ouverture d'une procédure de conciliation afin d'obtenir l'aide d'un conciliateur, désigné par le tribunal de commerce, dans ses négociations avec Crédilor.

2. *Caractérisez la situation financière la SA XLOG au 31 mars N et indiquez si elle permet l'ouverture de cette procédure.*

Une entreprise en cessation des paiements peut-elle demander l'ouverture d'une procédure de conciliation ?

Règles juridiques. La cessation des paiements correspond à l'impossibilité pour une entreprise de faire face à son passif exigible au moyen de son actif disponible. L'ouverture d'une procédure de conciliation peut être demandée par toute entreprise rencontrant des difficultés et n'étant pas en cessation des paiements ou depuis 45 jours au plus tard.

Application. En l'espèce, la SA XLOG est en cessation des paiements car son passif exigible (loyer de ses locaux, les charges sociales sur salaires, les impôts dus au titre du dernier exercice) s'élève à plusieurs dizaines de milliers d'euros alors que son actif disponible (compte bancaire) est seulement créditeur de quelques milliers d'euros. Cette situation ne remonte pas à plus de 45 jours. Donc le PDG de la SA XLOG peut demander au tribunal de commerce l'ouverture d'une procédure de conciliation.

3. *À l'aide du document 1, identifiez la procédure engagée le 1er septembre N et précisez de qui émane l'initiative.*

Quelle procédure peut être engagée lorsqu'une entreprise se trouve en cessation des paiements mais que son redressement est possible ?

Règles juridiques. Une procédure de redressement judiciaire peut être ouverte à l'égard d'une entreprise en cessation des paiements pour laquelle il existe des perspectives de redressement. La procédure peut être ouverte à la demande d'un créancier détenant une créance exigible, du procureur de la République. Le représentant de l'entreprise a l'obligation de demander l'ouverture de la procédure, dans un délai de 45 jours, s'il constate la cessation des paiements.

Application. En l'espèce, la SA XLOG se trouve en état de cessation des paiements, mais n redressement peut être envisagé grâce à une réorientation de l'activité. Le représentant de X LOG, Rémi Muller, PDG, a demandé l'ouverture d'une procédure de redressement judiciaire. Celle-ci aurait également pu être demandée par un créancier ou par le procureur de la République. Le tribunal de commerce de Rouen a prononcé un jugement d'ouverture le 1er septembre N.

4. *Présentez les acteurs intervenant au cours de cette procédure et définissez leurs missions.*

Quels sont les acteurs intervenant dans le cadre d'une procédure de redressement judiciaire ?

Règles juridiques. Le tribunal désigne, dans le jugement d'ouverture :

– un juge-commissaire chargé de veiller au bon déroulement de la procédure et au respect des intérêts en présence ;

– un mandataire judiciaire chargé de représenter les créanciers ;
– un administrateur judiciaire (obligatoire si l'entreprise emploie plus de 20 salariés et réalise plus de 3 000 000 € de CA) chargé soit d'assister le dirigeant dans la gestion de l'entreprise, soit d'exercer à sa place les pouvoirs de gestion ;
– un représentant des salariés est désigné par le CSE ;
– un commissaire à l'exécution du plan sera nommé lors du jugement adoptant le plan afin de veiller à la bonne exécution du plan, recevoir les paiements de l'entreprise et répartir les fonds entre les créanciers.

Application. Dans le jugement d'ouverture de la procédure du 1er septembre N, le tribunal de commerce de Rouen a nommé Me Luc Mari, mandataire judiciaire, Me Isabelle Chamin, administrateur judiciaire avec pour mission d'administration, et M. Jean Nicolas comme juge-commissaire.

Dans le jugement d'adoption du plan du 1er avril N+1, le tribunal a nommé Me Raphael Albret commissaire à l'exécution du plan.

2 Les effets de la procédure

5. *Déterminez les conditions dans lesquelles la vente du matériel de la SA XLOG peut être décidée.*

Qui a le pouvoir de décider l'acquisition d'un bien nécessaire à l'activité dans une entreprise en redressement judiciaire ?

Règles juridiques. Lorsqu'une entreprise est placée en redressement judiciaire, le tribunal détermine la mission de l'administrateur judiciaire au cours de la période d'observation (soit une mission de représentation, soit une mission d'assistance). Si l'administrateur judiciaire accomplit une mission d'assistance, le dirigeant exerce ses pouvoirs de gestion avec l'assistance de l'administrateur judiciaire qui signe avec lui les actes de gestion. Ceci permet à l'administrateur judiciaire de s'opposer, si nécessaire, à une décision qui serait contraire à l'intérêt de la société. Les pouvoirs du dirigeant sont toutefois limités : il ne pourra pas passer d'acte de disposition ne relevant pas de la gestion courante sans l'autorisation préalable du juge-commissaire.

Application. Le tribunal a nommé Me Isabelle Chamin administrateur judiciaire avec une mission d'assistance. Par conséquent, Rémi Muller, le PDG, ne pourra passer d'acte de gestion qu'avec la signature de Me Chamin. La vente des ordinateurs étant un acte de disposition ne relevant pas de la gestion courante, Rémi Muller devra donc au préalable demander l'autorisation du juge-commissaire, Jean Nicolas.

6. *Indiquez l'effet de l'ouverture de la procédure pour la SARL Pac.*

Quels sont les effets de l'ouverture d'une procédure de redressement judiciaire pour un créancier dont la créance est née antérieurement au jugement d'ouverture.

Règles juridiques. Un créancier dont la créance est née avant le jugement d'ouverture et est exigible (créancier antérieur) doit déclarer sa créance au mandataire judiciaire. il ne peut recevoir aucun paiement direct pendant la période d'observation. Toute action qu'il aurait engagée contre l'entreprise est interrompue.

Application. En l'espèce, la créance de Pac est née 3 mois avant le jugement d'ouverture et est exigible. La SARL Pac ne pourra plus être payée pendant la période d'observation et son action contre SA XLOG est interrompue.

7. Analysez la position de la SARL Pac.

Un créancier qui refuse la proposition émise par l'entreprise peut-il se voir imposer un délai de paiement ?

Règles juridiques. L'entreprise élabore un projet de plan contenant toute mesure permettant son redressement, notamment la proposition de délais de paiement. Chaque créancier est consulté sur la proposition émanant de l'entreprise. Il peut la refuser mais le tribunal peut, dans le cadre de l'adoption du plan, lui imposer un délai de paiement uniforme.

Application. En l'espèce, la SARL Pac, qui avait refusé la proposition de règlement prévue dans le projet de plan (règlement à 100 % en 8 annuités progressives), se voit imposer le délai de paiement de 8 ans par le tribunal, dans le cadre du plan, car le tribunal estime ce délai nécessaire au redressement de la SA XLOG. En effet, l'exigence de la société Pac d'être payée dans les plus brefs délais n'est pas compatible avec la situation de l'entreprise XLOG.

CHAPITRE 22

La responsabilité pénale : théorie générale de l'infraction et procédure pénale

Évaluer les savoirs

1 Quiz

1. Vrai. La contravention relève du domaine du règlement.
2. Faux. Il risque une peine d'emprisonnement et une amende.
3. Faux. La peine est le quintuple de la peine classique encourue.
4. Faux. Le tribunal correctionnel juge les délits.
5. Vrai. Elle est menée par le procureur de la République.
6. Faux. L'action civile est mise en œuvre par la victime.
7. Faux. 6 ans.
8. Vrai. Le juge d'instruction peut également être saisi par la victime, *via* la constitution de partie civile.
9. Faux. La décision doit être motivée.
10. Faux. L'appel est impossible pour les contraventions inférieures ou égales à 150 €.

2 D'infraction en infraction

Dans chacun des cas suivants, identifiez les personnes responsables des infractions : auteurs et coauteurs ou complices, le cas échéant, ainsi que les victimes. Justifiez votre réponse (la méthodologie du cas pratique n'est pas exigée).

Cas	Personne(s) responsable(s) et victime(s)	Justification
1	• Auteurs : – SARL Patisson – Raoul Dugent • Victimes : les consommateurs	• Infraction (tromperie) commise pour le compte de la personne morale (augmentation de la marge) par un représentant (Raoul, gérant) • Infraction commise par le gérant en tant que représentant de la personne morale
2	• Auteur : Lucette • Complice : Thierry Maillol • Victime : la SAS	• Falsification des comptes et distribution de dividendes fictifs • Aide sciemment
3	• Auteurs : – Grégory Beauvert – Thibault Dumoustier – La SCP • Victime : La mairie	• Infraction (entente) commise pour le compte de la personne morale (marchés) par un représentant (Grégory Beauvert, gérant) • Infraction commise par le gérant en tant que représentant de la personne morale

Cas	Personne(s) responsable(s) et victime(s)	Justification
4	• Auteurs : – La SA – Adrien Rideau • Complice : le banquier	• Infraction (falsification comptes) commise pour le compte de la personne morale par un représentant (Adrien, DG) • Infraction commise par le DG en tant que représentant de la personne morale • Par instigation consciente

Maîtriser les compétences

3 Cas : Expertix

Compétences attendues

- **Associer** une peine à une infraction (amende, emprisonnement…)
- **Mettre en évidence** les grandes règles de la procédure pénale

Décryptage des compétences

- Le candidat devra repérer l'existence des éléments constitutifs d'une infraction et vérifier si aucune cause de non-responsabilité (faits justificatifs et causes de non-imputabilité) ne peut être relevée.
- Il devra pouvoir qualifier une infraction en crime, délit ou contravention en fonction des peines encourues, et déduire les principales conséquences de cette qualification (compétence des juridictions, possibilité de tentative ou de complicité, saisine ou non du juge d'instruction).

1. Pour chacun textes ci-après (documents 1 à 4), indiquez si les faits relèvent d'une contravention, d'un délit ou d'un crime. Justifiez vos réponses.

La classification des infractions.

Règles juridiques. Pour savoir si une infraction est un crime, un délit ou une contravention, il faut savoir que la contravention est définie par le règlement. Les délits et les crimes sont définis par la loi. De plus, la distinction dépend des peines applicables. Pour les crimes : peines criminelles : prison d'une durée supérieure à 10 ans (réclusion criminelle), pour les délits : peines correctionnelles : amende d'un montant supérieur ou égal à 3 750 € ou peine de prison d'une durée maximum de 10 ans (emprisonnement). Pour les contraventions : peines contraventionnelles : amende d'un montant maximum de 1 500 €.

Application

Cas	Nature de l'infraction	Justification
1	Délit	• Peine d'amende de 9 000 € (>1 500 €) • Prévu par la loi : partie législative (L) du Code de commerce
2	Contravention	• Peine d'amende contraventionnelle • Prévu par le règlement : partie réglementaire (R) du Code pénal
3 et 4	Crime	Peine criminelle (réclusion criminelle)

2. Identifiez l'élément légal, l'élément matériel et l'élément moral de chaque infraction.

Les éléments constitutifs de l'infraction.

Règles juridiques. Pour toutes les infractions, la loi (élément légal) définit ce qui est matériellement prohibé (élément matériel) et indique si, pour la **sanction**, il est nécessaire que l'auteur de l'**infraction** ait voulu l'action, ou s'il suffit qu'il ait commis une imprudence ou une négligence (élément moral).

Application.

Cas	Élément légal	Élément matériel	Élément moral
1	Code de commerce	Le fait pour le gérant de ne pas dresser l'inventaire, établir les comptes et le rapport (infraction d'omission)	Faute pénale (négligence : ne pas respecter une obligation légale)
2	Code de commerce	Le fait de ne pas publier les comptes au RCS	Faute pénale
3	Code pénal	Le fait d'introduire dans l'atmosphère, sur le sol, dans le sous-sol, dans les aliments ou les composants alimentaires ou dans les eaux, y compris celles de la mer territoriale, une substance de nature à mettre en péril la santé de l'homme ou des animaux ou le milieu naturel.	Intention criminelle : « intentionnellement »

3. Déterminez la juridiction compétente et précisez si une information judiciaire est nécessaire.

La procédure pénale.

Règles juridiques. Les juridictions répressives compétentes sont la cour d'assises pour les crimes, le tribunal correctionnel pour les délits et le tribunal de police pour les contraventions.

L'instruction ne s'applique qu'aux affaires importantes : obligatoire pour les crimes, facultative pour les délits (elle est en général mise en œuvre pour les délits complexes).

Application

Cas	Juridiction compétente	Information judiciaire
1	Tribunal correctionnel	Facultative
2	Tribunal de police	En principe non
3 et 4	Cour d'assises	Obligatoire

❹ Cas : Expertix (suite)

Compétences attendues

- **Identifier** la personne pénalement responsable, l'auteur et le complice
- **Associer** une peine à une infraction (amende, emprisonnement…)
- **Schématiser** les grandes étapes de la procédure pénale
- **Mettre en évidence** les grandes règles de la procédure pénale

Décryptage des compétences

Le candidat devra vérifier si la responsabilité d'une personne morale peut être engagée.

Il devra être capable de décrire les différentes étapes qui suivront le déclenchement d'une action publique jusqu'à l'extinction des voies de recours et conseiller une victime d'une infraction sur les différentes modalités de déclenchement de l'action publique.

1. Rappelez les conditions de mise en œuvre de la responsabilité pénale des personnes morales et de celle du dirigeant (la méthodologie du cas pratique n'est pas exigée).

Engage la responsabilité pénale de la personne morale l'infraction commise pour son compte et dans son intérêt par ses organes ou représentants. Il convient de distinguer deux cas :

- Le dirigeant dans l'exercice de ses fonctions. Lorsque l'infraction est commise par un dirigeant de droit ou de fait agissant, non pas pour lui-même mais en tant que représentant de la personne morale, il sera poursuivi et condamné personnellement.
- Le dirigeant « ès qualité » : il est pénalement responsable pour des infractions matériellement commises par autrui, lorsque la loi impose le respect d'obligations à l'entreprise.

2. Expliquez pourquoi l'augmentation des condamnations des personnes morales ne reflète pas nécessairement un durcissement de la politique pénale à l'encontre du monde des affaires (la méthodologie du cas pratique n'est pas exigée).

Les condamnations augmentent à l'encontre des personnes morales : plus de 5 000 condamnations prononcées en 2015 contre 200 en 2000. Mais souvent, la responsabilité pénale de la personne morale est substituée à celle de ses décideurs (dans 55 % des affaires jugées en 2015, la personne morale était poursuivie seule, sans son dirigeant). Ce transfert de responsabilité vers la personne morale pourrait faire naître chez les décideurs un certain sentiment d'impunité, et pose nécessairement la question du caractère dissuasif des poursuites pénales. De plus, les peines complémentaires, souvent dissuasives, sont rarement prononcées. Enfin, des sanctions alternatives sont souvent prononcées.

3. Commentez l'argument de l'auteur selon lequel les poursuites pénales ne sont pas suffisamment dissuasives (la méthodologie du cas pratique n'est pas exigée).

Parce que les dirigeants ne sont pas poursuivis, que les peines restent légères et que des sanctions alternatives sont souvent prononcées.

4. Montrez en quoi la procédure de citation directe peut permettre de pallier certaines insuffisances du Parquet (la méthodologie du cas pratique n'est pas exigée).

La citation directe devant la juridiction de jugement permet à la victime de porter son action devant la juridiction répressive lorsque le ministère public n'a pas intenté l'action publique. C'est le mode de comparution le plus fréquent des personnes morales devant les tribunaux correctionnels.

Préparer l'épreuve

5 Situation pratique : SAS AFT

Compétences attendues

- **Identifier** la personne pénalement responsable, l'auteur et le complice
- **Associer** une peine à une infraction (amende, emprisonnement...)
- **Schématiser** les grandes étapes de la procédure pénale
- **Mettre en évidence** les grandes règles de la procédure pénale

Décryptage des compétences

Le candidat devra :

– repérer l'existence des éléments constitutifs d'une infraction et vérifier si aucune cause de non-responsabilité (faits justificatifs et causes de non-imputabilité) ne peut être relevée ;

– vérifier si l'infraction a été commise ou tentée, et dans quels cas cette tentative met en œuvre la responsabilité pénale de la personne, et si la responsabilité d'une personne morale peut être engagée ;

– pouvoir qualifier une infraction en crime, délit ou contravention en fonction des peines encourues, et déduire les principales conséquences de cette qualification (compétence des juridictions, possibilité de tentative ou de complicité, saisine ou non du juge d'instruction ;

– décrire les différentes étapes qui suivront le déclenchement d'une action publique jusqu'à l'extinction des voies de recours et conseiller une victime d'une infraction sur les différentes modalités de déclenchement de l'action publique.

1. Qualifiez l'infraction et identifiez-en les éléments constitutifs.

Quelles sont la qualification et les éléments de l'infraction ?

Règles juridiques. La loi (élément légal) définit ce qui est matériellement prohibé (élément matériel) et indique si, pour la sanction, il est nécessaire que l'agent ait voulu l'action, ou s'il suffit qu'il ait commis une imprudence ou une négligence (élément moral).

Une infraction est un crime (peine de réclusion criminelle), un délit (emprisonnement et/ou amende), une contravention (amende inférieure ou égale à 1 500 €).

Application. L'infraction est le vol :

- Élément légal : Articles 311-1 et 311-4-6 du Code pénal.
- Élément matériel : la soustraction frauduleuse de la chose d'autrui (ici le carburant et les matériels appartenant à la SAS), dans un lieu destiné ou utilisé à l'entrepôt de fonds, valeurs, marchandises et matériels, en pénétrant dans les lieux par effraction (le garage).
- Élément moral : la conscience de l'auteur de prendre quelque chose qui ne lui appartient pas : « frauduleuse ».

C'est un délit (emprisonnement et amende).

2. Déterminez la sanction encourue par les auteurs.

Quelle est la peine applicable ?

Règles juridiques. La peine principale est la sanction prévue par la loi. Le juge peut, si la loi le prévoit, prononcer des peines complémentaires.

Application. Il s'agit d'un vol aggravé, puisque commis dans un entrepôt. Le texte à appliquer est ici l'article 311.5.3 du Code pénal, la peine est de 7 ans d'emprisonnement et de 100 000 € d'amende. Le juge pourra également prononcer des peines complémentaires.

3. Identifiez la juridiction compétente.

Quelles sont les juridictions compétentes ?

Règles juridiques. Le tribunal de police est compétent pour les contraventions, le tribunal correctionnel pour les délits, la Cour d'assises pour les crimes.

Application. Il s'agit d'un délit, donc la juridiction compétente est le tribunal correctionnel du lieu de l'infraction.

4. Précisez qui déclenchera l'action publique.

De qui relève le déclenchement de l'action publique ?

Règles juridiques. L'action publique peut être déclenchée par le ministère public ou par la victime (plainte avec constitution de partie civile auprès du juge d'instruction ou citation directe devant la juridiction de jugement).

Application. Si le ministère public ne déclenche pas l'action publique, Irène pourra, au nom de la SAS, citer directement les auteurs devant la juridiction de jugement, si elle les connaît ou déposer plainte avec constitution de partie civile devant le juge d'instruction.

5. Schématisez le déroulement de l'enquête.

Quelles sont les modalités de l'enquête ?

Règles juridiques. L'enquête préliminaire est menée par les services de police ou de gendarmerie. Dans le cas d'un délit, il peut également y avoir une instruction préparatoire (information diligentée par le juge d'instruction), si le procureur saisit le juge d'instruction par un réquisitoire introductif, ou en cas de plainte avec constitution de partie civile devant le juge d'instruction.

Application. Soit l'enquête est simple et menée directement par la police, soit elle est plus complexe et le procureur saisira le juge d'instruction.

6. Précisez le délai dont la société AFT dispose pour agir.

Comment les infractions se prescrivent-elles ?

Règles juridiques. Le délai de prescription de l'action est en principe de 20 ans pour les crimes, 6 ans pour les délits, 1 an pour les contraventions. Le point de départ du délai de prescription est le jour de la commission de l'infraction.

Application. Il s'agit d'un délit, il sera prescrit au bout de 6 ans à compter de sa commission.

7. Expliquez à Irène comment obtenir une indemnisation et précisez-lui à qui cette indemnisation sera versée.

Quelles sont les modalités de l'action civile ?

Règles juridiques. Pour être indemnisée, la victime doit déclencher l'action civile. Si l'action publique a déjà été engagée par le ministère public, la victime se constitue partie civile par voie d'intervention, devant la juridiction d'instruction (s'il y en a une), ou devant la juridiction de jugement : avant ou pendant l'audience (déclaration au greffe ou LRAR). Lorsque le ministère public n'a pas intenté l'action publique, la victime peut porter son action devant la juridiction répressive (citation directe) ou plainte avec constitution de partie civile adressée au juge d'instruction.

Application. Selon le cas, Irène, en tant que représentant légal de la victime, la SAS, peut se constituer partie civile devant la juridiction de jugement ou devant le juge d'instruction. Si elle connaît les noms des auteurs, elle pourra les citer directement devant le tribunal correctionnel.

8. Identifiez la personne qui sera mise en examen pour meurtre (appuyez-vous sur l'extrait du Code pénal fourni).

Qui est l'auteur de l'infraction ?

Règles juridiques. La mise en examen est la procédure par laquelle le juge d'instruction informe un justiciable qu'il le soupçonne d'avoir commis une infraction qui fait l'objet de son enquête. L'auteur de l'infraction est la personne physique ou morale qui exécute matériellement l'acte prohibé par la loi. L'auteur peut être la personne morale, si l'infraction est commise pour son compte et dans son intérêt par ses organes ou représentants. Lorsque l'infraction est commise par un dirigeant de droit ou de fait agissant, dans l'exercice de ses fonctions, non pas pour lui-même mais en tant que représentant de la personne morale, il sera poursuivi et condamné personnellement.

L'infraction tentée expose son auteur aux mêmes sanctions que l'infraction consommée. La tentative est toujours punissable en matière criminelle, si la loi le prévoit en matière délictuelle, et non punissable en matière contraventionnelle.

La tentative suppose un commencement d'exécution et une absence de désistement volontaire.

Application. Il faut dans un premier temps chercher l'infraction en cause. Il s'agit d'un meurtre (Irène, en tirant sur les cambrioleurs, avait l'intention de leur donner la mort). Le meurtre est un crime (puni par la réclusion criminelle). L'infraction n'est pas consommée puisque les cambrioleurs ne sont pas décédés. Il faut donc rechercher s'il y a eu tentative. Il y a bien commencement d'exécution (elle prend le fusil et tire). Il y a absence de désistement volontaire (l'infraction est manquée parce qu'Irène ne sait pas tirer). S'agissant d'un crime, la tentative est toujours punissable. Irène a agi dans l'exercice de ses fonctions, pour le compte de la SAS qu'elle représente (elle est présidente). Elles seront toutes deux mises en examen.

❻ Commentaire de document : SPPE

Compétences attendues

- **Identifier** la personne pénalement responsable, l'auteur et le complice
- **Associer** une peine à une infraction (amende, emprisonnement...)
- **Schématiser** les grandes *étapes* de la procédure pénale
- **Mettre en évidence** les grandes règles de la procédure pénale

Décryptage des compétences

- Le candidat devra repérer l'existence des éléments constitutifs d'une infraction.
- Il devra également vérifier si l'infraction a été commise ou tentée et dans quels cas cette tentative met en œuvre la responsabilité pénale de la personne.
- Il devra en outre vérifier si la responsabilité d'une personne morale peut être engagée.
- Il devra pouvoir qualifier une infraction en crime, délit ou contravention en fonction des peines encourues, et déduire les principales conséquences de cette qualification (compétence des juridictions, possibilité de tentative ou de complicité, saisine ou non du juge d'instruction. Il devra être capable de décrire les différentes étapes qui suivront le déclenchement d'une action publique jusqu'à l'extinction des voies de recours et conseiller une victime d'une infraction sur les différentes modalités de déclenchement de l'action publique.

1. Résumez les faits (la méthodologie du cas pratique n'est pas exigée).

Didier X..., salarié de la Société pétrolière de production et d'exploitation (SPPE) en qualité d'agent de maintenance, a été mortellement blessé par suite de l'explosion d'une pompe d'extraction de pétrole qu'il tentait de remettre en marche. Le système de freinage n'a pas fonctionné correctement du fait d'un défaut de lubrification, imputable à une information insuffisante des opérateurs sur les règles de maintenance de l'équipement en cause.

La SPPE est poursuivie pour homicide involontaire.

2. Expliquez la procédure : juridictions (instruction et jugement) saisies, parties, décisions (la méthodologie du cas pratique n'est pas exigée).

- **Phase d'instruction :**

Juge d'instruction (la phrase « au terme de l'information ouverte sur les faits » indique que le juge d'instruction a été saisi).

- **Phase de jugement :**
  - Tribunal correctionnel saisi par une ordonnance de renvoi du juge d'instruction (s'agissant d'un délit). Demandeur : procureur de la République. Défendeur : la SPPE. Le tribunal correctionnel déclare la SPPE coupable.
  - CA Reims, chambre correctionnelle, 19 avril 2016. Appelant : la SPPE. Intimé : le procureur. La CA infirme le jugement et renvoie la SPPE des fins de la poursuite (la relaxe).
  - Cour de cassation. Demandeur : le procureur de la République. Défendeur : la SPPE.

3. Rappelez les conditions dans lesquelles une personne morale engage sa responsabilité pénale. Quelle est la condition qui fait l'objet de la décision (la méthodologie du cas pratique n'est pas exigée) ?

Une personne morale engage sa responsabilité pénale en cas d'infraction commise, pour son compte, par un organe ou un représentant, agissant en tant que tel ou ès qualité.

Il s'agit ici de vérifier qu'il y a bien eu une infraction commise par un dirigeant ès qualité.

4. Précisez les raisons pour lesquelles la cour d'appel relaxe les prévenus (la méthodologie du cas pratique n'est pas exigée).

La cour d'appel considère le dysfonctionnement du système de freinage destiné à ralentir la rotation inverse de la pompe résultait d'un défaut de maintenance ancien et habituel. Il y a donc bien eu une faute à l'origine de l'accident. Mais cette faute n'est pas le fait d'un organe ou d'un représentant de la société (le dirigeant n'était pas sur le site et il n'avait pas consenti de délégation de pouvoirs).

Comme il n'y a pas de faute du dirigeant, il n'y a pas d'infraction et donc pas de responsabilité pénale de la personne morale.

5. Expliquez la phrase soulignée en vous aidant de l'extrait du Code pénal reproduit dans le dossier documentaire (la méthodologie du cas pratique n'est pas exigée).

Pour que l'infraction soit constituée, il faut un élément légal, un élément matériel, un élément moral. C'est ce dernier élément qui est discuté ici. Il faut une faute pénale. Le dirigeant sera pénalement responsable pour des infractions matériellement commises par autrui, lorsque la loi impose le respect d'obligations à l'entreprise. Ici, la loi impose de respecter certaines obligations concernant la sécurité des travailleurs. C'est donc le dirigeant qui est responsable, à moins qu'il n'ait délégué ses pouvoirs.

6. Justifiez la décision de la Cour de cassation (la méthodologie du cas pratique n'est pas exigée).

La Cour de cassation casse et annule la décision de la cour d'appel, qui aurait dû rechercher si les carences qu'elle a relevées n'étaient pas une faute pénale du dirigeant, engageant es qualité la responsabilité pénale de la SPPE.

7. Analysez les raisons pour lesquelles la Cour décide que la décision produira des effets à l'égard des parties civiles (la méthodologie du cas pratique n'est pas exigée).

L'appel ne profite qu'à celui qui l'a interjeté. En décidant que la décision aura effet à l'égard des consorts X..., parties civiles, qui ne se sont pas pourvues, la Cour de cassation leur permet d'être partie devant la CA de renvoi.

CHAPITRE 23

Les infractions de droit commun applicables aux affaires

Évaluer les savoirs

1 Quiz

1. Vrai. Le Code pénal a vocation à s'appliquer de façon générale.
2. Faux. Le profit pour l'auteur n'est pas une condition de l'infraction.
3. Faux. Pas s'il est dû à une simple négligence.
4. Faux. Des manœuvres frauduleuses.
5. Faux. Le mensonge seul ne suffit pas.
6. Faux. La peine encourue est de 3 ans d'emprisonnement et 375 000 €.
7. Faux. C'est un faux matériel
8. Faux. L'auteur doit avoir conscience que le support est falsifié.
9. Faux. D'un crime ou d'un délit.
10. Faux. Le délit doit avoir été commis par quelqu'un d'autre.

2 Abus de confiance ou escroquerie ?

1. Qualifiez l'infraction commise par Xavier.

Qu'est-ce que l'escroquerie ?

Règles juridiques. L'escroquerie est prévue par le Code pénal. L'escroquerie est le fait, soit par l'usage d'un faux nom ou d'une fausse qualité, soit par l'abus d'une qualité vraie, soit par l'emploi de manœuvres frauduleuses, de tromper une personne physique ou morale, et de la déterminer ainsi à remettre des fonds, des valeurs ou un bien quelconque, à fournir un service ou à consentir un acte opérant obligation ou décharge, à son préjudice ou au préjudice d'un tiers. L'escroquerie est un délit intentionnel. Il faut donc prouver que l'auteur a consciemment eu recours à un faux, une fausse qualité, abusé d'une qualité vraie ou mis en œuvre des manœuvres frauduleuses et ce afin de tromper sa victime

Application. Le bricolage de la caisse est une manœuvre frauduleuse. Il a pour objectif de tromper à son préjudice l'administration fiscale pour éviter le paiement d'impôts. Xavier le fait sciemment (« pour échapper »).

2. Déterminez les peines encourues par les associés.

Quelles sont les peines encourues par l'auteur d'une escroquerie ?

Règles juridiques. L'auteur est celui qui commet ou tente de commettre l'infraction. Le complice est celui qui par son aide ou son assistance facilite la préparation ou la commission de l'infraction, de façon consciente. La personne morale est pénalement responsable si l'infraction est commise pour son compte par un organe ou un représentant. La peine sanctionnant l'escroquerie est de 3 ans d'emprisonnement et de 375 000 € d'amende. Les personnes morales s'exposent à la peine d'amende multipliée par 5.

Application. Xavier a commis l'infraction. Il encourt donc la peine citée. Lydie, en congé, ne peut être considérée comme complice ou coauteur. En revanche, si le magasin de bricolage est exploité sous forme de société, et que Xavier en est un organe ou un représentant, elle pourrait être condamnée également.

Maîtriser les compétences

3 Cas : Imagni'tif

Compétences attendues

- **Repérer** et **nommer** les éléments constitutifs de chaque infraction
- **Distinguer** les infractions de droit commun des infractions spécifiques

Décryptage des compétences

À partir de situations factices ou réelles, le candidat devra être capable de qualifier ou non les faits en chacune des infractions suivantes : abus de confiance, escroquerie, faux et usage de faux, recel. Pour ce faire, il devra vérifier l'existence des différents éléments constitutifs de ces infractions.

Montrez que Valérie commet un abus de confiance.

Quels sont les éléments de l'abus de confiance ?

Règles juridiques. L'abus de confiance est prévu par le Code pénal. Il s'agit du fait, par une personne, de détourner, au préjudice d'autrui, des fonds, des valeurs ou un bien quelconque qui lui ont été remis et qu'elle a acceptés à charge de les rendre, de les représenter ou d'en faire un usage déterminé. L'auteur doit avoir conscience que la chose ne lui a été remise qu'à charge de restitution et que le détournement occasionne un préjudice à la victime.

Application. Valérie est gérante de la SNC. À ce titre, la gestion de la société lui a été confiée à travers un mandat social. Elle a pour obligation de respecter l'intérêt social. En décidant de faire supporter par la société les dépenses de ravalement de sa résidence, elle détourne les fonds de la société qui lui ont été remis. La société subit un préjudice. Elle a conscience de la situation, puisqu'elle pense que les associés ne s'en apercevront pas.

En conséquence, elle peut être poursuivie pour abus de confiance.

4 Cas : Kilian et Liam

Compétences attendues

- **Repérer** et **nommer** les éléments constitutifs de chaque infraction
- **Distinguer** les infractions de droit commun des infractions spécifiques

Décryptage des compétences

À partir de situations factices ou réelles, le candidat devra être capable de qualifier ou non les faits en chacune des infractions suivantes : abus de confiance, escroquerie, faux et usage de faux, recel. Pour ce faire, il devra vérifier l'existence des différents éléments constitutifs de ces infractions.

1. Précisez la sanction encourue par Liam pour le faux.

Quels sont les éléments constitutifs du faux ?

Règles juridiques. Le faux est prévu par le Code pénal. Constitue un faux toute altération frauduleuse de la vérité, accomplie par quelque moyen que ce soit, dans un écrit ou tout autre support d'expression de la pensée, qui a pour objet ou qui peut avoir pour effet d'établir la preuve d'un droit ou d'un fait ayant des conséquences juridiques, de nature à causer un préjudice.

Le faux est un délit intentionnel (utilisation du terme « frauduleux »).

Le faux est aggravé quand il est effectué dans un document délivré par une administration publique aux fins de constater un droit, une identité ou une qualité ou d'accorder une autorisation. L'auteur encourt alors 5 ans d'emprisonnement et 75 000 €.

Application. Il y a altération frauduleuse de la vérité (l'obtention du baccalauréat), dans un écrit (le diplôme), qui a pour objet d'établir un droit (s'inscrire au DCG). Il y a un préjudice pour la société. Le faux est commis dans un document délivré par le ministère de l'éducation nationale. Liam a conscience de commettre un faux. Il en est l'auteur et encourt donc 5 ans d'emprisonnement et 75 000 € d'amende.

N.B. : Kilian est complice par instructions.

2. Précisez la sanction encourue par Kilian pour l'usage du faux.

Quels sont les éléments constitutifs de l'usage de faux ?

Règles juridiques. L'usage de faux est prévu par le Code pénal. Il consiste à utiliser un faux. L'usage nécessite la conscience, au moment de l'usage, de la falsification du support utilisé. L'usage de faux est aggravé quand le faux est effectué dans un document délivré par une administration publique aux fins de constater un droit, une identité ou une qualité ou d'accorder une autorisation. L'auteur encourt alors 5 ans d'emprisonnement et 75 000 € d'amende.

Application. Kilian utilise un faux en toute conscience pour s'inscrire à un examen. Il encourt donc 5 ans d'emprisonnement et 75 000 € d'amende.

5 Cas : Émile et Victoria

Compétences attendues

- **Repérer** et **nommer** les éléments constitutifs de chaque infraction
- **Distinguer** les infractions de droit commun des infractions spécifiques

Décryptage des compétences

À partir de situations factices ou réelles, le candidat devra être capable de qualifier ou non les faits en chacune des infractions suivantes : abus de confiance, escroquerie, faux et usage de faux, recel. Pour ce faire, il devra vérifier l'existence des différents éléments constitutifs de ces infractions.

1. Déterminez l'infraction commise par le père d'Émile.

Les éléments constitutifs de l'escroquerie.

Règles juridiques. L'escroquerie est prévue par le Code pénal. L'escroquerie est le fait, soit par l'usage d'un faux nom ou d'une fausse qualité, soit par l'abus d'une qualité vraie, soit par l'emploi de manœuvres frauduleuses, de tromper une personne physique ou morale, et de la déterminer ainsi à remettre des fonds, des valeurs ou un bien quelconque, à fournir un service ou à consentir un acte opérant obligation ou décharge, à son préjudice ou au préjudice d'un tiers. L'escroquerie est un délit intentionnel. Il faut donc prouver que l'auteur a consciemment eut recours à un faux, une fausse qualité, abusé d'une qualité vraie ou mis en œuvre des manœuvres frauduleuses et ce afin de tromper sa victime

Application. Marc utilise une fausse qualité, celle de président d'une association, et des manœuvres frauduleuses (des faux documents), trompe Victoria qui pense donner de l'argent à une association, et la détermine à remettre des fonds, à son préjudice. Il a conscience des manœuvres, et utilise les fonds dans d'autres desseins. Il commet donc une escroquerie.

2. Vérifiez si Émile peut être poursuivi pour recel.

Les éléments du recel.

Règles juridiques. Le recel est prévu par le Code pénal. Le recel est le fait de dissimuler, de détenir ou de transmettre une chose, ou de faire office d'intermédiaire afin de la transmettre, en sachant que cette chose provient d'un crime ou d'un délit. Constitue également un recel le fait, en connaissance de cause, de bénéficier, par tout moyen, du produit d'un crime ou d'un délit. Le recel est une infraction doublement intentionnelle. Le receleur doit avoir connaissance de l'origine frauduleuse de la chose recélée et de l'acte matériel de recel. Il n'y a donc pas de recel si l'agent détient une chose sans le savoir.

Le prévenu doit apporter la preuve de sa bonne foi, c'est-à-dire son ignorance de l'origine de la chose.

Application. Émile a tiré profit de fonds issus d'un délit, une escroquerie. Cependant, il n'avait pas connaissance de l'origine frauduleuse des fonds. En conséquence, l'infraction n'est pas constituée.

❻ Cas : infractions en tout genre

Compétence attendue

Repérer et **nommer** les éléments constitutifs de chaque infraction

Décryptage des compétences

À partir de situations factices ou réelles, le candidat devra être capable de qualifier ou non les faits en chacune des infractions suivantes : abus de confiance, escroquerie, faux et usage de faux, recel. Pour cela, il devra vérifier l'existence des différents éléments constitutifs de ces infractions.

1. Identifiez la ou les infractions en cause.

2. Vérifiez la présence des éléments matériels constitutifs de chaque infraction.

3. Identifiez la ou les personnes qui encourent une sanction pénale.

La qualification de l'abus de confiance, l'escroquerie, le faux et l'usage, le recel.

Règles juridiques. Définition des infractions (*voir le manuel*).

Application

Cas	Infraction	Éléments	Sanction
A	Escroquerie	Utilisation d'une fausse qualité (aveugle), trompe la victime (les sociétés) remise de fonds, préjudice pour la victime.	Auteur : Maéva
B	Faux Usage Escroquerie	• Altération frauduleuse de la vérité : – dans un écrit ou tout autre support d'expression de la pensée (les bulletins de salaire et attestations) – qui a pour objet ou qui peut avoir pour effet d'établir la preuve d'un droit ou d'un fait ayant des conséquences juridiques droit au chômage) – de nature à causer un préjudice (indemnités versées). • L'usage du faux consiste à utiliser un faux. : utilisation des faux bulletins • Escroquerie : manœuvres (utilisation de faux), pour tromper Pole emploi et se faire remettre des fonds.	Auteur du faux : Katoumi Auteurs de l'usage et de l'escroquerie : les parents et les amis
C	Abus de confiance Recel	• Remise de la chose : contrat de mandat, remise des fonds de la société civile • Détournement : agissement personnel • Préjudice : pour la société • Recel-profit : Édith bénéficie des fonds provenant de l'abus de confiance.	Auteur : L'époux Complice : Édith Édith, recel d'abus de confiance
D	Recel	Recel-intermédiation : Jacques fait office d'intermédiaire pour transmettre un faux Infraction antérieure : le faux	Jacques

Cas	Infraction	Éléments	Sanction
E	Faux Usage de faux Escroquerie	• Altération de la vérité : fausse signature • Dans un écrit ayant des conséquences juridiques : le contrat de cautionnement • Préjudice pour la banque • Utilisation du faux • Manœuvres frauduleuses (utilisation d'un faux) • Pour tromper la banque • Qui va remettre des fonds (prêt) à son préjudice	Karim Karim Karim
F	Recel-détention	Elle détient des bijoux, qui proviennent d'une infraction antérieure (cambriolage)	Caroline

Préparer l'épreuve

7 Situation pratique : association Vitamine

Compétences attendues

- **Repérer** et **nommer** les éléments constitutifs de chaque infraction
- **Distinguer** les infractions de droit commun des infractions spécifiques

Décryptage des compétences

À partir de situations factices ou réelles, le candidat devra être capable de qualifier ou non les faits en chacune des infractions suivantes : abus de confiance, escroquerie, faux et usage de faux, recel. Pour cela, il devra vérifier l'existence des différents éléments constitutifs de ces infractions.

Qualifiez l'infraction qui serait commise par M. Carven. Précisez-en les éléments constitutifs.

Quels sont les éléments constitutifs de l'abus de confiance ?

Règles juridiques. L'abus de confiance se caractérise par :

- Un élément légal : l'abus de confiance est un délit défini par le code pénal, article 314-1 : « L'abus de confiance est le fait par une personne de détourner, au préjudice d'autrui, des fonds, des valeurs ou un bien quelconque qui lui ont été remis et qu'elle a acceptés à charge de les rendre, de les représenter ou d'en faire un usage déterminé. L'abus de confiance est puni de trois ans d'emprisonnement et de 375 000 euros d'amende. »
- Un élément matériel : l'abus de confiance est constitué s'il est prouvé :
  - qu'un bien a été remis afin d'en faire un usage déterminé ;
  - que l'usage du bien a été détourné ;
  - au préjudice d'autrui.
- Un élément moral : il faut démontrer que l'auteur connaissait l'usage déterminé du bien et qu'il l'a détourné intentionnellement.

Application. En l'espèce, le président de l'association Vitamine a utilisé l'argent de l'association, qu'il savait devoir être utilisé pour le compte de l'association, pour ses propres achats donc il en a détourné sciemment l'usage au préjudice de l'association.

M. Carven pourrait être poursuivi pour abus de confiance.

8 Commentaire de documents : escroqueries en ligne

Compétences attendues

• **Repérer** et **nommer** les éléments constitutifs de chaque infraction
• **Distinguer** les infractions de droit commun des infractions spécifiques

Décryptage des compétences

À partir de situations factices ou réelles, le candidat devra être capable de qualifier ou non les faits en chacune des infractions suivantes : abus de confiance, escroquerie, faux et usage de faux, recel. Pour ce faire, il devra vérifier l'existence des différents éléments constitutifs de ces infractions.

Vérifiez dans chacun des documents ci-après la présence des éléments constitutifs de l'escroquerie.

Règles juridiques. Les éléments constitutifs de l'escroquerie sont :

- L'élément légal : article 313-1 du Code pénal.
- L'élément matériel :
  - emploi de moyens frauduleux : usage d'un faux nom, d'une fausse qualité, abus d'une qualité vraie ou de manœuvres frauduleuses qui doivent avoir un caractère déterminant ;
  - pour obtenir la remise de fonds, de valeurs ou d'un bien quelconque, la fourniture d'un service ou d'un acte opérant obligation ou décharge.
- L'élément moral : intention frauduleuse c'est à dire la connaissance du caractère frauduleux des moyens mis en place et la conscience de faire subir un préjudice.

Application. Dans le document 1, l'individu coupable de l'infraction s'est fait passer pour le directeur financier d'un fournisseur : usage d'une fausse qualité. Il s'agissait de se faire remettre des fonds : 1,6 M€. L'individu a agi en connaissance de cause. L'escroquerie est donc constituée.

Dans le document 2, des interlocuteurs du site servicesbitcoin.com montent une mise en scène : ils se présentent avec le nom de la société KryptoFX, laquelle affiche sur son site une adresse le site promet « un rendement dix fois supérieur aux placements traditionnels », ils téléphonent fréquemment. Ils se font remettre des fonds (une femme a transmis 270 000 €). Du jour au lendemain, ils disparaissent (élément moral). L'escroquerie est donc bien constituée.

CHAPITRE 24

Les infractions spécifiques au droit des affaires

Évaluer les savoirs

1 Quiz

1. Faux. Généralement, elles sont prévues par le Code de commerce.
2. Faux. Il peut être poursuivi en tant que coauteur ou complice.
3. Faux. Il peut être poursuivi pour abus de biens sociaux.
4. Vrai. « Crédit » est synonyme de réputation positive.
5. Faux. L'auteur est celui qui distribue : le dirigeant.
6. Faux. Cette publicité est punie uniquement dans les sociétés par actions.
7. Vrai. Voir l'article L. 242-6 du Code de commerce applicable aux SAS.
8. Faux. Il s'agirait d'un exercice illégal de la profession de CAC.
9. Vrai. Il s'agit de la confirmation d'informations mensongères.
10. Vrai. À défaut, le CAC peut être poursuivi pour non-révélation de faits délictueux, ce qui constitue un délit.

2 Abus des biens ou abus du crédit de la société ?

Déterminez, pour chacun des agissements suivants, s'il constituent un abus des biens ou un abus du crédit de la société (la méthodologie du cas pratique n'est pas exigée).

1. Il s'agit d'une appropriation des fonds appartenant à la société donc d'un usage des biens de la société.
2. Usage des biens par appropriation d'un matériel appartenant à la société.
3. Usage des biens par dissipation des fonds appartenant à la société.
4. Usage du crédit de la société.

Maîtriser les compétences

3 Cas : SARL Bouch'rie

Compétences attendues

- **Repérer** et **nommer** les éléments constitutifs de chaque infraction
- **Distinguer** les infractions de droit commun des infractions spécifiques

Décryptage des compétences

À partir de situations factices ou réelles, le candidat devra être capable de qualifier ou non les faits en chacune des infractions suivantes : l'abus de biens et du crédit de la société, la distribution de dividendes fictifs, la présentation ou publication de bilan ne donnant pas une image fidèle, la surévaluation des apports, les infractions remettant en cause le bon déroulement de la mission de contrôle du CAC. Pour ce faire, il devra vérifier l'existence des différents éléments constitutifs de ces infractions.

Déterminez le délit commis par Pascal et Jean-Michel.

Quels sont les éléments constitutifs de la présentation de comptes non fidèles ?

Règles juridiques. En principe, le délit de présentation de comptes annuels ne donnant pas une image fidèle est constitué par la réunion de trois éléments :

- Élément légal : article L. 241-3-3° du Code de commerce pour la SARL.
- Élément matériel : présentation aux associés des comptes annuels ne donnant pas pour chaque exercice, une image fidèle du résultat des opérations de l'exercice, de la situation financière et du patrimoine à l'expiration de cette période
- Élément moral : mauvaise foi exigée : en vue de dissimuler la véritable situation de l'entreprise.

Application. En l'espèce, les comptes annuels contiennent des éléments qui ne donnent pas une image fidèle car ils surévaluent les stocks et ne prennent pas en compte la dépréciation des comptes clients. Les comptes ont été présentés aux associés lors de l'assemblée annuelle devant approuver les comptes. L'élément matériel est donc constitué. Elément moral : Les gérants doivent avoir agi en toute connaissance de cause dans le but de cacher la véritable situation de la société. On peut se poser la question de savoir si l'inexactitude des comptes annuels relève ici de la mauvaise foi ou d'une simple négligence. Dans une affaire similaire, la Cour de cassation a confirmé l'arrêt de la cour d'appel de Bordeaux qui a condamné des cogérants, pour présentation de comptes annuels ne donnant pas une image fidèle, à 3 mois d'emprisonnement avec sursis et 3 000 € d'amende chacun.

❹ Cas : SA Domotik

Compétences attendues

- **Repérer** et **nommer** les éléments constitutifs de chaque infraction
- **Distinguer** les infractions de droit commun des infractions spécifiques
- **Identifier** la responsabilité pénale du commissaire aux comptes (CAC)

Décryptage des compétences

À partir de situations factices ou réelles, le candidat devra être capable de qualifier ou non les faits en chacune des infractions suivantes : l'abus de biens et du crédit de la société, la distribution de dividendes fictifs, la présentation ou publication de bilan ne donnant pas une image fidèle, la surévaluation des apports, les infractions remettant en cause le bon déroulement de la mission de contrôle du CAC. Pour ce faire, il devra vérifier l'existence des différents éléments constitutifs de ces infractions.

1. Identifiez l'infraction commise par Éric Grisard en vérifiant la présence de chacun des éléments constitutifs.

Quelles sont les éléments constitutif de l'exercice de la profession de CAC malgré une incompatibilité ?

Règles juridiques. En principe, le délit d'exercice de la profession de CAC malgré une incompatibilité est constitué par la réunion de trois éléments :

- Élément légal : article L. 820-6 du Code de commerce.
- Élément matériel : exercer malgré une incompatibilité légale, notamment l'incompatibilité des missions de certification et des missions de conseil dans la même entité.
- Élément moral infraction intentionnelle.

Les sanctions sont de 6 mois d'emprisonnement et 7 500 € d'amende.

Application. En l'espèce, Éric a été nommé CAC de la SA. Il ne peut donc pas exercer des missions de conseil, ce qu'il a fait. Il s'expose à des poursuites pénales.

2. Déterminez si Éric et Valérie engagent leur responsabilité pénale.

Quels sont les éléments consitutifs de l'exercice de la profession de CAC malgré une incompatibilité ?

Règles juridiques. En principe, le délit d'exercice de la profession de CAC malgré une incompatibilité est constitué par la réunion de trois éléments :

- Élément légal : article L. 820-6 du Code de commerce.
- Élément matériel : exercer malgré une incompatibilité légale, notamment l'interdiction de tout lien personnel avec l'entité contrôlée ou ses dirigeants.
- Élément moral : infraction intentionnelle.

Les sanctions sont de 6 mois d'emprisonnement et 7 500 € d'amende

Application. En l'espèce, Éric est CAC de la SA. Valérie exerce des fonctions de direction dans la même société. S'il conserve ses fonctions, il s'expose à des poursuites pénales.

❺ Cas : SAS Altermoov

Compétences attendues

- **Repérer** et **nommer** les éléments constitutifs de chaque infraction
- **Distinguer** les infractions de droit commun des infractions spécifiques

Décryptage des compétences

À partir de situations factices ou réelles, le candidat devra être capable de qualifier ou non les faits en chacune des infractions suivantes : l'abus de biens et du crédit de la société, la distribution de dividendes fictifs, la présentation ou publication de bilan ne donnant pas une image fidèle, la surévaluation des apports, les infractions remettant en cause le bon déroulement de la mission de contrôle du CAC. Pour ce faire, il devra vérifier l'existence des différents éléments constitutifs de ces infractions.

1. Identifiez et caractérisez les trois infractions commises, leurs auteurs et les éventuels complices.

Les infractions spécifiques.

– **Sur l'apport du fonds de commerce :**

Règles juridiques. En principe, le délit de majoration frauduleuse d'un apport en nature suppose la réunion de trois éléments :

- Élément moral : article L. 242-2 du Code de commerce pour les SAS.
- Élément matériel : Est puni le fait pour toute personne de faire attribuer à un apport en nature une évaluation supérieure à sa valeur réelle.
- Élément moral : Celui qui évalue le bien doit être de mauvaise foi : il doit mentir sur l'évaluation.

Application. En l'espèce, Théo a apporté à une SAS un fonds de commerce évalué à 100 000 € mais il a caché l'existence d'une sureté qui le grevait et en diminuait la valeur. Le CAA a évalué le fonds en connaissance de cause. En tant que coauteurs, ils encourent donc 5 ans d'emprisonnement et 9 000 € d'amende

– **Sur le compte courant débiteur :**

Règles juridiques. En principe, l'abus de biens sociaux est caractérisé par la réunion de trois éléments :

- Élément légal : article L. 244-1 du Code de commerce pour les SAS.
- Élément matériel : Le fait, pour le dirigeant SAS, de faire des biens ou du crédit de la société, un usage qu'ils savent contraire à l'intérêt de celle-ci, à des fins personnelles ou pour favoriser une autre société ou entreprise dans laquelle ils sont intéressés directement ou indirectement.
- Élément moral : la mauvaise foi est exigée.

Application. En l'espèce, Théo est dirigeant de la SAS. Il a fait usage des biens de la société (compte courant débiteur signifie que la société lui a prêté de l'argent), contraire à l'intérêt social (la SAS s'appauvrit) et dans un intérêt personnel (pour compenser des investissements personnels désastreux). Il agit en conscience (décide de masquer). Il encourt donc 5 ans d'emprisonnement et 375 000 € d'amende.

– **Sur la majoration artificielle du bilan :**

Règles juridiques. En principe, le délit de publication de comptes annuels ne donnant pas une image fidèle est caractérisé par la réunion de trois éléments :

- Élément légal : SAS : article L. 244-1 du Code de commerce.
- Élément matériel : publication (transmission sous quelque forme que ce soit à des tiers) des comptes annuels ne donnant pas pour chaque exercice, une image fidèle du résultat des opérations de l'exercice, de la situation financière et du patrimoine à l'expiration de cette période
- Élément moral : mauvaise foi exigée : en vue de dissimuler la véritable situation de l'entreprise.

Application. En l'espèce, les comptes annuels ne donnent pas une image fidèle (bilan majoré artificiellement), ils sont présentés à la banque (un tiers). Théo en est conscient, puisqu'il le fait pour dissimuler la véritable situation de la société : il s'expose à 5 ans et 375 000 € d'amende.

2. Vérifiez si le délit de distribution de dividendes fictifs est constitué.

Règles juridiques. En principe, le délit de distribution de dividendes fictifs est caractérisé par la réunion de trois éléments :

- Élément légal : SAS : article L. 244-1 du Code de commerce.
- Élément matériel : Le fait, pour les dirigeants de SAS, d'opérer entre les associés la répartition de dividendes fictifs, en l'absence d'inventaire ou au moyen d'inventaires frauduleux.
- Élément moral : mauvaise foi exigée.

Application. En l'espèce, l'inventaire est frauduleux, mais les dividendes, bien que votés par les associés, ne sont pas mis en paiement. L'infraction n'est donc pas caractérisée.

Préparer l'épreuve

6 Commentaire de document : quand les cryptomonnaies s'invitent au capital des sociétés

Compétences attendues

- **Repérer** et **nommer** les éléments constitutifs de chaque infraction
- **Distinguer** les infractions de droit commun des infractions spécifiques
- **Identifier** la responsabilité pénale du commissaire aux comptes (CAC)

Décryptage des compétences

À partir de situations factices ou réelles, le candidat devra être capable de qualifier ou non les faits en chacune des infractions suivantes : l'abus de biens et du crédit de la société, la distribution de dividendes fictifs, la présentation ou publication de bilan ne donnant pas une image fidèle, la surévaluation des apports, les infractions remettant en cause le bon déroulement de la mission de contrôle du CAC. Pour ce faire, il devra vérifier l'existence des différents éléments constitutifs de ces infractions.

1. Précisez les raisons pour lesquelles les bitcoins doivent être analysés comme un apport en nature (la méthodologie du cas pratique n'est pas exigée).

Les bitcoins et autres Moneros ou Ripples, en somme les cryptomonnaies, ne peuvent faire l'objet d'un apport en numéraire, n'étant pas une devise ou représentative d'une devise ayant cours légal.

2. Identifiez les risques liés à ce type d'apport et déterminez comment les prévenir (la méthodologie du cas pratique n'est pas exigée).

Les cryptomonnaies devant être considérées comme des apports en nature, ils présentent des risques liés à leur évaluation. D'où l'intervention du CAC et la définition du délit de surévaluation frauduleuse.

7 Situation pratique : SA Levert

Compétences attendues

- **Repérer** et **nommer** les éléments constitutifs de chaque infraction
- **Distinguer** les infractions de droit commun des infractions spécifiques
- **Identifier** la responsabilité pénale du commissaire aux comptes (CAC)

Décryptage des compétences

À partir de situations factices ou réelles, le candidat devra être capable de qualifier ou non les faits en chacune des infractions suivantes : l'abus de biens et du crédit de la société, la distribution de dividendes fictifs, la présentation ou publication de bilan ne donnant pas une image fidèle, la surévaluation des apports, les infractions remettant en cause le bon déroulement de la mission de contrôle du CAC. Pour ce faire, il devra vérifier l'existence des différents éléments constitutifs de ces infractions.

1. Vérifiez si M. James a commis une infraction.

Comment l'abus de biens sociaux est-il caractérisé ?

Règles juridiques. En principe, l'abus de biens sociaux est caractérisé par la réunion de trois éléments :

- Élément légal. Article L. 242-6 du Code de commerce pour les SA.
- Élément matériel. Le fait, pour le dirigeant SAS, de faire des biens ou du crédit de la société, un usage qu'ils savent contraire à l'intérêt de celle-ci, à des fins personnelles ou pour favoriser une autre société ou entreprise dans laquelle ils sont intéressés directement ou indirectement.
- Élément moral. La mauvaise foi est exigée.

Application. En l'espèce, James est DG de la SA. Il a utilisé des fonds de la SA (comptabilisés en charges) à des fins personnelles (réparation de son véhicule). Il est de mauvaise foi. Il encourt 5 ans d'emprisonnement et 75 000 € d'amende.

2. En vous appuyant sur le dossier documentaire, précisez la réaction à adopter par le CAC et la nature de la responsabilité engagée.

Règles juridiques. L'usage des biens d'une société dans l'intérêt d'un dirigeant, et qui porte préjudice à la société, est sanctionné par le délit d'abus de biens sociaux. Le commissaire aux comptes qui constate que l'élément matériel du délit d'abus de biens sociaux est établi doit le révéler au procureur de la République en vertu de son obligation de révélation des faits délictueux.

Application. M. Octopus doit révéler l'infraction au Procureur, sous peine d'engager sa propre responsabilité pénale. À défaut, il s'expose à 5 ans d'emprisonnement et 75 000 € d'amende.

1. *Déterminez sur quel fondement pénal M. Delavoye peut être poursuivi.*

L'escroquerie.

Règles juridiques. L'escroquerie est prévue par le Code pénal. L'escroquerie est le fait, soit par l'usage d'un faux nom ou d'une fausse qualité, soit par l'abus d'une qualité vraie, soit par l'emploi de manœuvres frauduleuses, de tromper une personne physique ou morale, et de la déterminer ainsi à remettre des fonds, des valeurs ou un bien quelconque, à fournir un service ou à consentir un acte opérant obligation ou décharge, à son préjudice ou au préjudice d'un tiers. L'escroquerie est un délit intentionnel. Il faut donc prouver que l'auteur a consciemment eu recours à un faux, une fausse qualité, abusé d'une qualité vraie ou mis en œuvre des manœuvres frauduleuses, et ce afin de tromper sa victime.

Application. M. Delavoye utilise une fausse qualité (il se fait passer pour un membre du conseil d'administration de la SA SFC), ce qui trompe les habitants de la région et les déterminent à remettre des fonds (100 000 €) à M. Delavoye. Les victimes subissent un préjudice, puisque M. Delavoye disparaît avec l'argent. M. Delavoye est conscient qu'il abuse les victimes. L'escroquerie est donc constituée.

2. *En vous appuyant sur les documents 1 à 3, rédigez une note déterminant les conditions dans lesquelles une personne morale peut voir sa responsabilité engagée (la méthodologie du cas pratique n'est pas exigée).*

Les conditions de la responsabilité pénale des personnes morales.

Les sociétés sont responsables pénalement des infractions commises, pour leur compte, par leurs organes ou représentants. Les juges ne peuvent pas retenir la responsabilité pénale d'une société sans rechercher par quel organe ou représentant de celle-ci l'infraction a été commise (notamment, Cass. crim. 19-6-2013). Par « organe » de la société, on entend, en l'absence de définition légale, toute personne ou ensemble de personnes que les dispositions légales sur les sociétés désignent par un titre et dont elles fixent le statut (gérant, directeur général, conseil d'administration, directoire, président, etc.). Le dirigeant de fait n'entre pas dans cette catégorie. En revanche, il est un « représentant » de la société au sens de l'article 121-1 du Code pénal (Cass. crim. 11- 07-17). Rappelons que la qualité de représentant est aussi reconnue au titulaire d'une délégation de pouvoirs ayant commis une infraction dans son domaine de compétence (en dernier lieu, Cass. crim. 25-4-2017 n° 15-87.590 F-D : *BRDA* 14/17 inf. 5).

3. *Déduisez-en la conséquence pour la société dans l'hypothèse où Jean-Paul Delavoye aurait vraiment été membre du conseil d'administration et agi au nom de la SA SFC.*

La responsabilité pénale des personnes morales.

Règles juridiques. Pour engager la responsabilité pénale d'une personne morale, l'infraction doit avoir été commise pour le compte de la personne morale, dans son intérêt et par ses organes ou représentants.

Application. Un membre du CA n'est pas le représentant légal de la société (c'est le directeur général qui l'est en principe), ni un organe (le conseil d'administration en est un). Toutefois, un membre du conseil d'administration pourrait être qualifié de dirigeant de fait. Si l'infraction est commise pour le compte de la personne morale, la société peut alors voir sa responsabilité engagée.

4. *Précisez l'objet de l'enquête préliminaire.*

L'enquête préliminaire

Règles juridiques. L'enquête préliminaire est menée par la police ou la gendarmerie sous l'autorité du procureur. Elle permet de mener des investigations pour établir la matérialité des faits reprochés au prévenu.

Application. Dans cette affaire, une enquête préliminaire ne suffira certainement pas, puisqu'il s'agit d'un délit relativement complexe : une instruction sera certainement nécessaire.

5. *Indiquez si le parquet peut décider de ne pas poursuivre.*

L'opportunité des poursuites pénales.

Règles juridiques. En matière pénale, le procureur seul, en vertu du principe de l'opportunité des poursuites, décide de poursuivre ou non l'auteur présumé des faits.

Application. Le procureur peut décider de ne pas poursuivre. La victime peut alors saisir le juge d'instruction en se constituant partie civile.

6. *Expliquez comment la saisine du juge d'instruction s'est opérée.*

La saisine du juge d'instruction

Règles juridiques. Le juge d'instruction mène l'instruction préparatoire dont l'objectif est de fournir tous les éléments permettant de connaître le plus précisément possible la vérité. Cette procédure est obligatoire pour les crimes, et facultative pour les délits. Le juge d'instruction est saisi par le procureur de la République (réquisitoire introductif aux fins d'informer) ou par la victime (plainte avec constitution de partie civile).

Application. Le juge d'instruction a été saisi ici par le procureur (« une instruction a été demandée »).

7. *Déterminez la qualification pénale que cette situation appelle.*

L'abus de biens sociaux.

Règles juridiques. L'abus de biens sociaux est caractérisé par la réunion de trois éléments :

- Un élément légal. Il s'agit de l'article L. 244-1 du Code de commerce pour les SA.
- Un élément matériel. Il réside dans le fait, pour les dirigeants de SA, de faire des biens ou du crédit de la société un usage qu'ils savent contraire à l'intérêt de celle-ci, à des fins personnelles ou pour favoriser une autre société ou entreprise dans laquelle ils sont intéressés directement ou indirectement.
- Un élément moral. La mauvaise foi est exigée.

Application. Alexandre Biella est dirigeant de la SAS. Il a fait usage des biens de la société (octroi de rémunérations excessives au regard des capacités de trésorerie de la société, compte courant débiteur, paiement par la société de dettes personnelles), contraire à l'intérêt social (la SA s'appauvrit) et dans un intérêt personnel (notamment le paiement de dettes personnelles par la société). Il agit en conscience. Il encourt donc 5 ans d'emprisonnement et 375 000 € d'amende.

8. *En vous aidant du document 4, proposez un courrier à Amandine Beck (la méthodologie du cas pratique n'est pas exigée).*

Tribunal judiciaire de... [lieu du siège de la société]
À... [Lieu], le... [Date]

Lettre recommandée avec accusé de réception
Objet : Révélation pour faits délictueux

Monsieur le procureur de la République,

En notre qualité de commissaire aux comptes de la société SA SFC, et en application de l'article L. 823-12 alinéa 2 du Code de Commerce, nous portons à votre connaissance les faits suivants :

- [préciser l'objet de la société, quelques chiffres significatifs du bilan clos, chffre d'affaires, résultat, total du bilan... notamment des éléments permettant au procureur d'apprécier l'importance relative de la fraude (ex. : montant des rémunérations octroyées à Alexandre Biella et des dépenses personnelles prises en charge par la société)] ;
- [indiquer les circonstances de découvertes des faits délictueux (ex. : nous avons découvert, lors de nos travaux sur les comptes au [Date], que...)] ;
- [description objective des faits relevés (si la société a déposé une plainte, reprendre les termes exacts de la plainte)] ;
- [ne pas qualifier pénalement les faits, mais les décrire factuellement] ;
- [veillez à ne pas citer nominativement la ou les personnes potentiellement impliquées mais à toujours les désigner par leur fonction (ex. : le directeur général)] ;
- [le cas échéant, préciser si la situation a été régularisée et la manière dont elle a été régularisée].

Nous sommes à votre disposition pour tout complément d'information que vous jugeriez utile.

Nous vous prions, Monsieur le procureur, d'agréer l'expression de nos salutations respectueuses.

[Signature du commissaire aux comptes]
[PJ : copie de la plainte (le cas échéant)]

Table des matières

PARTIE 1 L'entreprise en société

Chapitre 1 **La notion de société** 5

ÉVALUER LES SAVOIRS 5

1. Quiz 5

2. Quelle forme juridique choisir ? 5

MAÎTRISER LES COMPÉTENCES 6

3. Cas : une nouvelle forme de société 6

4. Cas : Diagnostic immobilier 7

PRÉPARER L'ÉPREUVE 8

5. Commentaire de documents : le projet de loi Pacte 8

Chapitre 2 **La société-contrat** 10

ÉVALUER LES SAVOIRS 10

1. Quiz 10

2. Contrat de société 10

MAÎTRISER LES COMPÉTENCES 11

3. Cas : Spirul'IN 11

4. Cas : Deshorts 13

5. Cas : Food&Co 14

6. Analyse guidée d'arrêt : société La Roseraie 15

PRÉPARER L'ÉPREUVE 17

7. Situation pratique : SARL Confi-Fruits 17

8. Commentaire de document : société en participation 18

Chapitre 3 **La création de la société** 19

ÉVALUER LES SAVOIRS 19

1. Quiz 19

2. SAS Ose ta chance 19

MAÎTRISER LES COMPÉTENCES 19

3. Cas : Fitness Plus 19

4. Cas : AGIR et Associés 22

PRÉPARER L'ÉPREUVE 23

5. Situation pratique : SARL JTHD 23

6. Situation pratique : SARL Papet'rit 24

7. Commentaire de document : Capimmo 26

Chapitre 4 **Le fonctionnement de la société : les dirigeants** 27

ÉVALUER LES SAVOIRS 27

1. Quiz 27

2. Statut des dirigeants 27

3. Les pouvoirs des dirigeants 28

MAÎTRISER LES COMPÉTENCES 29
4. Cas : Sud'Auto 29
5. Analyse d'un article de presse : rémunération du dirigeant 29
PRÉPARER L'ÉPREUVE 31
6. Situation pratique : SARL La Cave 31
7. Commentaire de document : SARL GEOLOCALISE 33

Chapitre 5 **Le fonctionnement de la société : les associés et le contrôle** 35
ÉVALUER LES SAVOIRS 35
1. Quiz 35
2. Assemblée générale de la SA SFD 35
3. SARL BioCocoon 36
MAÎTRISER LES COMPÉTENCES 37
4. Cas : L'Atelier du Devoir 37
5. Cas : Dufour et associés 39
PRÉPARER L'ÉPREUVE 41
6. Situation pratique : Groupe Inédit Immo 41

Chapitre 6 **La disparition de la société** 45
ÉVALUER LES SAVOIRS 45
1. Quiz 45
2. Cas de dissolution 45
MAÎTRISER LES COMPÉTENCES 46
3. Cas : SASU BOOST. 46
4. Cas : librairie Les Lecteurs associés 47
PRÉPARER L'ÉPREUVE 48
5. Commentaire de document : Adéquation patrimoine 48

Chapitre 7 **Les sociétés sans personnalité juridique propre** 49
ÉVALUER LES SAVOIRS 49
1. Quiz 49
2. Zoom sur plusieurs sociétés 49
MAÎTRISER LES COMPÉTENCES 50
3. Cas : fonds et forme 50
PRÉPARER L'ÉPREUVE 51
4. Situation pratique : Arch et I-Bat 51
5. Commentaire de document : Les médecins associés 52

▶ Partie 1 : Cas de synthèse

PARTIE 2 Les principaux types de sociétés

Chapitre 8 **La société à responsabilité limitée (SARL)** 59
ÉVALUER LES SAVOIRS 59
1. Quiz 59
2. Le Monde de Charlie 59
3. Mon beau bijou 60

MAÎTRISER LES COMPÉTENCES 61
4. Cas : Infoserv 61
5. Cas : Hexa 62
6. Cas : Agritec 63
7. Cas : Merlin 64
PRÉPARER L'ÉPREUVE 65
8. Commentaire de document : SARL Préfabriqués Garreau 65
9. Situation pratique : Tolino 66

Chapitre 9 **La société anonyme (SA) : son administration** 69
ÉVALUER LES SAVOIRS 69
1. Quiz 69
2. Mélo Vélos 69
MAÎTRISER LES COMPÉTENCES 70
3. Cas : Yves Graik 70
4. Cas : Dronissime 71
5. Cas : Colore 72
6. Cas : Vocalog 73
PRÉPARER L'ÉPREUVE 73
7. Situation pratique : Thermoflex 73
8. Commentaire de documents : société Couach 75

Chapitre 10 **La société anonyme (SA) : ses actionnaires** 77
ÉVALUER LES SAVOIRS 77
1. Quiz 77
2. SA Merlin 77
MAÎTRISER LES COMPÉTENCES 78
3. Cas : Deshaupts-Daïba 78
4. Cas : Montlor 79
5. Cas : Logistik 80
6. Cas : Climextrem 81
PRÉPARER L'ÉPREUVE 82
7. Situation pratique : Zen Attitude 82
8. Étude de document : l'Amy SA 84

Chapitre 11 **La société par actions simplifiée (SAS)** 85
ÉVALUER LES SAVOIRS 85
1. Quiz 85
2. Décisions 85
MAÎTRISER LES COMPÉTENCES 86
3. Cas : SAS Aubrale 86
4. Cas : H5C 86
5. Cas : SAS Fiesta & Co. 88
6. Cas : SAS Fiesta & Co (suite) 89
7. Cas : Cabinet Bonhomme 91

PRÉPARER L'ÉPREUVE 93
8. Situation pratique : Loisirs Cuir 93
9. Commentaire de documents : STCI 95

Chapitre 12 **La société en nom collectif (SNC)** 98
ÉVALUER LES SAVOIRS 98
1. Quiz 98
2. Faber 98
MAÎTRISER LES COMPÉTENCES 99
3. Cas : Allome 99
4. Cas : Imprimerie Perrault 100
5. Cas : Paul et Virginie Loisirs 100
6. Cas : Surf In 101
PRÉPARER L'ÉPREUVE 103
7. Situation pratique : SNC Protect 103
8. Situation pratique : Saran 105

▶ Partie 2 : Cas de synthèse

PARTIE 3 L'économie sociale et solidaire et le monde des affaires

Chapitre 13 **L'économie sociale et solidaire et les associations** 109
ÉVALUER LES SAVOIRS 109
1. Quiz 109
2. Asso'DCG 110
MAÎTRISER LES COMPÉTENCES 110
3. Cas : Expert Business Intelligence 110
4. Cas : Agir pour l'Environnement 111
PRÉPARER L'ÉPREUVE 112
5. Situation pratique : le club Gymnamique 112

Chapitre 14 **L'économie sociale et solidaire et la société coopérative** 114
ÉVALUER LES SAVOIRS 114
1. Quiz 114
2. Biofructos 114
MAÎTRISER LES COMPÉTENCES 115
3. Cas : Éthiquable 115
PRÉPARER L'ÉPREUVE 116
4. Situation pratique : La Matinale du Jardin 116
5. L'économie sociale et solidaire et le monde des affaires 118

▶ Partie 3 : Cas de synthèse

PARTIE 4 Les autres types de groupements

Chapitre 15 **La société en commandite par actions (SCA)** 122
ÉVALUER LES SAVOIRS 122
1. Quiz 122
2. Burotech 122
MAÎTRISER LES COMPÉTENCES 123
3. Cas : Solupro 123
4. Cas : Les Parapluies de Cherbourg 123
PRÉPARER L'ÉPREUVE 125
5. Commentaire de document : Château Yquem 125

Chapitre 16 **Les sociétés agricoles** 127
ÉVALUER LES SAVOIRS 127
1. Quiz 127
2. Les Poulettes 127
MAÎTRISER LES COMPÉTENCES 128
3. Cas : GAEC Le Lait de là-bas 128
4. Cas : Zoé & Co. 130
PRÉPARER L'ÉPREUVE 131
5. Commentaire de document : GAEC et dissolution 131

Chapitre 17 **Les sociétés d'exercice libéral (SEL)** 132
ÉVALUER LES SAVOIRS 132
1. Quiz 132
2. SELAFA Riber 132
MAÎTRISER LES COMPÉTENCES 133
3. Cas : Quinte et Pence 133
PRÉPARER L'ÉPREUVE 135
4. Situation pratique : cabinet KLC 135

Chapitre 18 **Les sociétés civiles** 137
ÉVALUER LES SAVOIRS 137
1. Quiz 137
2. SCM maritime 137
MAÎTRISER LES COMPÉTENCES 138
3. Cas : Les écrivains associés 138
4. Cas : SCI Frioul 139
5. Cas : SCP d'avocats 140
PRÉPARER L'ÉPREUVE 141
6. Commentaire de documents : SCM de médecins 141

Chapitre 19 **Le groupement d'intérêt économique (GIE)** 142
ÉVALUER LES SAVOIRS 142
1. Quiz 142
2. GIE Gromarché 142
MAÎTRISER LES COMPÉTENCES 143
3. Cas : GIE Galvanoplast 143
PRÉPARER L'ÉPREUVE 146
4. Commentaire de document : GIE C9 146

▶ Partie 4 : Cas de synthèse

PARTIE 5 La prévention et le traitement des difficultés

Chapitre 20 **L'entreprise en difficulté : les procédures de prévention** 152
ÉVALUER LES SAVOIRS 152
1. Quiz 152
2. Exercice Pax 152
MAÎTRISER LES COMPÉTENCES 153
3. Cas : Biotif 153
4. Cas : Le Bois Vosgien 154
PRÉPARER L'ÉPREUVE 155
5. Situation pratique : confidence pour confidence 155
6. Situation pratique : Alma 156

Chapitre 21 **L'entreprise en difficulté : les procédures de traitement** 158
ÉVALUER LES SAVOIRS 158
1. Quiz 158
2. SARL Micropièces 158
MAÎTRISER LES COMPÉTENCES 159
3. Cas : SPA et Compagnie 159
4. Cas : Textilor 160
5. Cas : Bio Léon 160
PRÉPARER L'ÉPREUVE 161
6. Commentaire de document : Marc Béro 161
7. Commentaire document : GrosBill 162

▶ Partie 5 : Cas de synthèse

PARTIE 6 Le droit pénal des affaires

Chapitre 22 **La responsabilité pénale : théorie générale de l'infraction et procédure pénale** 166

ÉVALUER LES SAVOIRS 166
1. Quiz 166
2. D'infraction en infraction 166

MAÎTRISER LES COMPÉTENCES 167
3. Cas : Expertix 167
4. Cas : Expertix (suite) 169

PRÉPARER L'ÉPREUVE 170
5. Situation pratique : SAS AFT 170
6. Commentaire de document : SPPE 172

Chapitre 23 **Les infractions de droit commun applicables aux affaires** 175

ÉVALUER LES SAVOIRS 175
1. Quiz 175
2. Abus de confiance ou escroquerie ? 175

MAÎTRISER LES COMPÉTENCES 176
3. Cas : Imagni'tif 176
4. Cas : Kilian et Liam 177
5. Cas : Émile et Victoria 178
6. Cas : infractions en tout genre 179

PRÉPARER L'ÉPREUVE 180
7. Situation pratique : association Vitamine 180
8. Commentaire de documents : escroqueries en ligne 181

Chapitre 24 **Les infractions spécifiques au droit des affaires** 182

ÉVALUER LES SAVOIRS 182
1. Quiz 182
2. Abus des biens ou abus du crédit de la société ? 182

MAÎTRISER LES COMPÉTENCES 183
3. Cas : SARL Bouch'rie 183
4. Cas : SA Domotik 184
5. Cas : SAS Altermoov 185

PRÉPARER L'ÉPREUVE 186
6. Commentaire de document : quand les cryptomonnaies s'invitent au capital des sociétés 186
7. Situation pratique : SA Levert 187

▶ Partie 6 : Cas de synthèse 188

80560 – (I) – OSB 80° – NOC – MGS
Dépôt légal : août 2020

Achevé d'imprimer par Dupli-Print à Domont (95)
N° d'impression : 2020073337
www.dupli-print.fr

Imprimé en France